Ergonomie interaktiver Lernmedien

Kriterien und Entwicklungsprozesse für
E-Learning-Systeme

von
Dr. Ronald Hartwig

Lehrbuchreihe Interaktive Medien
Herausgegeben von Prof. Dr. Michael Herczeg

Oldenbourg Verlag München Wien

Dr. Ronald Hartwig ist Manager Consulting & Training bei der User Interface Design GmbH Ludwigsburg und zuständig für die Unterstützung von Entwicklern und Auftraggebern im Bereich des Usability-Engineerings und der Qualitätsoptimierung. Er war über viele Jahre auch in großen E-Learning-Projekten beratend für Qualitätsmanagement und Gebrauchstauglichkeit zuständig.

Bibliografische Information der Deutschen Nationalbibliothek

Die Deutsche Nationalbibliothek verzeichnet diese Publikation in der Deutschen Nationalbibliografie; detaillierte bibliografische Daten sind im Internet über <http://dnb.d-nb.de> abrufbar.

© 2007 Oldenbourg Wissenschaftsverlag GmbH
Rosenheimer Straße 145, D-81671 München
Telefon: (089) 45051-0
oldenbourg.de

Lektorat: Dr. Margit Roth
Herstellung: Anna Grosser
Coverentwurf: Kochan & Partner, München
Gedruckt auf säure- und chlorfreiem Papier
Druck: Grafik + Druck, München
Bindung: Thomas Buchbinderei GmbH, Augsburg

ISBN 978-3-486-58468-4

Inhaltsverzeichnis

Vorwort

In einer Reihe über interaktive Lehr- und Lernmedien ist deren Gebrauchstauglichkeit (auch als „Usability", oder „Benutzerfreundlichkeit" bezeichnet) eine zentrales Thema. Schließlich sind Interaktion und Gebrauchstauglichkeit zwei miteinander eng verbundene Begriffe. Über die einzelnen Grundlagen, insbesondere die Software-Ergonomie, ist bereits ausreichend Wissen dokumentiert (z.B. in dieser Reihe Herczeg, 2005). Auch über die Theorie multimedialer und interaktiver Lernräume liegt mit (Kritzenberger, 2005) bereits ein Werk vor. Jetzt gilt es darauf aufbauend die Spezialisierung auf pädagogische Anwendungsfelder aber auch die Verbindung zur Software-Technik konkret zu fassen. Dieses Buch ist das Ergebnis von verschiedenen E-Learning-Projekten und deren theoretischer Aufarbeitung im Rahmen einer Dissertation (Hartwig, 2005). Die grundlegende Aufarbeitung der verschiedenen Prinzipien und die Darstellung eines ganzheitlichen Prozesses kann dann einerseits in Schulung und Lehre für Vertiefungsthemen, Projekte und Praktika dienen und andererseits auch Praktikern, die mit der Planung, Auswahl und Entwicklung solcher Medien betreut sind, bei ihrer Aufgabe helfen.

Die Liste der Danksagungen in einem Buch, das Ergebnisse aus verschiedenen Projekten berücksichtigt und in interdisziplinärer Arbeit entstanden ist, ist naturgemäß lang. Trotzdem möchte ich an dieser Stelle die Gelegenheit nutzen, all denen zu danken, ohne die dieses Buch nicht in dieser Form möglich gewesen wäre:

Zu allererst Prof. Dr. Michael Herczeg und dem Institut für Multimediale und Interaktive Systeme (IMIS) der Universität zu Lübeck, die es mir ermöglichten, innerhalb eines interdisziplinären Ansatzes eine ganzheitliche Sicht auf die Dinge zu bekommen. Besonderen Dank auch Dr. Johannes „Kris" Triebe und Oliver Kutsche, die wesentliche Bausteine des hier vorgestellten Ansatzes konkret mitgestalteten und natürlich alle anderen Kollegen (auch aus dem Projekt VFH), die mir direkt oder indirekt in den Projekten und kleinen Alltagsaufgaben unterstützend zur Seite standen. An dieser Stelle auch ausdrücklich mein Dank an IAO Fraunhofer Rostock an Herrn Prof. Dr. Peter Forbrig und Dr. Karina Oertel für ihre Unterstützung begleitender Evaluationen mittel Eye-Tracking.

Außerhalb der Hochschulen danke ich UID, User Interface Design GmbH Ludwigsburg, für die Praxiserfahrungen und die Unterstützung bei der Fertigstellung dieses Buches, der Arbeitsgruppe „DATech SK 14 Usability Engineering" (dabei insbesondere Thomas Geis) und meinen ehemaligen Arbeitgebern TÜV Rheinland Product Safety GmbH, human-interface.design (namentlich Prof. Frank Jacob für die Unterstützung und die Erfahrungen aus dem Bereich Design) und Siemens Business Services GmbH & Co OGH – C-LAB, für viele Jahre praktischer Erfahrung in den unterschiedlichsten Bereichen der Usability.

Und schließlich ist so ein Buch immer nur möglich, wenn Familie und Freunde Zeit und Kraft für ein solches Projekt geben: Bonnie, Julie, Ingrid und Hans Hartwig.

Lichtenau 2007, Ronald Hartwig

1 Einleitung

Die Ergonomie von E-Learning-Angeboten ist am einfachsten zu verstehen und zu optimieren, wenn man sich zunächst die Vorgeschichte zu diesem Thema betrachtet. Schließlich gibt es eine Reihe von Ähnlichkeiten zu bestehenden Systemen aber auch wesentliche Unterschiede, die sich erst bei genauerem Hinsehen erschließen. Hier seien deshalb nur kurz die Ideen des Buches aufgeführt, die dann in den folgenden Kapiteln ausführlicher ausgearbeitet sind.

1.1 Interaktive Arbeitssysteme

Elektronische, interaktive und gelegentlich multimediale Systeme begegnen uns in vielen Bereichen des Lebens. Im Bereich der Erwerbsarbeit wurden damit zunächst Rechenaufgaben automatisiert, die dann mit zunehmender Leistungsfähigkeit der Systeme immer mehr auch andere Büroaufgaben übernahmen. Bald kamen andere Anwendungsfelder in den Bereichen der Steuerung und Kontrolle von Anlagen und Maschinen hinzu. Diese Rechnersysteme hatten dabei zunächst Interfaces, die ausschließlich von Experten bedient wurden. Doch mit dem Sinken der Preise von Rechnerleistung und Speicherkapazität und der damit immer besseren Verbreitung kamen immer mehr Nutzungsszenarien zum Tragen, zum Beispiel Spiele, private Anwendungen, Informationsdienstleistungen oder eben auch Bildung.

Dabei wurde die Ergonomie und Attraktivität des Interfaces immer wichtiger, denn zum einen sollten in den gewerblichen Kontexten die Effizienz, die Effektivität und Zufriedenheit gesteigert und damit Einlernzeiten verkürzt und die Leistungsbereitschaft der Nutzer erhöht werden, zum anderen wurden die Nutzungsschnittstellen zu schlagenden Verkaufsargumenten.

Mit dem Durchbruch des World Wide Web wurde endgültig eine sehr heterogene und umfassende Nutzergruppe angesprochen, die man nur noch erfolgreich erreichen kann, wenn das Werkzeug oder Medium nützlich und seine Handhabung effizient ist. Seitdem ist die „Usability" (Gebrauchstauglichkeit, Benutzerfreundlichkeit[1]) eines Produktes eine ernstgenommene und erfolgsentscheidende Eigenschaft und wird dementsprechend bereits immer öfter bei der Planung der Produkte berücksichtigt.

1.2 Interaktive Lehr- und Lernsysteme

In diesem Trend der Ausweitung der Anwendungsfelder elektronischer Medien und Werkzeuge passt dann auch das Aufkommen des computerunterstützten Lernens („E-Learning"). Natürlich gab es bereits früher elektronische Lehr- und Lernsysteme, aber in Verbindung mit der kos-

---

[1]Die Abgrenzung der Begriffe folgt im nächsten Kapitel.

tengünstigen Verfügbarkeit des Mediums Internet entstand die Chance zu einem leicht verteilbaren und überall verfügbaren, räumlich ungebundenen Lernen.

Die dafür einzusetzenden Systeme sprechen sehr verschiedene Nutzergruppen an, von Kindern im Vorschulalter bis zu Senioren, von grundständig Studierenden bis zu freiwillig weiterbildenden Familien, so dass es keine Patentrezepte für ein optimales Lernen am Rechner geben kann. Dieses Buch soll aber einen Weg aufzeigen, wie man speziell für den eigenen Fall die richtigen Anforderungen identifiziert und umsetzt, die die Qualität im Allgemeinen und die Benutzerfreundlichkeit im Besonderen verbessern helfen sollen.

> *„Anbieter, welche die Qualität ihrer Lernangebote nicht gezielt definieren, entwickeln und sichern, werden dieses Versäumnis spätestens nach dem (absehbaren) Ende der Pionierphase bereuen, wenn Lernende nicht länger bereit sein dürften, Qualitätsmängel als ‚typische Kinderkrankheiten' des netzbasierten Lernens hinzunehmen, und sich selbstbewusst anderen Angeboten zuwenden werden."* (Lindner, 2004a, S. 340)

Nimmt man eine Übersicht über die Ergebnisse von ca. 100 Förderprojekten aus dem „Kursbuch eLearning2004" des Bundesministeriums für Bildung und Forschung (BMBF, DLR, 2004) als Maßstab, so stehen bei der Entwicklung von Lernmedien derzeit hauptsächlich technische und didaktische Aspekte im Mittelpunkt.

Die Fragen der didaktischen Seite beziehen sich darauf, wie die neuen Medien im Rahmen eines Unterrichtsarrangements für den Einzelnen oder eine Gruppe erfolgreich eingesetzt werden können. Diese Fragen werden z.Zt. innerhalb der Mediendidaktik und des Instruktionsdesigns erörtert. Auf der technischen Seite stehen Fragen der Datenhaltung und Anforderungen zur Zuverlässigkeit, der Leistungsfähigkeit der Software auf dem Rechner des Nutzers und beispielsweise der verfügbaren Netzwerk-Bandbreiten zwischen Anbieter und Nutzer im Vordergrund. Ein besonderer Schwerpunkt der letzten Jahre ist die Modellierung der Lerninhalte als „Learning Objects", um so standardisierte, zwischen verschiedenen Anbietern austauschbare, Inhalte zu erhalten. Betrachtet werden diese Fragen zumeist vor dem Hintergrund der Produktion von Lernmaterialien selbst oder der Entwicklung von Autoren- und Lernraumsystemen. Dabei stehen funktionale Beschreibungen der Möglichkeiten im Vordergrund. Die Frage ist, ob dabei nicht Normans Kritik an der Situation der allgemeinen Softwareentwicklung und des Marketings auch für diesen Bereich des E-Learning gilt:

> *"Seldom are the customer's real needs addressed, needs such as productivity, ease of use, getting the job done. Instead, the feature lists proclaim the technological feats, as if the mere purchase of enhanced technology thereby makes everything else OK."* (Norman, 1998, S. 25)

Diese Aussage über aktuelle Softwareentwicklung wirft eine andere Fragestellung auf: Wie kann der Nutzer mit seinen Fähigkeiten in den Mittelpunkt der Entwicklung multimedialer interaktiver Lehr- und Lernmedien gestellt werden? Wie kann also die Verbindung zwischen der technischen und der didaktischen Sicht hergestellt werden? Und wie können dabei die Ziele der Didaktik und Pädagogik als Maßstab für „getting the job done", also die Aufgabenerfüllung, herangezogen werden?

In diesem Buch soll es dabei besonders um eine Frage gehen: Was sind die Anteile der *Ergonomie* am Gesamterfolg eines Lernmediums? Die Ergonomie muss dazu einen gleichrangigen Platz neben der Didaktik und der Software-Technik erhalten. Hinzu kommt der häufig vernachlässigte Bereich Design und seine Rolle beim Gelingen eines Lernarrangements. Shneidermans Aussage mahnt dabei zur Bescheidenheit und dazu, nicht das Hauptziel aus den Augen zu verlieren: Lernen.

> *„No breakthrough in instructional technology will solve the education problem."*
> *(Shneiderman, 2000, S. 117)*

Doch umgekehrt gilt auch, dass das schwächste Glied der Kette deren Leistungsfähigkeit bestimmt. Ein didaktisch und pädagogisch wertvolles Konzept bringt nicht den erwarteten Nutzen, wenn die Bedienung seiner Umsetzung zur eigentlichen Herausforderung avanciert. Ähnliches gilt für die Ästhetik und die technische Qualität. Jede der Säulen definiert notwendige Voraussetzungen für das Gelingen eines Lernarrangements. Ansätze, die einzelne Teile nicht berücksichtigen, laufen deshalb Gefahr, am Ende ihr Ziel nicht zu erreichen.

1.3   Ziele dieses Buches

Ziel des Buches ist die Darstellung einer definierten, nachvollziehbaren und zuverlässigen Optimierung der Ergonomie von E-Learning-Systemen unter Berücksichtigung *aller* Aspekte, die die Gesamtqualität eines Lehr- oder Lernmsystems beeinflussen. Abbildung 1 stellt diese Aspekte in einem Säulenmodell dar. Jede dieser Säulen fußt auf einem Fundament der Humanwissenschaften (z.B. Psychologie und Physiologie) oder Ingenieurwissenschaften (z.B. Entwicklungsprozessmodelle oder Arbeitsablaufoptimierung)[2]. Darüber befinden sich in der Abbildung die teilweise übergreifenden Spezialisierungen, die dann das Dach *E-Learning* tragen.

Diese verschiedenen Faktoren werden zwar auch bisher schon einzeln optimiert, doch zu der ausstehenden ganzheitlichen Sicht soll dieses Buch einen neuen entscheidenden Beitrag leisten:

- Eine systematische Aufarbeitung und Bewertung der einzelnen Prinzipien von Pädagogik, Ergonomie, Design und Informatik und die Entwicklung eines Gesamtqualitätsmodells, in dem diese miteinander in einen nachvollziehbaren und nutzbaren Zusammenhang gebracht werden;

- Entwicklung eines Prozesses, der die Umsetzung dieses Modells unterstützt;

- Hinweise auf Ergebnisse aus der bisherigen Anwendung;

- Kritische Diskussion der noch ungenutzten Potenziale und der Fehlermöglichkeiten dieses Ansatzes und ein Ausblick auf die weitere Entwicklung.

Im Rahmen dieses Buches wird der Fokus dabei besonders auf die Details aus dem Bereich der Ergonomie und der Gebrauchstauglichkeit der Lehr- und Lernsystem gelegt, ohne dass die ganzheitliche Sicht aus den Augen verloren gehen soll.

---

[2]Diese Abbildung soll nicht vollständig sein: Auch andere Wissenschaften wie z.B. Sozialwissenschaften, sind etwa im Bereich der Kooperation relevant, aber aus Gründen der Übersichtlichkeit in der Abbildung nicht aufgeführt.

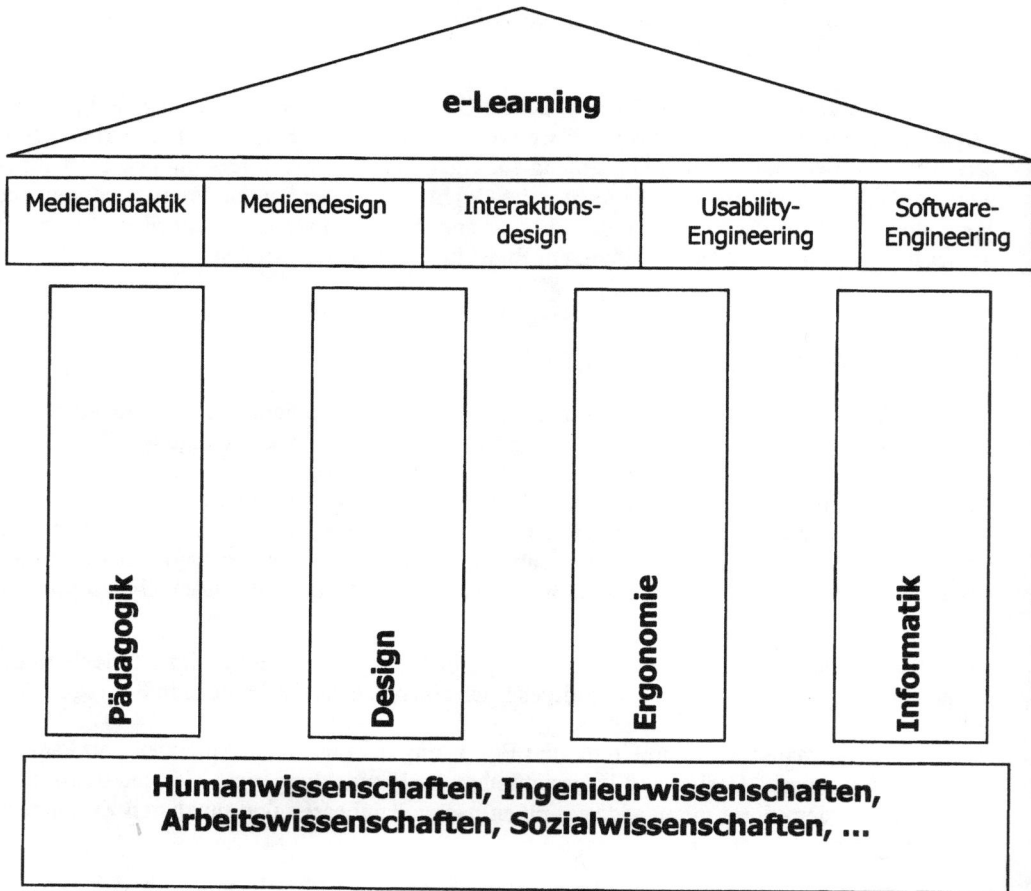

Abbildung 1: *Das Qualitätsgebäude multimedialer und interaktiver Lernsysteme*

1.4   Projekte

Dieses Buch ist das Ergebnis der Arbeit in der ergonomischen Qualitätssicherung und Forschung in verschiedenen E-Learning-Projekten. Nur so konnten die hier vorgestellten Modelle selbst auch iterativ und aufgaben- und nutzerzentriert entwickelt und optimiert werden. Die Projekte gaben Gelegenheit, die Annahmen zu validieren und Mängel daran zu beheben. Für detaillierte Informationen zu den hier nur kurz vorgestellten Projekten sind weiterführende Verweise auf den jeweiligen Informationsseiten der Projekte angegeben.

1.4.1   Virtuelle Fachhochschule

Das Projekt „Virtuelle Fachhochschule" (VFH) wurde durch das Bundesministerium für Bildung und Forschung (bmb+f) als *Leitprojekt* gefördert. Ziel des Projektes ist die „Nutzung des weltweit verfügbaren Wissens für Aus- und Weiterbildung und Innovationsprozesse" (aus www.vfh.de/projekt.php). Es wurde mit über 42 Mio. DM unter der Nummer 21B8184 gefördert. Projektträger war das Bundesinstitut für Berufsbildung (BIBB).

Im Projekt wurden zwei Online-Studiengänge mit international anerkannten Abschlüssen (Bachelor/Master) entwickelt. Dazu wurde zum einen ein Curriculum vereinbart und akkreditiert und zum anderen eine technische und organisatorische Umsetzung entwickelt, um die Inhalte über das Internet für Studium und Weiterbildung verfügbar zu machen. Als Studiengänge sind ein grundständiger und ein weiterbildender Studiengang Wirtschaftsingenieurwesen sowie ein Bachelor-/Masterstudiengang Medieninformatik realisiert worden. Der Studienbetrieb läuft seit Wintersemester 2001/2002 und wird durch eine nachhaltige Struktur an den beteiligten Hochschulen sichergestellt. Informationen zu diesem Projekt sind unter www.oncampus.de verfügbar.

Die Federführung des Projektes VFH lag bei der Fachhochschule Lübeck. Projektpartner waren zwölf Fachhochschulen, zwei Universitäten, mehrere Verbände und Unternehmen aus sieben Bundesländern. Der Schwerpunkt, der in diesem Buch besonders betrachtet wird, liegt in den Arbeitspaketen des Institutes für Multimediale und Interaktive Systeme (IMIS) der Universität zu Lübeck. Diese sahen ursprünglich eine ergonomische Unterstützung durch Schulungen und ein Ergonomiehandbuch (Hartwig et al., 2001) vor. Doch aufgrund des sich abzeichnenden Bedarfs befasste sich das Arbeitspaket zusätzlich mit einem umfassenderen Qualitätsmanagement. Die Ergebnisse aus dieser Aufgabe sind wesentlicher Teil der vorliegenden Prozessbeschreibung. Die hier beschriebenen Ansätze und Modelle konnten innerhalb dieses Projektes erprobt werden. Das bezieht sich besonders auf die Praxistauglichkeit und Akzeptanz von Leitfäden und Anforderungen sowie die Strukturierung umfangreicher Prozessdaten.

Weiter verwendet wurden die Ergebnisse des Projektes in dem Vorhaben „Portal nach vorn". Für das Institut für Arbeitssystem- und Organisationsentwicklung (IAO) an der Fachhochschule Lübeck wurden im Jahr 2002 5 Mio. EUR aus Fördermitteln des Europäischen Sozialfonds (ESF-Ziel 2) für das Projekt „oncampus.sh – Wissenschaftliche Online-Weiterbildung für Schleswig-Holstein" bereitgestellt. Das Projekt mit einem Gesamtvolumen von 11 Mio. EUR hatte eine Laufzeit bis 2005. Ziel war hier ein „virtueller Campus Schleswig-Holstein" für Hochschulabsolventinnen und -absolventen sowie Hochschulzugangsberechtigte, die mittels wissenschaftlicher Online-Weiterbildung präventiv vor drohender Arbeitslosigkeit bewahrt bzw. wieder in den Arbeitsmarkt integriert werden sollten. Informationen zu diesem Projekt sind unter www.oncampus.sh verfügbar.

1.4.2   Multimediales Fernstudium Medizinische Informatik

Das Projekt „Multimediales Fernstudium Medizinische Informatik" (Projekttitel „medin") wurde im Rahmen des Förderprogramms „Neue Medien in der Bildung" zwischen 2001 und 2004 vom Bundesministerium für Bildung und Forschung mit insgesamt ca. 11 Mio. Euro gefördert (Förderkennzeichen 01NM063A). Ziel war die Schaffung einer interaktiven multimedialen Lernumgebung für das Nebenfach medizinische Informatik.

Das Projekt entwickelte die seit Mitte 1998 im Rahmen des Vorgängerprojektes „Nebenfach Medizinische Informatik im Informatikstudium der Fernuniversität" als Hypertext aufbereiteten Inhalte weiter und ergänzte sie um multimediale und interaktive Elemente. Die Materialien werden in der Fernlehre der Fernuniversität Hagen seit dem Wintersemester 2000/2001 eingesetzt.

Die Leitung des Projektes lag beim Institut für Multimediale und Interaktive Systeme (IMIS) sowie beim Institut für Medizinische Informatik (IMI) der Universität zu Lübeck. Weitere Partner waren

- RWTH Aachen, Institut für Medizinische Informatik

- Fachhochschule Dortmund, Bereich Medizinische Informatik

- Fernuniversität Hagen, Lehrgebiet Datenbanken und Informationssysteme, Lehrgebiet Software Engineering, Lehrgebiet Intelligente Informations- und Kommunikationssysteme

- TU Ilmenau, Fachgebiet Medienkonzeption/Digitale Medien

Am IMIS wurde neben der multimedialen Umsetzung der Lerneinheiten (Module) auch das Qualitätsmanagement und damit auch die Prozessleitung geleistet. Die dabei entstandenen Werkzeuge und Erfahrungen sind die Grundlage dieses Buches. Insbesondere die Werkzeugunterstützung der Autoren, die technische Verknüpfung von Produktion und Qualitätssicherung und die Berücksichtigung didaktischer und gestalterischer Anforderungen sind das Ergebnis der Mitarbeit in diesem Projekt. Weitere Informationen sind unter www.medin.info erhältlich.

1.4.3   Wissensprojekt Informatiksysteme im Kontext

Das Verbundprojekt „WissPro – Wissensprojekt Informatiksysteme im Kontext – Vernetzte Lerngemeinschaften in gestaltungs- und IT-orientierten Studiengängen" (WissPro) wurde zwischen 2001 und 2004 mit insgesamt 2,4 Mio. Euro gefördert (Förderkennzeichen 01NM288 A+B und 01NM052 A–D).

Die Federführung des Projektes lag in den Fachbereichen Informatik und Erziehungswissenschaften an der Universität Hamburg. Weitere Partner waren

- Institut für Multimediale und Interaktive Systeme an der Universität zu Lübeck

- Musikhochschule Lübeck

- Wilhelm-Schickard-Institut für Informatik an der Eberhard Karls Universität Tübingen

- Internationales Institut für Sozio-Informatik in Bonn

- Hamburger Informatik Technologie-Center e.V.

Ziel des Projektes war die Unterstützung von Präsenzlehre (aber nicht deren Ersatz) durch mediale Formen. Dabei wurde ein „bottom-up" Ansatz gewählt, bei dem die Beteiligten die Medien in hoher Eigenverantwortung mitgestalten konnten. Das Projekt war offen angelegt, so dass an den einzelnen Standorten unabhängige Lösungen entwickelt und erprobt werden konnten. Damit sollte erreicht werden, dass die spezifischen Anforderungen der verschiedenen Standorte berücksichtigt werden.

Aus dem Projekt sind eine Vielzahl von Ergebnissen aus den Bereichen Lehr- und Lernszenarien (Didaktik), Softwareentwicklung (Kooperation und Archive), Benutzungsbetreuung und Geschäftsmodelle entstanden (siehe www.wisspro.de).

1.5 Zusammenfassung

Eine ganzheitliche Betrachtung der Gebrauchstauglichkeit gründet sich also auf vier Säulen:

1. Der *Software-Ergonomie*, als dem Grundverständnis dessen, wie ein Mensch und ein interaktives System im Rahmen einer Aufgabe optimal zusammenarbeiten können. Dabei wird neben der „klassischen" Ergonomie auch das Spezialgebiet der Software-Ergonomie vorgestellt, das bereits wesentliche Erkenntnisse zur Gestaltung multimedialer interaktiver Systeme gesammelt hat, die auch im Kontext des Lernens anwendbar sind.

2. Der *Informatik* und speziell dem *Software-Engineering*, als der Anleitung zur Umsetzung von Anforderungen und Qualitätsansprüchen in der Praxis der Entwicklung von Produkten.

3. Dem *Mediendesign*, welches fundiertes Wissen über die Gestaltung von Gegenständen und Bedienoberflächen beiträgt.

4. Der *Pädagogik und Didaktik* des computerunterstützten Lernens, also die menschen- und technikgerechte Konzeption von Lehr-/Lernelementen für multimediale und interaktive computergestützte Medien.

Im folgenden werden die Grundlagen dieser vier Säulen kurz beschrieben. Im Kapitel 6 wird dann die Übertragung und Zusammenführung diskutiert und zu einem Gesamtkonzept vereint.

2 Software-Ergonomie

„Gegenstand der Ergonomie ist die Erforschung und wissenschaftliche Analyse der Interaktionen zwischen Mensch und Arbeit." (Schmidtke, 1976, S. 1)

Für das Verständnis dieses Ergonomie-Begriffes ist die Kenntnis seiner Entwicklung hilfreich. In den folgenden Abschnitten wird deshalb die Entwicklung von der reinen Arbeitswissenschaft (über den erfolgreichen Einsatz von körperlicher Arbeit) bis hin zum heutigen Verständnis von Ergonomie als die Wissenschaft von der menschen- und aufgabengerechten Gestaltung von Arbeitssystemen unter besonderer Berücksichtigung der Erkenntnisse der Kognitionspsychologie kurz dargestellt.

2.1 Entstehung des Begriffes

Der Begriff „Ergonomie" setzt sich zusammen aus den griechischen Wortstämmen „ergon" für Arbeit und „Nomos" für Regel bzw. Gesetz. Diese Begriffe wurden im englischen Sprachraum ca. 1949 zum Begriff „Ergonomics" zusammengefasst, der sich aufgrund seiner guten Übertragbarkeit in andere Sprachen dann auch international durchsetzte (in Deutschland als „Ergonomie"). Bereits 1857 veröffentlichte der polnische Wissenschaftler Wojciech Jastrzebowski in der Zeitschrift „Natur und Industrie" den Aufsatz „Grundriß der Ergonomie oder Die Wissenschaft der Arbeit basierend auf den Wahrheiten aus der Wissenschaft von der Natur" (Laurig, 2002). Die Begriffsbildung und der Titel der ersten Veröffentlichung verdeutlichen den Ursprung in den *Arbeitswissenschaften*.

Historisch entstanden die Arbeitswissenschaften als Ingenieurdisziplin zur Optimierung von Arbeitsabläufen, also als eine Form des „Industrial Engineering". Sie folgten dabei häufig der nach Taylor „Taylorismus" benannten Idee der „wissenschaftlichen Betriebsführung":

„...; es muß möglich sein, gleichzeitig dem Arbeiter seinen höchsten Wunsch – nach höherem Lohne – und dem Arbeitgeber sein Verlangen – nach geringen Herstellungskosten seiner Waren – zu erfüllen" (Taylor, 1913, S. 8)

Doch Ulich setzt dem Taylorismus entgegen:

„..., daß die Nutzung des Menschen als 'Einzweckwerkzeug' eine Vergeudung menschlichen Potentials – und damit: eine unwirtschaftliche Nutzung betrieblicher Ressourcen – darstellt. Wer dies weiß, ist aufgefordert, zu Veränderungen beizutragen. Die Arbeitspsychologie stellt dafür einiges Wissen bereit." (Ulich, 1994, S. 3)

Mit dem Begriff Ergonomie wird einem solchen ganzheitlichen Anspruch der *Arbeitspsychologie* (später Arbeits- und Organisationspsychologie) gefolgt. Der Grundgedanke war, Arbeit menschenwürdig zu gestalten, wobei neben einer Grundtendenz, dem Menschen eine angenehme Arbeit zu geben, der Hintergrund der optimalen Nutzung und Erhaltung der Arbeitskraft aus ökonomischen Gründen nicht zu vernachlässigen ist. Es ging schließlich zumindest aus Sicht der Arbeitgeber darum, die vorhandenen menschlichen Ressourcen (zunächst einmal Arbeitskraft hauptsächlich im Sinne von Körperkraft) möglichst effektiv und effizient einzusetzen und so zu berücksichtigen, dass die Leistungsfähigkeit des Arbeiters nicht absinkt, sondern sich im Idealfall sogar steigert.

Die arbeitspsychologischen Konzepte, die hinter diesem Bild des Betriebes und seiner Mitarbeiter als zielgerichtet handelnden Menschen stehen, haben sich historisch weiterentwickelt. Am Anfang stand die Sicht eines „economic man" (Ulich, 1994, S. 5ff.), der zunächst an seinem (monetären) Zugewinn interessiert ist. Diesem Menschenbild wird das Bild des „social man" entgegengesetzt, bei dem auch die Arbeitsgruppe als mitbestimmend für die Leistungsfähigkeit angesehen wird. Dieses wiederum wurde weiterentwickelt durch das Menschenbild des „self actualizing man", bei dem der Mensch nach Selbstverwirklichung und Autonomie strebt. Heutzutage wird darauf aufbauend von einem Modell ausgegangen, bei dem auch die Differenzen in den Eigenschaften der Personen stärker berücksichtigt werden: der so genannte „complex man" (vgl. Ulich, 1994, S. 6). Durch die gleichzeitige Berücksichtigung der technischen Implikationen des rein ökonomisch handelnden Menschen und den sozialen Aspekten von Zufriedenheit, Wohlbefinden und Persönlichkeitsförderlichkeit wird dieses Modell zu einem *soziotechnischen* System.

Um die Zumutbarkeit und Schädigungsfreiheit einer Arbeit beurteilen zu können, müssen Erkenntnisse über die Leistungsfähigkeit und die Möglichkeiten des Menschen gesammelt und ausgewertet werden. Die Beschäftigung mit den Fähigkeiten des Menschen sind im Wissenschaftsgebiet der Anthropologie zusammengefasst, das wiederum die Disziplinen Medizin, Psychologie und Philosophie umfasst. Gesetzliche Vorgaben zum Arbeitsschutz beziehen sich auf Aussagen zur Leistungsfähigkeit des Menschen und den daraus resultierenden Anforderungen über die Zumutbarkeit von Tätigkeiten.

Diese Anforderungen sind für viele Berufe und Anwendungsfelder in Arbeitsschutzrichtlinien und anderen Regelwerken rechtsverbindlich verankert. Sie befassten sich historisch zunächst mit den Vorgaben, die sich aus den Erkenntnissen der *Arbeitsphysiologie* ergaben. Zur Unfallverhütung sind Aussagen über Kräfte, Bewegungsmöglichkeiten und das Wahrnehmungsvermögen von primärer Bedeutung, um Unfälle und unverträgliche (meist körperliche) Belastungen zu verhindern. Viele der Vorschriften im Feld der Ergonomie zielen dabei auf körperliche Tätigkeiten.

So stellt beispielsweise Abbildung 2 Aussagen über die Körperkräfte des Menschen dar. Anhand solcher Daten kann körperliche Arbeit menschengerechter geplant werden. Aus der Aussage, dass kraftbezogene Höchstleistungen nur für 30 bis 60 Sekunden erbracht werden können und dass bestimmte Kräfte von Frauen (im Mittel) nicht erwartet werden können, kann dann ein überprüfbares Kriterium (z.B. als Vorschrift) abgeleitet werden, welche Kräfte ein Arbeitsschritt wie lange und von wem verlangen darf.

Diese physiologisch begründeten ergonomischen Anforderungen gelten auch für Bildschirmarbeitsplätze und die daraus entstehenden spezifischen Anforderungen. Der internationale Standard (ISO 9241, 1996) beschreibt in den Teilen 3 bis 8 ausführlich Anforderungen an die Ge-

Dynamische und statische Körperkräfte.
Kraft in Abhängigkeit vom Alter
(Maximalkraft des Mannes = 100 Prozent)

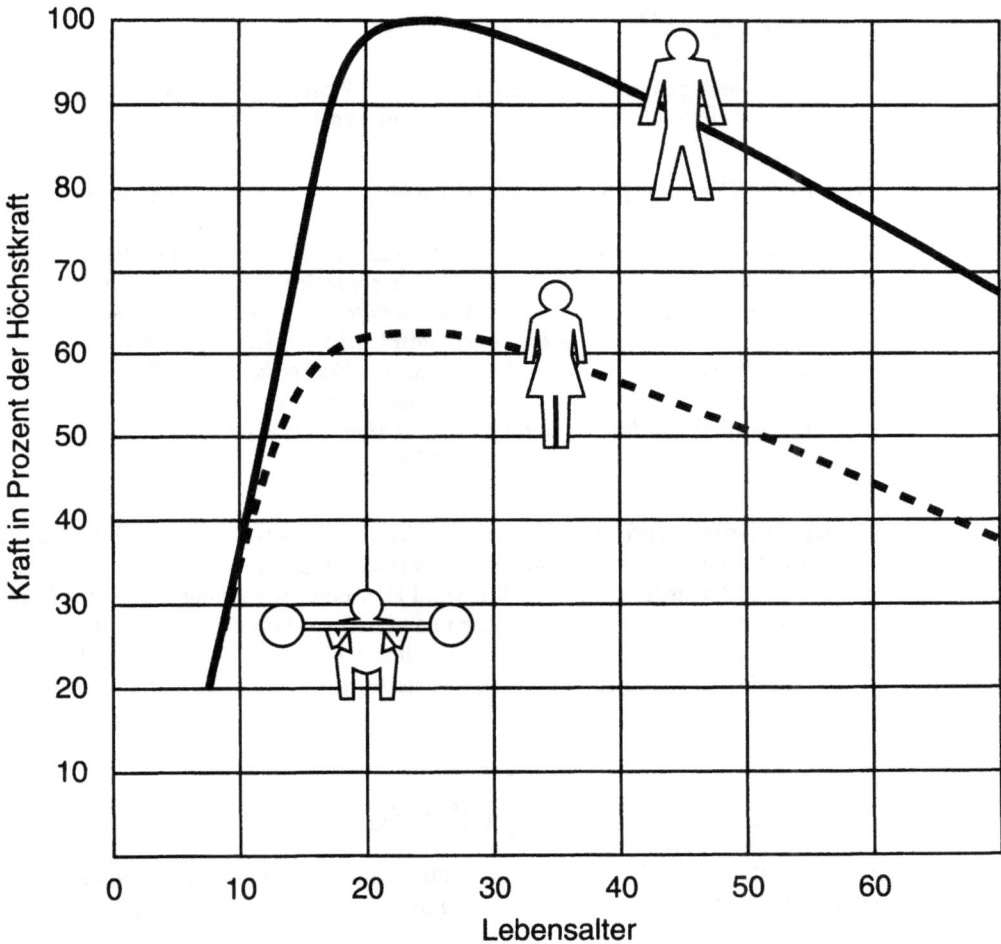

Abbildung 2: Abbildung 2: Körperkräfte des Menschen abhängig vom Alter und der Dauer des Krafteinsatzes (aus seco, 2000)

staltung der Computerperipherie (Tastatur, Maus, Bildschirm), die ebenfalls aus den Erkenntnissen über die Möglichkeiten des menschlichen Wahrnehmungs- (hier besonders die Augen) und Bewegungsapparates (hier besonders die Hände) abgeleitet wurden. So ist beispielsweise die Mindesthöhe von Buchstaben auf dem Monitor für eine ausreichende Wahrnehmbarkeit definiert[3] oder die Kraft, die ein Tastendruck erfordert. Viele der dort geforderten Eigenschaften sind heute Quasi-Standard bei der Ausstattung von Büroarbeitsplätzen.

2.2   Arbeitsbegriff

Gemeinsam ist diesen Überlegungen zur Ergonomie, wie im Wortteil „Ergo" bereits verankert, immer der Bezug zur Arbeit. Schmidtke fasst diesen Bezug zur Arbeit aber weiter:

> *„Weiterhin bedarf der Begriff der ‚Arbeit' der Klärung. Wird Arbeit als ziel- und zweckgerichtetes menschliches Handeln derart verstanden, daß als Ziele die Erzeugung von Gütern oder Dienstleistungen und als Zweck die Schaffung materieller Lebensgrundlagen postuliert werden, so bleiben zahlreiche hierdurch nicht erfaßte, aber dennoch ziel- und zweckorientierte Aktivitäten unberücksichtigt, mögen sie nun – um einige Beispiele zu geben – wissenschaftlicher, künstlerischer oder sportlicher Natur sein. Unter Berücksichtigung dieser Feststellungen muß die Ergonomie als eine der wissenschaftlichen Disziplinen verstanden werden, deren gemeinsamer Gegenstand die Interaktionen zwischen Mensch und Arbeit bei weitester Fassung des Arbeitsbegriffes sind."* (Schmidtke, 1976, S. 1)

Diese Erweiterung des Arbeitsbegriffes ist eine notwendige Voraussetzung für die Betrachtung der Ergonomie von Lehr- und Lernsystemen, da Lernen in der Regel auch nicht *direkt* zur „Erzeugung von Gütern und Dienstleistungen" führt, wohl aber eine Bedingung dafür sein kann. Um den Begriff der Ergonomie auch auf das Lernen anwenden zu können, muss zunächst erst neben der körperlichen auch die kognitive Leistung berücksichtigt werden, bevor dann in Abschnitt 6.3 (S. 85) die Gemeinsamkeiten und Unterschiede von klassischen Arbeitskontexten und dem Kontext Lernen erörtert werden. Dazu wird zuerst der Begriff der *Tätigkeit* erläutert.

2.3   Das Tätigkeitskonzept der Arbeitswissenschaften

Für die weitere Betrachtung der „Ergonomie" von multimedialen Lernsystemen ist aus der klassischen Arbeitswissenschaft der Begriff der *Tätigkeit* und *Handlung* von zentraler Bedeutung. Nach Leontjew[4] gibt es ein hierarchisches Tätigkeitskonzept:

1. Motive, die Tätigkeiten initiieren

2. Ziele, die Handlungen nach sich ziehen und

---

[3]Um beispielsweise zur Verbesserung der Lesegeschwindigkeit am Bildschirm, die 1996 noch 30% unter der eines Buches lag (Nielsen, 1996, S. 356) beizutragen.

[4]Wiedergegeben in (Ulich, 1994, S. 141ff).

3. gegenständliche Bedingungen, die in Operationen münden.

Dabei gilt, dass es keine Tätigkeiten ohne Motiv, keine Handlungen ohne Ziel und keine Operationen ohne die gegenständlichen Bedingungen gibt. Diese Unterscheidung ermöglicht es, die sichtbaren Tätigkeiten und Handlungen in ihre spezifischen Kontexte der ihnen zugrunde liegenden Motive und Ziele einzuordnen. Dies ist wichtig, um z.B. gleiche Handlungen, die aber aufgrund verschiedener Ziele erfolgen, bezüglich ihres Erfolges auf das jeweilige Ziel zu bewerten.

Aus Sicht Ulichs (Ulich, 1994, S. 141ff.) ist der Freiraum bei der konkreten Ausführung, also der Tätigkeitsspielraum als Konstrukt aus Entscheidungs-, Gestaltungs- und Handlungsspielraum, bestimmend für das Kriterium der Persönlichkeitsförderung, welches wiederum entscheidend für die Motivation ist. Im Kontext der Arbeitswissenschaften wird eine Arbeitsgestaltung, die auch die Persönlichkeitsentwicklung berücksichtigt, *prospektiv* genannt. Sie wird präventiv bereits bei der Planung der Arbeit berücksichtigt und nicht erst *korrektiv*, als Mängelbeseitigung, im laufenden Betrieb angewandt.

Das hierarchische Konzept von Motiven, Zielen und Bedingungen und die kontextbezogene Betrachtungsweise finden sich dann auch in der Ergonomie (und in den pädagogischen Modellen) in ähnlicher Form wieder.

2.4 Berücksichtigung der kognitiven Leistungsfähigkeit des Menschen

Spätestens mit dem Aufkommen von Computerarbeitsplätzen wuchs auch der Bedarf nach Erkenntnissen aus der *Arbeitspsychologie* über die kognitiven Prozesse (vgl. Bösel, 2001) und mentalen Modelle (vgl. Dutke, 1994) des Menschen, da die rein körperlichen Belastungen nicht mehr allein die Leistungsfähigkeit des Menschen bestimmten. In der Bildschirmarbeitsverordnung befindet sich deshalb neben Regeln zur Gestaltung des Arbeitsplatzes (Beleuchtung, Möblierung, Klimatisierung, Ausstattung mit Computerhardware) auch ein Abschnitt über das „Zusammenwirken Mensch – Arbeitsmittel" mit der Aussage

> *„Die Grundsätze der Ergonomie sind insbesondere auf die Verarbeitung von Informationen durch den Menschen anzuwenden." (BildscharbV, 1996, Absatz 20)*

d.h. auch die kognitiven Prozesse der Aufnahme von Informationen über die Sinne und der Ausführung einer Operation müssen auf ihre Menschengerechtheit hin untersucht und berücksichtigt werden.

Abbildung 3 zeigt das Zusammenwirken der an einem Arbeitsprozess beteiligten Komponenten und Bedingungen. Neben dem rekursiven Bezugssystem von Arbeitsaufgabe, Tätigkeit, Arbeitsergebnis und Nutzungskontext (dort als „Bedingungen d. Aufgabenausführung" bezeichnet) sind hier auch die Auswirkungen der Tätigkeit auf die mentalen Zustände des Ausführenden berücksichtigt. Entscheidend ist, dass die Folgen der Belastung bei der Arbeitstätigkeit wiederum Veränderungen in den Leistungsvoraussetzungen („Disposition") des Menschen bewirken. Dabei wird zwischen positiven Belastungsfolgen, die zu einem Lernprozess (bezogen

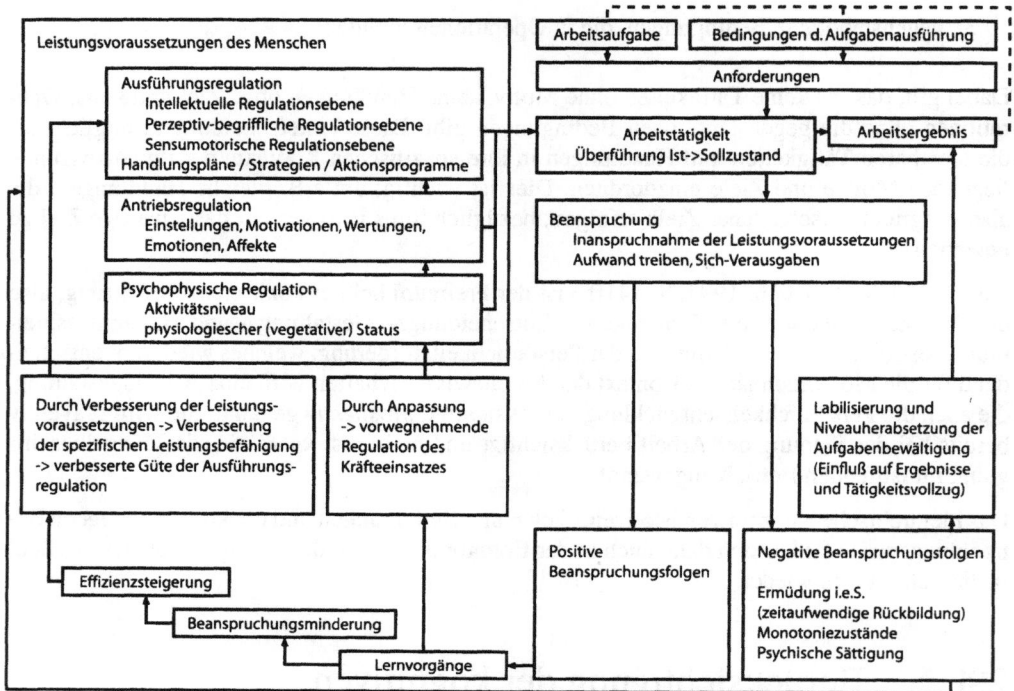

Abbildung 3: *Systemkomponenten nach (Plath, 1976) (Grafik nach Hartwig et al., 2001, S. 77)*

auf die Aufgabenausführung) führen und die Leistungsfähigkeit verbessern und negativen Belastungsfolgen („Beanspruchungen"), die Abwehr und schlechtere Aufgabenausführung nach sich ziehen, unterschieden. Wichtig ist in diesem Zusammenhang auch der Begriff der Handlungsregulation: „Regulation des Handelns durch Vorstellungs-, Denk- und Sprechprozesse" (Ulich, 1994, S. 341). Die Wechselbeziehung zwischen Handlung und Zustand des Handelnden wird dabei oft als Regelkreislauf verstanden. Eine als gut und befriedigend empfundene Aufgabenausführung erzeugt Verstärkungseffekte. Dadurch wiederum kann die Leistung weiter ansteigen und der Verstärkungseffekt nimmt zu. Ähnliches gilt umgekehrt für Belastungen.

Tabelle 1 auf Seite 15 zeigt, wie sich die Aspekte der kognitiven Leistungsfähigkeit im Laufe der Entwicklung der Mensch-Maschine-Kommunikationsforschung verändert haben. Dabei wird der Wandel von der menschengerechten Gestaltung von kleinen atomaren Teilhandlungen zur ergonomischen Optimierung des Gesamtsystems anhand einer historischen Betrachtung deutlich. Am Ende steht ein ganzheitliches Verständnis der Mensch-Maschine-Kommunikation als Problemlösungsprozess.

Phase	Repräsentative, anwendungsbezogene Aufgaben (exemplarisch)	Methodologische Position
1940-1955	<ul><li>sensomotorische Koordination bei speziellen Anforderungen</li><li>maßliche Gestaltung</li><li>Anzeigegeräte, Bedienelemente</li></ul>	Mensch als Regler, Knöpfchendrücker; MABA-MABA-Listen (Men Are Better At – Machines Are Better At)
1955-1970	<ul><li>Auslegung von Cockpits, Führerständen und Leitwarten</li><li>Optimierung der Systemdynamik</li><li>Aufgabenzuweisung</li></ul>	Mensch als Überwacher, Mensch als Informations-verarbeitendes System
1970 – 1985	<ul><li>Schnittstellengestaltung</li><li>Fehlervermeidung</li><li>Anforderungssimulation</li></ul>	Mensch als Dialogpartner
seit 1985	<ul><li>Entwicklung von Unterstützungs-systemen</li><li>CA*-Techniken (CAD, CAM, CASE, CAL, ...)</li><li>Telepräsenz</li><li>VR-Welten</li><li>Fehlermanagement</li></ul>	Mensch als interaktiver Problemlöser

Tabelle 1: Historische Entwicklung der Mensch-Maschine-Forschung (nach Timpe et al., 2002, S. 35)

2.5 Motivation

Als Antrieb (*Motivation*) zur Aufgabenlösung dient aus humanistischer Sicht der Wunsch des Einzelnen nach *Selbstverwirklichung* bzw. *Selbstaktualisierung*. Er bezieht sich auf „das menschliche Verlangen nach Selbsterfüllung, also auf die Tendenz, das zu aktivieren, was man als Möglichkeiten besitzt" (Maslow, 1977, S. 89). Maslow ordnet dabei fünf verschiedene Bedürfniskategorien als Hierarchie an (nach Edelmann, 2000, S. 256f.):

1. *Physiologische Bedürfnisse*: Bedürfnisse zur Aufrechterhaltung der körperlichen Grund-funktionen, wie Hunger und Durst, bilden die unterste Ebene. Sie werden von Arbeits-systemen nur indirekt adressiert, indem sie den Menschen durch Erwerbsarbeit materiell in die Lage versetzen, diese Bedürfnisse zu befriedigen.

2. *Sicherheitsbedürfnisse*: Sofern die physiologischen Bedürfnisse gedeckt sind, tritt das Bedürfnis nach Schutz vor Schmerz und Angst und anderen Risiken in den Vordergrund. Dieses Bedürfnis wird im Kontext der Ergonomie als *Arbeitsschutz* widergespiegelt, der Gefahren vom Arbeiter abwenden soll.

3. *Liebesbedürfnisse*: Soziale Bedürfnisse nach Einbindung in eine Gruppe und Geborgenheit sind dann die nächsthöhere Stufe. Mit Blick auf Arbeitssysteme ist dabei die Kollaboration, also das gemeinsame Arbeiten, sowie die Einbindung und Anerkennung in der Organisation relevant.

4. *Selbstachtung*: Das Bedürfnis nach Selbstvertrauen und Beweis der eigenen Kompetenz wird in der Praxis der Arbeitssysteme einerseits durch die Kollegen (vgl. Kollaboration aus dem vorhergehenden Punkt) und Kunden, aber andererseits auch durch Vorgesetzte im Rahmen der Führung berücksichtigt.

5. *Selbstaktualisierung/Selbstverwirklichung*: Das aus Sicht Maslows hierarchisch höchste Bedürfnis betrifft die Sinnfrage an sich. Liefert die Arbeit einen Lustgewinn oder andere Teilhabe an ihren Ergebnissen, die ein weitergehendes Interesse an ihr erzeugt?

Die Motivation entsteht aus dem Verlangen, die Bedürfnisse zu befriedigen. Dabei kann eine Motivation *intrinsisch* sein, d.h. die motivierte Tätigkeit an sich befriedigt ein Bedürfnis. Oder sie kann *extrinsisch* erzeugt werden, indem von außen Anreize zu einer Tätigkeit geliefert werden[5].

2.6 Anforderungen an die Ergonomie von Bildschirmarbeitsplätzen

Die Bildschirmarbeitsverordnung (BildscharbV) wurde Ende 1996 in das deutsche Recht übernommen. Sie ist die Umsetzung der Richtlinie „Mindestvorschriften bezüglich der Sicherheit und des Gesundheitsschutzes bei der Arbeit an Bildschirmgeräten" (EU „Bildschirmrichtlinie" 90/270/EWG (90/270/EWG, 1990)[6].

Für das (zumeist private) Lernen ist eine solche Richtlinie zwar rechtlich nicht bindend, da sie sich ausdrücklich nur an Arbeitnehmer und ihre mit dieser Arbeit verbundenen Tätigkeiten richtet, doch dort sind relevante Mindestanforderungen an menschengerechte Bildschirmarbeitsplätze beschrieben, die im Interesse des Lerners auch im privaten Umfeld als Norm gelten sollten[7].

In dieser Verordnung sind neben einer Vielzahl physiologisch begründeter Anforderungen an die Gestaltung des Arbeitsplatzes, auch Forderungen mit Rücksicht auf die kognitiven Fähigkeiten definiert:

"20. Die Grundsätze der Ergonomie sind insbesondere auf die Verarbeitung von Informationen durch den Menschen anzuwenden.

---

[5] Alternativ sind auch andere gesellschaftliche Motivationen denkbar, wie beispielsweise bei Hacker, der die Arbeits- und Ingenieurpsychologie mit den Zielen der „sozialistischen Gesellschaft" (vgl. Hacker, 1978, S. 21) verbindet. Dies näher zu erläutern, würde aber den Rahmen dieses Buches überschreiten.

[6] Die geplante Konkretisierung als Unfallverhütungsvorschrift (VBG104, 1995) wurde allerdings bis heute nicht umgesetzt.

[7] Für multimediales Lernen im Rahmen einer Arbeitnehmertätigkeit ist diese Richtlinie hingegen bindendes und einklagbares Recht eines jeden Arbeitnehmers.

21. Bei Entwicklung, Auswahl, Erwerb und Änderung von Software sowie bei der Gestaltung der Tätigkeit an Bildschirmgeräten hat der Arbeitgeber den folgenden Grundsätzen insbesondere im Hinblick auf die Benutzerfreundlichkeit Rechnung zu tragen:

- *21.1 Die Software muß an die auszuführende Aufgabe angepaßt sein.*
- *21.2 Die Systeme müssen den Benutzern Angaben über die jeweiligen Dialogabläufe unmittelbar oder auf Verlangen machen.*
- *21.3 Die Systeme müssen den Benutzern die Beeinflussung der jeweiligen Dialogabläufe ermöglichen sowie eventuelle Fehler bei der Handhabung beschreiben und deren Beseitigung mit begrenztem Arbeitsaufwand erlauben.*
- *21.4 Die Software muß entsprechend den Kenntnissen und Erfahrungen der Benutzer im Hinblick auf die auszuführende Aufgabe angepaßt werden können."*

(BildscharbV, 1996 Absätze 20 und 21)

Diese Forderungen beziehen sich also bereits auf die Gestaltung der Software und sind deshalb Teil der *Software-Ergonomie*, die im Folgenden beschrieben wird.

2.7 Entstehung der Software-Ergonomie

Der Wandel der Arbeitskontexte im Rahmen der, häufig als *zweite industrielle Revolution* bezeichneten, Verbreitung von computergestützten interaktiven Systemen brachte ein neues Arbeitsgebiet mit sich: Die ergonomische Gestaltung dieser Software-Systeme bzw. die *Software-Ergonomie*. Dabei wird Software als Werkzeug zur Aufgabenbewältigung durch den Benutzer verstanden:

„Gegenstand der Software-Ergonomie ist die Anpassung der Arbeitsbedingungen bei der Mensch-Computer-Interaktion an die sensumotorischen und kognitiven Fähigkeiten und Prozesse des Menschen. [...] "Kognitive Ergonomie" wird manchmal synonym zu "Software-Ergonomie" verwendet [...]." *(aus Wandmacher, 1993, S. 1)*

Nach Herczeg (2005) (vgl. Abbildung 4) entsteht die Disziplin „Software-Ergonomie" aus der interdisziplinären Verknüpfung anderer Wissenschaftsgebiete:

Humanwissenschaften Grundlage für die anderen beiden Wissensgebiete sind die Erkenntnisse der Physiologie und Psychologie bzgl. der Leistungsfähigkeit aber auch optimalen Einbindung des Menschen in Arbeitsprozesse.

Arbeitswissenschaften Wie bereits dargestellt, fußen die Arbeitswissenschaften sowohl auf den Ingenieur- als auch auf den Humanwissenschaften und bringen die Aspekte der effektiven und effizienten Umsetzung dieser Erkenntnisse in Arbeitsprozesse ein (vgl. Nachreiner & Mesenholl, 1992).

Computerwissenschaften dieser Bereich nutzt wiederum die Erkenntnisse der vorigen beiden Disziplinen, um spezifische Aspekte von Computersystemen wie Dialoggestaltung, Hilfesysteme und Wissensrepräsentation zu unterstützen.

Hinzu kommt die Disziplin des Software-Engineerings, in der es um die Planung von Prozessen zur Qualitätssicherung geht und die Erforschung von ingenieurmäßigen Aspekten (also routine- und wissensbasierte nachvollziehbare und wiederholbare Entscheidungs- und Entwicklungsprozesse) im Mittelpunkt steht. Gerade die ingenieurmäßige Herangehensweise an die Gestaltung interaktiver multimedialer Systeme außerhalb der klassischen Arbeitssysteme ist Thema dieses Buches und wird im nachfolgenden Abschnitt noch einmal im Detail behandelt:

2.8   Cognitive Engineering und Mentale Modelle

Einen theoretischen Ansatz zur Planung und Optimierung der Aufgabenlösung mittels eines Softwaresystems bietet der Bereich des *Cognitive Engineering*. Eingeführt wurde der Begriff von Norman bereits 1982 (siehe Norman, 1982) und anschließend in Werken wie Rasmussen et al., 1994 in System-Entwicklungsprozessen aufgegriffen. Dabei werden die kognitiven Problemlöse- und Handlungsregulationsprozesse in die Interaktion zwischen Mensch und Maschine bei der Planung und Evaluation des Systems mit einbezogen. Bei der Planung der Interaktion von menschlichen und maschinellen Systemen helfen so genannte *mentale Modelle* (Herczeg, 2005):

> *„Mentale Modelle sind Ausdruck des Verstehens eines Ausschnittes der realen Welt. Damit sind sie aber gleichzeitig auch Grundlage zur Planung und Steuerung von Handlungen." (Dutke, 1994, S. 2)*

> *[Ein mentales Modell enthält] „Wissen über Komponenten, Funktionen und Struktur eines Anwendungssystems, [...] Grundwissen, um Sequenzen von Aktionen aufbauen zu können [und] Begründungen, warum Sequenzen von Aktionen in bestimmten Situationen angemessen erscheinen." (aus Herczeg, 1994, S. 17)*

Dabei werden Sichten auf den Anwendungsbereich **A** unterschieden (nach Herczeg, 1994, S. 17ff.):

- **S** = System. S(A) = Implementierung des Anwendungsbereiches im System

- **B** = Benutzer. B(A) = mentales Modell des Benutzers vom Anwendungsbereich. B(S(A)) = Modell, das der Benutzer vom System hat, welches wiederum den Anwendungsbereich implementieren soll.

- **E**[8] = Entwickler. E(A) = Modell des Entwicklers vom Anwendungsbereich. E(B(A))= Modell des Entwicklers von den Vorstellungen des Benutzers über das System.

---

[8]Im Original ist **D** = Designer verwendet worden, was aber mit Blick auf den in diesem Buch enger gefassten Designbegriff zu Missverständnissen führen würde.

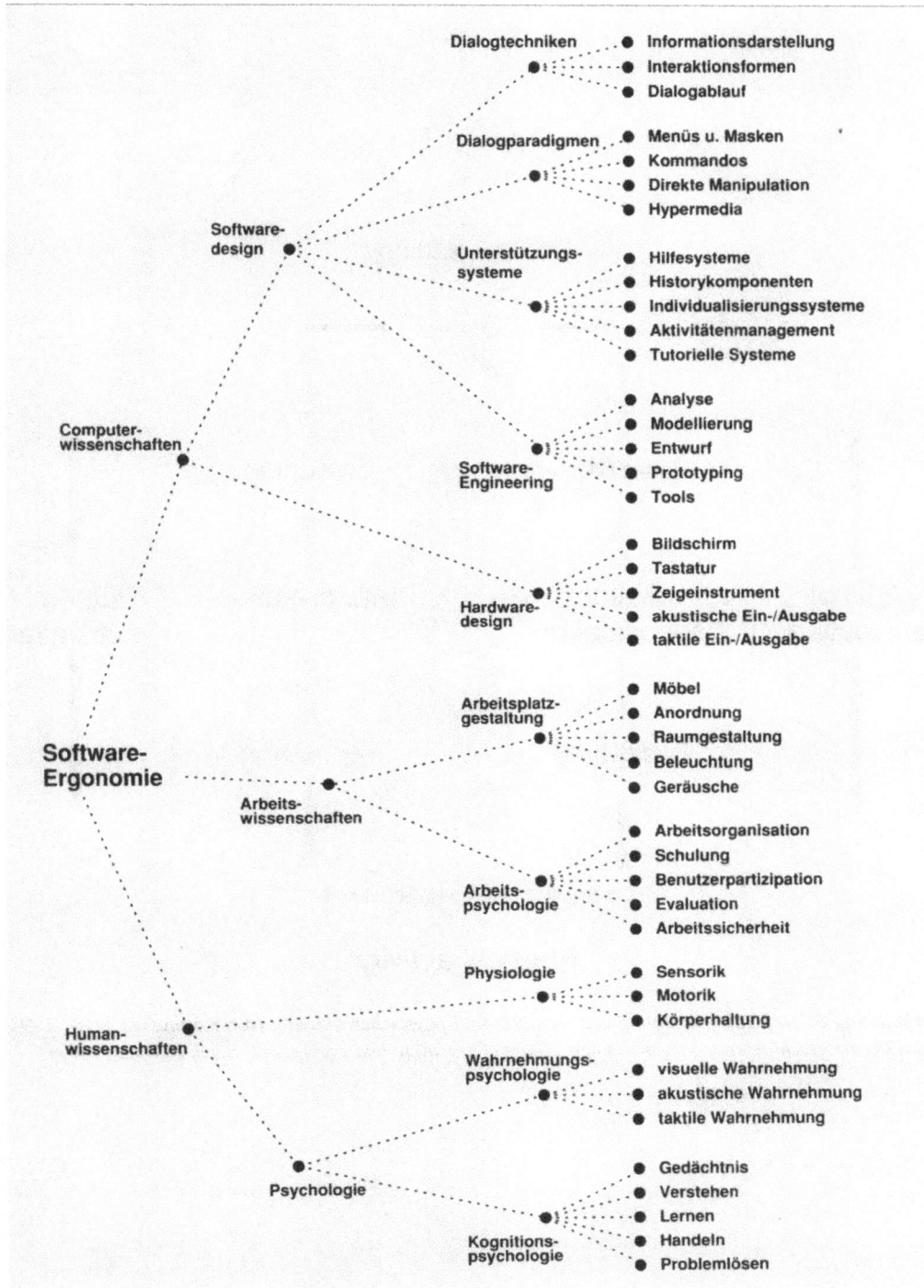

Dialogtechniken — Informationsdarstellung, Interaktionsformen, Dialogablauf

Dialogparadigmen — Menüs u. Masken, Kommandos, Direkte Manipulation, Hypermedia

Unterstützungssysteme — Hilfesysteme, Historykomponenten, Individualisierungssysteme, Aktivitätenmanagement, Tutorielle Systeme

Software-Engineering — Analyse, Modellierung, Entwurf, Prototyping, Tools

Hardwaredesign — Bildschirm, Tastatur, Zeigeinstrument, akustische Ein-/Ausgabe, taktile Ein-/Ausgabe

Arbeitsplatzgestaltung — Möbel, Anordnung, Raumgestaltung, Beleuchtung, Geräusche

Arbeitspsychologie — Arbeitsorganisation, Schulung, Benutzerpartizipation, Evaluation, Arbeitssicherheit

Physiologie — Sensorik, Motorik, Körperhaltung

Wahrnehmungspsychologie — visuelle Wahrnehmung, akustische Wahrnehmung, taktile Wahrnehmung

Kognitionspsychologie — Gedächtnis, Verstehen, Lernen, Handeln, Problemlösen

Softwaredesign, Computerwissenschaften, Software-Ergonomie, Arbeitswissenschaften, Humanwissenschaften, Psychologie

Abbildung 4: *Software-Ergonomie als multidisziplinäres Aufgabengebiet (Herczeg, 1994, S. 7)*

Mental activity

← Goals →

Intention   Evalution

Gulf of execution   Action specification   Interpretation   Gulf of evaluation

Execution   Perception

← Computer →

Physical activity

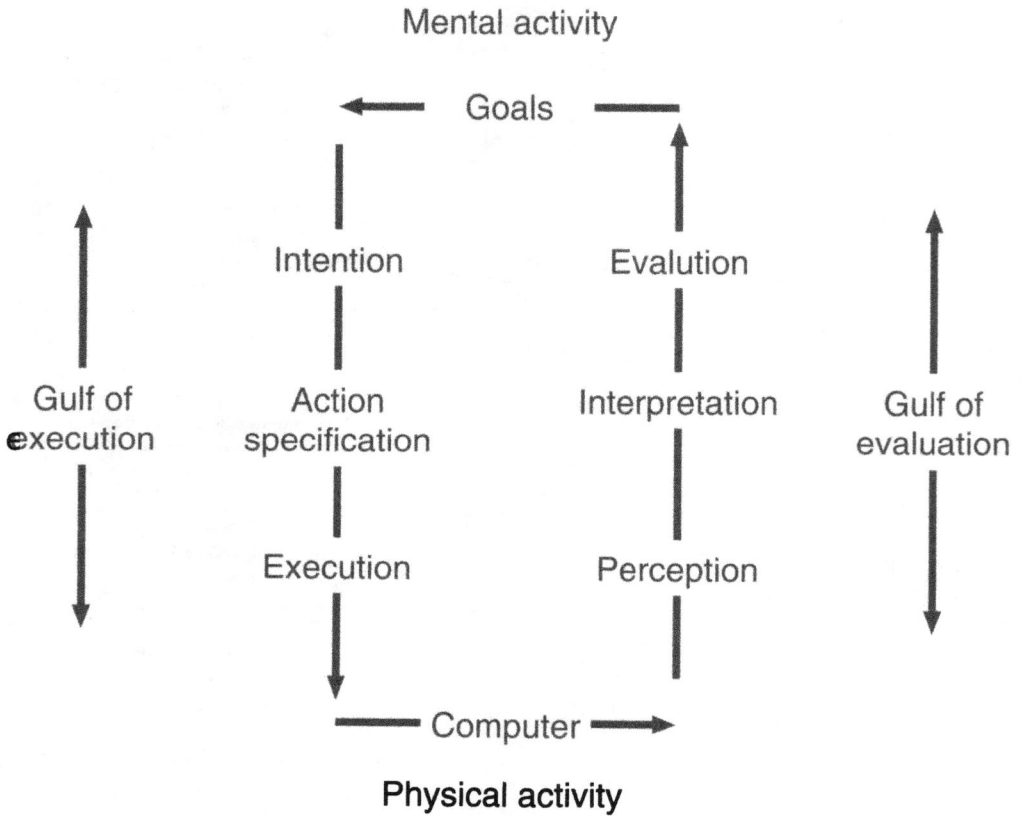

Abbildung 5: *Der Zusammenhang von mentaler und physischer Aktivität (aus Rasmussen et al., 1994, S. 124) als geschlossenes System mit den „Gulfs of execution and evaluation" (nach Norman, 1982)*

Daneben definiert Herczeg noch die Sicht des Arbeitspsychologen (**P**). Weitere relevante Sichten wären in diesem Zusammenhang z.B. die Sicht des Pädagogen oder die Sicht des Designers, wobei diese Sichten sich teilweise überlappen und nicht voneinander unabhängig sind.

Ein Ziel der Software-Ergonomie ist dabei die Identifikation und Bewertung der Differenz zwischen **B(A)** und **S(A)**, also zwischen dem, was der Mensch vom Anwendungsbereich erwartet, und dem, was die Maschine für diesen Anwendungsbereich anbietet. Denn diese Differenz („Mismatch") stellt in der Regel eine ungewollte und effizienzmindernde Belastung oder sogar Beanspruchung in der Anwendung eines Software-Systems in einem Arbeitskontext dar. Welche Minderung genau betrachtet wird, beschreibt der Begriff der „Gebrauchstauglichkeit" im nächsten Abschnitt.

2.9 Gebrauchstauglichkeit

Der Begriff der „ergonomischen Gestaltung von Software" bezeichnet zunächst einmal eine menschen- und aufgabengerechte Gestaltung des interaktiven Computersystems, auch gelegentlich „Anwendung" oder „Applikation" oder auch nur kurz „Software" genannt. *Menschengerecht* beschreibt die Berücksichtigung der bereits angesprochenen Erkenntnisse bezüglich der (kognitiven) Leistungsfähigkeit des Menschen. *Aufgabengerecht* (auch als „anwendungsgerecht" bezeichnet) weist zusätzlich darauf hin, dass die Beurteilung der Ergonomie neben den Fähigkeiten der Nutzer auch die Motive und Ziele berücksichtigen muss. Ein Werkzeug kann zwar menschengerecht sein, in dem es sich gut anfasst, verständlich und einfach zu handhaben ist, aber trotzdem der damit zu bewältigenden Aufgabe nicht gerecht werden. Dabei gilt:

1. „Menschengerechte" Gestaltung setzt eine Kenntnis der Menschen voraus und wird in der Regel nur einen Teil der Menschheit abdecken. Sie ist ein notwendiges aber kein hinreichendes Kriterium für die Beurteilung der tatsächlichen Gebrauchstauglichkeit.

2. „Aufgabengerecht" kann nur in Kenntnis der Aufgabe und der daraus resultierenden Tätigkeiten, Handlungen und Operationen als Kriterium für ein angebotenes Hilfsmittel (Werkzeug oder Medium) dienen.

Der Begriff der „Gebrauchstauglichkeit" soll diesen erweiterten Blick auf Werkzeuge und Medien widerspiegeln. Er löste den umstrittenen Begriff der „Benutzerfreundlichkeit"[9] ab und wird als deutsches Äquivalent zur „Usability" gebraucht. Diese Gleichsetzung ist nicht ganz unkritisch, weil z.B. seine deutsche Übersetzung „Bedienbarkeit" im deutschen (technischen) Sprachgebrauch der Normung (siehe ISO 9126, 2001) eine andere Bedeutung hat. Das Qualitätsmerkmal Benutzbarkeit ist dort genauer definiert als Verbindung aus „Verständlichkeit", „Erlernbarkeit"und der „Bedienbarkeit". Die sprachlich korrekte Übersetzung von „Usability" mit „Benutzbarkeit" steht damit im Widerspruch zu der Definition von Benutzbarkeit in älteren Arbeiten zur Software-Ergonomie, wie z.B. Wandmacher (1993). Auch die Definition der ISO 9126 (ISO 9126, 2001, ehemals DIN 66272) als „Aufwand, der zur Benutzung erforderlich ist und individuelle Beurteilung der Benutzung durch eine festgelegte oder vorausgesetzte Benutzergruppe" deckt sich nicht mit der Definition von „Usability", wie sie in der ISO 9241 (siehe ISO 9241, 1996) verbindlich festgelegt wird.

---

[9]Der Begriff „Benutzerfreundlichkeit" wird auch synonym zum Begriff „Benutzungsfreundlichkeit" verwendet.

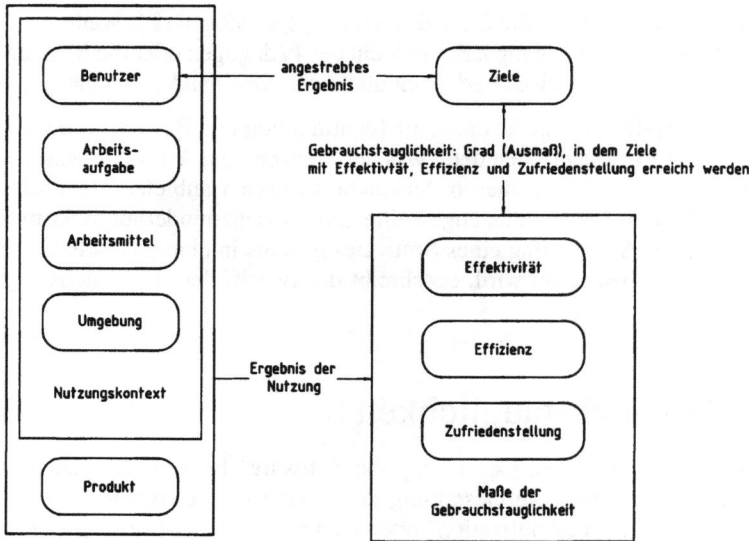

Abbildung 6: „Usability framework" aus ISO 9241, 1996

Mit einer ganzheitlichen Sicht auf das Gesamtergebnis lautet die Forderung somit *Nützlichkeit* (Utility) statt „nur" *Gebrauchstauglichkeit* (Usability) (vgl. auch Ben Shneiderman in Grinstein et al., 2003). Während die Gebrauchstauglichkeit zunächst einmal nur beschreibt, ob ein Werkzeug eine Aufgabe erfüllen helfen *kann*, geht die Nützlichkeitsforderung darüber hinaus und verlangt, dass die Anwendung bei der Erfüllung der Aufgabe dem Nutzer tatsächlich einen Vorteil bringt (vgl. mit dem Wort „Gebrauchswert" aus der DIN 66050 (1980). So kann ein Teil eines Lernmediums zwar gebrauchstauglich umgesetzt, aber trotzdem nicht nützlich in Bezug auf den Lernerfolg sein. Der Begriff *Utility* wird aber auch teilweise als „Anzahl der nutzbaren Funktionen" ausgelegt (vgl. Microsoft, 2000) und mit dem Begriff *Likability* („Glaubt der Nutzer, dass das Werkzeug ihm nützen wird?") (nach Gaines et al., 1996) vermischt.

Um Missverständnisse und Unklarheiten zu vermeiden, wird deshalb im Folgenden immer dann von ergonomischer Gestaltung gesprochen, wenn die Gebrauchstauglichkeit bzw. „Usability" im Sinne der ISO 9241 (1996) gemeint ist. Der Rückgriff auf eine Definition, die in einem langjährigen Normungsprozess und durch damit verbundene Konsensfindungsphasen „gereift" ist, erleichtert die Verständigung auf einen gemeinsamen Qualitätsbegriff. *Gebrauchstauglichkeit* (Usability) ist in der ISO 9241 (vgl. Abbildung 6) definiert als das Produkt aus:

- **Effektivität**
  (Effectivness) als Maß des Grades der Zielerreichung. Diese Zielerreichung kann nur mit Bezug auf ein definiertes Ziel gemessen werden. Der Begrifflichkeit des vorgestellten Tätigkeitskonzeptes folgend, ist ein Ziel allgemein definiert und Teil eines höheren Motivs. Doch im Falle der Gebrauchstauglichkeitsdefinition beschränkt man sich zunächst auf *Aufgabenziele*, d.h. Ziele die innerhalb des soziotechnischen Arbeitssystems an Arbeitsaufgaben gebunden sind (vgl. Ulich, 1994, S. 157f.). Diese Ziele können mehr oder

weniger konkret sein, sind aber vom Wesen her, im Gegensatz zu den Motiven oder nicht arbeitsaufgabengebundenen Zielen, prinzipiell abgeschlossen, d.h. verfügen über ein definiertes Endergebnis. Durch den Vergleich des vorgesehenen Zielergebnisses und dem tatsächlich erreichten Ergebnis entsteht das Kriterium „Effektivität".

- **Effizienz**
  (Efficiency) als Maß des Aufwandes zu dieser Zielerreichung. Als Aufwände werden dabei nicht nur physische, sondern auch psychische Belastungen angesehen. Deren Messung ist nicht trivial, aber doch notwendig zur Beurteilung der gesamten Gebrauchstauglichkeit. Das Ausmaß von Belastungen und die Gefahr von Beanspruchungen ist dabei abhängig von der Disposition der Betroffenen. Personenbezogene oder nutzergruppenspezifische Faktoren wie Vorwissen, Motivation oder kognitive Leistungsfähigkeit entscheiden darüber, wie sehr Handlungen und Tätigkeiten die Ausführenden tatsächlich belasten. Zeigte die Effektivität den Bezug zur „Aufgabengerechtheit", so zeigt der Faktor Effizienz den Bezug zur „Menschengerechtheit" eines Produktes. Die Kenntnis der (intendierten) Nutzergruppe wird so zu einer notwendigen Vorbedingung bei der Beurteilung der ergonomischen Qualität eines Produktes.

- **Zufriedenstellung/Zufriedenheit**
  (Satisfaction) als Indikator der Abwesenheit von Beanspruchungen bzw. als Zeichen für die „Akzeptierung von innerhalb der Erträglichkeitsgrenzen liegenden Bedingungen durch Gruppen" (Rohmert, 1972).

Arbeitszufriedenheit

Während Effektivität und Effizienz als Kriterien zur Optimierung von Arbeitsabläufen unmittelbar klar sind, ist der Begriff der Zufriedenheit bzw. Zufriedenstellung problematischer. Der Begriff „Zufriedenstellung" im Gegensatz zur „Zufriedenheit" entspricht der strengen Begriffsbildung der (psychologischen) Normung und soll die methodischen Probleme mit dem Begriff Zufriedenheit vermeiden. „Zufriedenheit" allgemein beschreibt eine positive Emotion wohingegen die „Zufriedenstellung" allgemeiner die Erfüllung von Bedürfnissen beschreibt. Doch im Falle der Ergonomie geht es um eine speziellere Form der Zufriedenheit: „Arbeitszufriedenheit". Diese kann nach verschiedenen Formen unterschieden werden (vgl. Bruggemann et al., 1975 nach Ulich, 1994, S. 116):

- progressive Arbeitszufriedenheit

- stabilisierte Arbeitszufriedenheit

- resignative Arbeitszufriedenheit

- Pseudo-Arbeitszufriedenheit

- fixierte Arbeitsunzufriedenheit

- konstruktive Arbeitsunzufriedenheit

Diese Arten der Zufriedenheit werden aus ganz unterschiedlichen Gründen erreicht, die sich teilweise in den daraus resultierenden Rückschlüssen auf die Güte der beurteilten Arbeitsausführung grundlegend unterscheiden. Arbeitszufriedenheit entsteht aus der Gegenüberstellung der konkreten Merkmale der Arbeitssituation mit den konkreten Bedürfnissen und Erwartungen der Handelnden. Bietet die konkrete Arbeitssituation weniger als die Bedürfnisse erfordern, so entsteht daraus zunächst eine diffuse Unzufriedenheit. Dem kann der Handelnde begegnen, indem er seine Ansprüche senkt und dann zufriedener ist (resignative Arbeitszufriedenheit). Er kann aber auch seine Ansprüche beibehalten. Um dann eine angestrebte Zufriedenheit zu erreichen, kann die eigene Wahrnehmung des Anspruchs angepasst werden (Pseudo-Arbeitszufriedenheit), gar nichts unternommen werden (fixierte Arbeitsunzufriedenheit) oder aber neue Lösungen für das Problem gesucht werden (konstruktive Arbeitsunzufriedenheit).

Mit Blick auf den hier angestrebten Fokus von Lernsystemen, wird schnell klar, dass die Berücksichtigung der Zufriedenheit im Sinne der Arbeitszufriedenheit keine leichte Aufgabe darstellt. Schließlich kann eine gute Zufriedenheitsaussage auch eine Qualität im Sinne einer Übereinstimmung von Bedürfnis und Angebot vortäuschen, obwohl sie vielleicht nur das Ergebnis von Resignation ist. Ulich geht deshalb so weit zu sagen:

> *„In den neueren – vor allem arbeitspsychologisch orientierten – Bewertungsansätzen findet das Konzept der Arbeitszufriedenheit deshalb auch keine Berücksichtigung."* *(Ulich, 1994, S. 119)*

Es wird deutlich, dass Zufriedenheit als Prozess zu interpretieren ist und dass zur Bewertung der Arbeitszufriedenheit die anzustrebende Form festgelegt werden muss. Um im Rahmen der Usability-Definition zu bleiben, wird in diesem Buch Zufriedenstellung im Sinne der Definition der ISO 9241 „Satisfaction: the comfort and acceptability of use." (ISO 9241, 1996) verwendet und aus Gründen der sprachlichen Vereinfachung auch als „Zufriedenheit" im Sinne des oben beschriebenen Modells von Arbeitszufriedenheit als Differenz zwischen Bedürfnissen und Ist-Zustand bezeichnet.

Wie in Abbildung 6 dargestellt, ist der Begriff der Usability als Bewertungsmaßstab für eine Produktqualität gedacht. Während Effektivität, Effizienz und Zufriedenheit die Maße bezeichnen, müssen daneben die Bewertungsgegenstände und ihr Kontext spezifiziert werden. Wie bereits gezeigt, ist die Kenntnis dieser Umstände für eine Beurteilung der Gebrauchstauglichkeit zwingend erforderlich. Neben dem zu prüfenden Produkt (Product), müssen die Aufgabenziele (Goals) und der Nutzungskontext (Context of use) spezifiziert sein, um eine Aussage bzgl. der Gebrauchstauglichkeit (Usability) machen zu können. Ziele sind dabei als hierarchische Struktur von Gesamt- und Teil-Zielen zu sehen. Welche Informationen des Nutzungskontextes relevant sind, hängt von der Aufgabe ab und wird später im Rahmen des konkreten Prozessmodells beschrieben.

Grob unterscheidet die ISO 9241 vier Klassen von Nutzungskontextinformationen:

- **Nutzer**
  (User): Gemeint sind Attribute der (intendierten) Nutzergruppe, wie beispielsweise deren Alter, Vorwissen, Motivation, persönliche Ziele (eng verbunden, aber naturgemäß nicht immer identisch mit den organisatorisch intendierten Aufgabenzielen), aber auch physische Fähigkeiten bzw. Einschränkungen.

- **Aufgaben**
  (Task): Aufgaben werden definiert als „Tasks are the activities undertaken to achieve a goal." (ISO 9241, 1996) und als ebenfalls hierarchisch strukturiert angesehen. Aufgaben sind dabei von reinen Funktionen zu unterscheiden. Aufgaben konzentrieren sich auf die Beschreibung des gewünschten Ergebnisses und weniger auf die Nutzung vorhandener Hilfsmittel. Dabei enthält eine Aufgabenbeschreibung auch Teilaufgaben, die sehr nahe an den tatsächlichen Handlungen und Aktivitäten orientiert sind.

  Eigenschaften von Aufgaben sind Anforderungen an ihre Dauer und notwendige Präzision oder Aussagen über die Dringlichkeit und Abhängigkeiten sowie die Einbindung in den übergeordneten organisatorischen Kontext. Ausdrücklich legt die Norm nahe, sich für Untersuchungen zur Gebrauchstauglichkeit auf Schlüsselaufgaben (key tasks) zu beschränken.

- **Ausstattung**
  (Equipment): Die technische Ausstattung, die während der Nutzung des zu prüfenden Produktes zur Verfügung steht. Die umfasst sowohl die Hardware (bspw. deren Leistungsfähigkeit) als auch Software-Werkzeuge, die neben dem Produkt zur Aufgabenbewältigung bereit stehen.

- **Umgebung**
  (environment): Hierbei sind weitere Unterklassen von Umgebungsattributen, die sich zum Teil mit den Attributen der Ausstattung (s.o.) überschneiden, zu unterscheiden:

  - **Technische Umgebung** bspw. das Netzwerk;
  - **Physikalische Umgebung** bspw. Möbel;
  - **Raumumgebung** wie z.B. Temperatur, Lärm, Beleuchtung;
  - **Sozio-kulturelles Umfeld** inklusive typischen Verhaltensmustern, aber auch der organisatorischen Struktur und Ansprüche.

  Gerade der letzte Punkt ist in der Praxis nicht umfassend zu identifizieren und man wird sich häufig darauf beschränken müssen, nur für die Aufgabe besonders wesentliche Merkmale tatsächlich zu dokumentieren.

Die Norm beschreibt dabei nur ein grobes Rahmenkonstrukt „Usability", welches für den Einzelfall erst noch spezifiziert werden muss. Die Übernahme dieses Qualitätsbegriffes „Gebrauchstauglichkeit" in den Kontext der multimedialen Lernsysteme wird in einem eigenen Kapitel (siehe 6 auf Seite 81) weiter ausgeführt.

Die Erfahrungen im eigentlichen Ursprungskontext der „klassischen" Anwendungsentwicklung für Arbeitssysteme mahnen dabei zur Vorsicht. In der Praxis erweist sich das Framework „Usability" als Ziel der formativen Evaluation, also als Arbeitsrichtung in konstruktiven Planungs- und Verbesserungsprozessen als besonders nützlich, wohingegen die summative, abschließende Beurteilung und die Ausstellung von darauf beruhenden Zertifikaten noch Gegenstand der Diskussion und Forschung sind. Im Rahmen dieses Buches wird deshalb verstärkt auf die Gestaltung von Herstellungs-, Wartungs- und Qualitätssicherungsprozessen mit dem Ziel der Verbesserung der ergonomischen Qualität eingegangen. Im folgenden Abschnitt werden dazu zunächst die Software-Engineering- und Usability-Engineering-Prozesse kurz vorgestellt:

2.10   Zusammenfassung

In diesem Kapitel sind die Herkunft und Grundlagen der Software-Ergonomie kurz dargestellt
worden:

- Die Herkunft des Begriffes „Ergonomie";

- Dem grundlegenden Begriff von „Arbeit";

- Das hierarchische Tätigkeitskonzept nach Leontjew mit der Unterscheidung von Tätigkeiten und Handlungen, sowie Motiven und Zielen;

- Kognitive Leistungsfähigkeit des Menschen und Motivation;

- Die Ergonomie von Bildschirmarbeitsplätzen;

- Mentale Modelle als Beschreibungsmodell für die internen und externen Verarbeitungs-
prozesse;

- Gebrauchstauglichkeit als zentrales Qualitätsmerkmal, mit den Definitionen von Effektivität, Effizienz und vor allem einem zweiten Blick auf den Begriff der Arbeitszufriedenheit;

- Software-Ergonomie als Ausgangspunkt der Betrachtung und als Zieldefinition, die die
Zufriedenheit der Lernenden und deren effektive und effiziente Unterstützung in den Mittelpunkt stellt;

Eine eingehendere Darstellung ist zum Beispiel in der Neuauflage „Software-Ergonomie" (Herczeg, 2005) in dieser Reihe zu finden.

3 Software-Engineering

Nachdem in den bisherigen Abschnitten das Qualitätsziel *Gebrauchstauglichkeit* und seine Herkunft beleuchtet wurden, muss es einen definierten, nachvollziehbaren und wiederholbaren Weg zur Erreichung dieser Qualität geben. Im Falle interaktiver, computergestützter Systeme ist dafür die „Softwaretechnik" bzw. das „Software-Engineering" zuständig:

> *„Software-Technik: Zielorientierte Bereitstellung und systematische Verwendung von Prinzipien, Methoden, Konzepten, Notationen und Werkzeugen für die arbeitsteilige, ingenieurmäßige Entwicklung und Anwendung von umfangreichen Software-Systemen" (Balzert, 2000, S. 36)*

Dazu ist anzumerken, dass seit Mitte der 60er-Jahre von einer „Software-Krise" (vgl. Shapiro, 1997) gesprochen wird. Kritisiert wird dabei, dass Software-Erstellung oft noch zu sehr als „Kunst" mit entsprechend chaotischen und/oder kreativen Prozessen bewältigt würde. Sie sei deshalb oft wirtschaftlich untragbar und die Qualität des Endergebnisses sei mehr oder weniger dem Zufall zu überlassen. Stattdessen müssten Modelle bereitgestellt werden, wie diese Herstellungsprojekte ablaufen sollen, welche Kompetenzen in welcher Weise eingebunden werden und wann und wie Teilergebnisse dokumentiert werden. Und natürlich müssten diese Modelle dann auch diszipliniert befolgt werden (Chang, 1994). Ob und wie weit dies heute noch aktuell ist, kann an dieser Stelle nicht beantwortet werden. Doch diese Krise ist ein Hinweis auf die besondere Situation bei der Software-Entwicklung. Denn gegenüber den bis dahin bekannten und eingesetzten Ingenieurmethoden zur Planung und Herstellung von anderen Produkten weist Software einige Besonderheiten auf:

1. *Software ist immateriell*, d.h. sie wird nicht selbst zum Gegenstand eines sich wiederholenden Herstellungsprozesses. Lediglich die Distributionsmedien werden noch reproduziert, wohingegen eine einmal fertiggestellte Software nicht noch einmal hergestellt werden muss. Viele etablierte Qualitätssicherungsmethoden konzentrieren sich auf Abweichungen in der Reproduktion.

2. *Software verschleißt nicht*. Einmal erzeugte Softwareprodukte sind über die Dauer ihrer Nutzung ohne weitere Abnutzung stabil, wohingegen andere gegenständliche Produkte durch die Nutzung oft verändert werden.

3. *Software ist leichter anpassbar*. Im Gegensatz zu mechanisch fixierten Gegenständen kann Software, zumindest theoretisch, oft einfacher angepasst werden.

Für die Softwaretechnik haben sich so neue Qualitätsmerkmale etabliert, die hier nur kurz aufgezählt werden. Dabei wird der Bezug zu den Faktoren der Gebrauchstauglichkeit hergestellt:

Korrektheit Ein wesentliches und notwendiges Qualitätsmerkmal eines Systems ist die Übereinstimmung seiner Ergebnisse mit den im Kontext richtigen Ergebnissen. Eine Buchhaltungsanwendung, die nicht korrekt rechnet, ist per se unbrauchbar, unabhängig davon, ob die anderen Merkmale erreicht werden. Dieser Korrektheitsbegriff geht in der Usability in die „Effektivität" ein, denn ein fehlerhaftes Systemergebnis verhindert die vollständige Abarbeitung einer Aufgabe.

Dieser Anspruch der Korrektheit ist in komplexen Systemen nur schwer nachzuweisen. Verifikationsmethoden decken in der Praxis nur einen Teil der möglichen Fälle ab. Man geht davon aus, dass ca. 10% Fehler schlussendlich im System verbleiben. Das Merkmal der **Prüfbarkeit** beschreibt dabei, wie gut eine solche Verifikation bei dem betrachteten System möglich ist.

Effizienz Im Unterschied zur Definition von Effizienz im Zusammenhang der Usability ist hier der gesamte Aufwand bei der Nutzung des Systems gemeint und nicht nur auf der Nutzerseite.

Robustheit Ziel ist eine Reaktion des Systems angesichts potentieller fehlerhafter Kommunikation mit dem System (bspw. Benutzereingaben), die ein Weiterarbeiten ermöglicht.

Im Bereich Usability findet sich die für den Nutzer sichtbare Robustheit als Dialogprinzip „Fehlertoleranz" wieder. Aber im Bereich des Software-Engineerings ist ein größerer Fokus gemeint, d.h. auch undefinierte interne Kommunikationszustände, z.B. durch Schnittstellen zu anderen Programmen, müssen berücksichtigt werden.

Verfügbarkeit Die Wahrscheinlichkeit (ideal: 1), dass das System zu einem beliebigen Zeitpunkt seines Einsatzes auch tatsächlich funktionsfähig ist. Dieses Merkmal findet sich so in der Usability nicht direkt wieder, ist aber doch Teil der Effektivität und Effizienz.

Zuverlässigkeit Das Produkt aus Korrektheit, Robustheit und Verfügbarkeit als Ausdruck der Wahrscheinlichkeit, dass das System zu einem bestimmten Zeitpunkt tatsächlich korrekt seine Spezifikation erfüllt. Dies spiegelt sich wie beschrieben in Effektivität und Effizienz der Benutzung indirekt wider.

Datensicherheit Wie sicher sind die Daten gegen unbefugte Veränderung aber auch Ausspähung von außen? Dieses Merkmal geht über die Usability zunächst hinaus, auch wenn man die Datensicherheit wieder als Ziel definieren und Lücken in der Datensicherheit als Verletzung von Aufgabenmerkmalen ansehen kann.

Verständlichkeit Damit ist, im Gegensatz zu den Dialogprinzipien, nicht die Verständlichkeit der Benutzungsschnittstelle, sondern die Verständlichkeit des Systems und seiner Programmierung für andere Entwickler gemeint. Sie ist Voraussetzung für die Wartbarkeit des Systems.

Wartbarkeit beschreibt die Möglichkeiten, das System an sich verändernde („alternde") Nutzungskontexte anzupassen. Dazu gehört die Verständlichkeit des Programm-Codes und das Vorhandensein von Dokumentationen, in denen die Entwicklungsentscheidungen nachvollziehbar dokumentiert sind.

Wiederverwendbarkeit Ein zentraler Punkt der anhaltenden Software-Krise ist, dass ähnliche Projekte immer wieder von neuem begonnen werden. Das Merkmal der Wiederverwendbarkeit bezieht sich deshalb auf die Möglichkeit, Software bzw. Teile daraus auch in späteren Projekten zu nutzen. Dazu sind die Merkmale Verständlichkeit und Wartbarkeit wichtige Voraussetzungen.

Diese Liste von Merkmalen ist nicht vollständig und soll nur einen ersten Eindruck vermitteln, welche Qualitätsansprüche an Software neben der Usability existieren. Der Schwerpunkt liegt aber auf dem Ziel der Optimierung der Nutzungsqualität, also der Gebrauchstauglichkeit für die End-Nutzer. Diese ist aber nicht unabhängig von den vorgestellten eher technischen Qualitätsmerkmalen der Softwaretechnik (vgl. Goodwin, 1987).

3.1 Allgemeine Prozessphasen

Um Qualitätsmerkmale vorhersehbar und wiederholbar zu gestalten, muss ein geeigneter Herstellungsprozess installiert werden. Die Prozessmodelle (z.B. von Pagel & Six, 1994 oder Balzert, 2000 beschrieben) unterscheiden sich zum einen in ihrer *Iterativität* und zum anderen in ihrer Detailliertheit, d.h. der Granularität der Beschreibungen und Konkretheit der zum Prozess gehörigen Maßnahmen. Grundsätzlich wird dabei unterschieden zwischen *inkrementellen* Modellen, bei denen bereits von Anbeginn das ganze System geplant, aber in kleinen Schritten verwirklicht wird und *evolutionären* Modellen, die zunächst nur die Planung und Entwicklung von Teilen des Gesamtsystems vorsehen, die dann im Einsatz zum endgültigen Umfang ausgebaut werden.

Gruppen von Analyse- und Entwicklungsaufgaben werden zu *Prozessphasen* zusammengefasst. Die Prozessmodelle unterscheiden sich dann insofern, dass die Abfolge dieser Phasen verändert wird, die Abhängigkeiten und Ergebnisdokumente verschieden bewertet werden oder aber Phasen ganz entfallen. Die wichtigsten Prozessphasen, die sich in ihrer allgemeineren Form auch bei der Entwicklung andere Systeme in ähnlicher Form wiederfinden, seien hier nur kurz aufgezählt:

Analyse In einer *Marktanalyse* wird zunächst untersucht, wie ein potenzielles Produkt am Markt platziert werden könnte. Insbesondere die Frage, inwiefern bereits bestehende Entwicklungen überhaupt qualitativ (sei es preislich, sei es technisch, sei es mit Blick auf die Usability) noch übertroffen werden können, um so eine spätere Vermarktung sicherzustellen.

Ist die Entscheidung für oder gegen den Beginn eines Entwicklungsprojektes gefallen, so folgt nun die Phase der *Nutzungskontextanalyse* bzw. *Anforderungsanalyse*. Dabei werden neben der Organisation[10], in der das System dann eingesetzt werden soll, vor allem die Aufgaben, die das System bewältigen (helfen) soll, und die Eigenschaften der Benutzer analysiert.

Diese Daten sind notwendig, um einerseits eine Entwicklungsrichtung bestimmen zu können und um stichhaltig beurteilen zu können, ob das Ergebnis zu den Benutzern und ihren Aufgaben tatsächlich passt.

---

[10]Im Unterschied zum späteren Benutzer eines Systems spricht man auch von der „*Anwender*-Organisation" bzw. kurz dem „Anwender".

Konzeption In einem idealen Prozess beginnt erst nach der Analyse die Konzeption des eigentlichen Produktes. In einem interaktiven System wird dabei im Rahmen eines *Produktkonzeptes* entworfen, mit welchem *Bedienkonzept* und welchem *Dialogparadigma* das System entwickelt werden soll.

Im *Systemkonzept* wird die Interaktion zwischen dem System Mensch und dem System Maschine geplant. Im Rahmen einer kognitiven Modellierung werden die angenommenen Informationsverarbeitungsprozesse des Nutzers antizipiert und als Ausgangsbasis für die Planung der einzelnen Elemente des maschinellen Systems angenommen.

Einige der bekanntesten Modellierungsarten werden in (Herczeg, 1994 und Herczeg, 2005) vorgestellt, z.B. die GOMS-Modellierung (*G*oals, *O*perators, *M*ethods, *S*election *R*ules), die auf der allgemeinen Theorie des Problemlösens basiert und damit dem Tätigkeitskonzept der Arbeitswissenschaften (siehe 2.3 auf Seite 12) ähnelt. So sollen Effektivität und Effizienz auch mit Blick auf die kognitive Leistung des Menschen in gewissen Grenzen vorhersagbar operationalisierbar werden. Insgesamt müssen in der Konzeptionsphase die Lösungsmodelle für die zu unterstützende Aufgabe und die Benutzer entworfen werden.

Entwurf Nach der konzeptuellen Arbeit muss nun das Konzept in einen Entwurf umgesetzt werden. In dieser Phase des *Systemdesigns* findet auch erst das eigentliche *Dialogdesign* statt, also die Entscheidung, mit welcher Technik und welchen Gestaltungsmöglichkeiten das System nun realisiert wird.

Implementierung Konnten die bisherigen Prozessphasen zumindest theoretisch noch ohne die später verwendete Technologie durchschritten werden, so ist nach der sorgfältigen Planung der bisherigen Phasen nun die Realisierung des Systems vorzunehmen.

Sofern es sich um ein modularisiertes System handelt, kommt noch die Phase der *Integration* hinzu, bei der einzelne Teilsysteme zu einem Gesamtsystem zusammengesetzt werden.

Validierung In einem (iterativen) Entwicklungsprozess muss geprüft werden, ob die Ergebnisse der bisherigen Phasen und insbesondere die Aussagen der Analyse, sich auch tatsächlich mit den Gegebenheiten im intendierten Nutzungskontext decken. Diese *Validierung* stellt sicher, dass alle weiteren Maßnahmen nicht auf Basis fehlerhafter Annahmen geschehen. Nach der konkreten Umsetzung der Planung in ein System bzw. einen Prototypen muss so im Sinne der QS die tatsächliche Übereinstimmung von Planung und Produktionsergebnis überprüft werden.

Verifikation In der Praxis des Software-Engineerings ist das „*Testen*" des Systems gegen vorher festgelegte (zumeist funktionale und technische) Kriterien wie z.B. aus der Aufzählung in Kapitel 3 auf Seite 27 eine wesentliche QS-Maßnahme.

Fähnrich (vgl. Fähnrich, 2001) unterscheidet dabei noch einmal zwischen „testenden Verfahren", bei denen die Fehler erkannt werden sollen, „verifizierenden Verfahren", die die Korrektheit einer Komponente nachweisen sollen und „analysierenden Verfahren", die Eigenschaften der betrachteten Komponenten nachweisen sollen. Andere Bezeichnungen und Klassifikationen sind in (DGQ12-52, 1995) und anderen Praxisleitfäden beschrieben.

Im Rahmen dieses Buches wird die an die ISO 9001:2000 angelehnte Definition verwendet:

> *„Verifikation: 1. Die Überprüfung eines Teilprodukts der Software-Entwicklung, also des Produkts, das am Ende der Phase vorliegt. 2. Der formelle Beweis der Richtigkeit eines Programms im mathematischen Sinne. 3. Die Bewertung und Überprüfung von Software-Produkten oder des Erstellungsprozesses." (Thaller, 2001, S. 364)*

Einsatz Außerhalb des eigentlichen Entwicklungsprozesses, aber innerhalb des so genannten „Software-Lebenszyklus" liegt die Phase des Einsatzes, d.h. der Anwendung des Produktes im vorgesehenen Einsatzkontext.

Während des Einsatzes können die praktischen Erfahrungen der Benutzer mit dem System und andere Parameter evaluiert und als Grundlage für die Beurteilung der Produktqualität genutzt werden. Dabei unterscheiden sich die Ziele und Methoden der Bewertung der Usability und Pädagogik von denen des „klassischen" Software-Engineerings und werden deshalb dort gesondert beschrieben.

3.2 Grundlegende Prozessmodelle

Die Art und Weise der Ausführung der genannten Phasen wird in den Prozessmodellen beschrieben, die sich in vier Kategorien einteilen lassen, die im Folgenden kurz abgehandelt werden:

Lineare Prozessmodelle
Die Grundidee dieser „Wasserfall"-Modelle ist, dass nach jeder der genannten Projektphasen relativ starr die nächste folgt, vergleichbar dem namensgebenden Wasserfall, dessen Wasser auch von Stufe zu Stufe herab fließt (aber niemals zurück). Der Charme eines solchen Modells ist auf den ersten Blick seine Planbarkeit, da Phasen anhand von durch Meilensteine definierte Zeitpunkte abgeschlossen werden. Nachteilig bei diesem Modell wirkt sich die späte Bewertung des Projekterfolges aus. Der Test erfolgt typischerweise erst, wenn die Entwicklungsressourcen laut Plan bereits verbraucht sind. Dadurch können Änderungen, die sich vielleicht bei den Tests und im Einsatz als notwendig herausstellen, faktisch nicht mehr ohne einen neuen Projektrahmen durchgeführt werden. In der Praxis wird dieses Modell zumeist insofern pragmatisch angepasst, als dass Rücksprünge in frühere Phasen bei Bedarf doch zugelassen werden.

Iterative Prozessmodelle
Um den beschriebenen Problemen einer zu späten Feststellung von Handlungsbedarf zu begegnen, wurden iterative Entwicklungsmodelle entworfen. Im Gegensatz zur linearen Vorgehensweise sind hier Überarbeitungen und Erweiterungen des bisher Erreichten explizit vorgesehen und Teil des Qualitätsprozesses. Dabei kann wiederum zwischen zwei Hauptarten unterschieden werden: Evolutionäre und inkrementelle Modelle.

Evolutionäre Prozessmodelle
Die Idee des evolutionären Vorgehens ist die Unterstützung von Entwicklungen, bei denen die Auftraggeber am Anfang noch nicht wirklich ermessen können, was mit der möglichen technischen Unterstützung für Hilfestellungen möglich sind. „I can't tell you what I want, but I'll know it when I see it" (aus Balzert, 2000, S. 57). In jeder Iteration wird nur ein Teilsystem weiterentwickelt und überprüft. Erst aus den Erfahrungen mit diesem Teilsystem werden

dann Rückschlüsse auf das nächste zu entwickelnde Teilsystem gezogen. Dies ermöglicht eine Abschätzung, welche Auswirkungen das bisherige Teilsystem auf die unterstützte Aufgabe hat.

Ein prominentes Beispiel für eine evolutionäre Methode, die dieses Vorgehen als „best practice" übernommen hat, ist das so genannte „eXtreme Programming"(XP[11]) (vgl. Brewer & Design, 2001). Zentraler Punkt bei diesem Entwicklungsmodell ist neben der schnellen Folge von neuen Versionen auch der Fokus auf kleine überschaubare Teilprobleme.

Die Gefahr bei einer solchen Herangehensweise ist „Kurzsichtigkeit". Man kann sie mit den „lokalen Extrema" der Mathematik vergleichen. Eine Lösung, die sich als optimal für einen *Teilbereich* darstellt, ist dann unter Umständen für den angestrebten *Gesamtkontext* nicht mehr optimal geeignet, weil z.B. eine ungeeignete Architektur gewählt wurde. Gerade aus Sicht der Ergonomie besteht die Gefahr, dass nicht ganzheitlich Gesamtarbeitskontexte, sondern in tayloristischer Manier nur isolierte Teilaufgaben ohne Rücksicht auf deren Interoperabilität berücksichtigt werden. Für die Optimierung der Ergonomie und die damit verbundenen Tests mit realen Benutzern ist XP damit nicht die Methode der Wahl (vgl. Beck, 2000, S. 157).

Inkrementelle Prozessmodelle
Im Unterschied zur evolutionären Entwicklung wird bei inkrementellen Modellen bereits am Anfang der Fokus explizit auf das Gesamtsystem gelegt, d.h. man versucht, ähnlich wie im klassischen Wasserfall, zunächst einmal die Aufgabe als Ganzes zu verstehen, um dann aber in kleinen beherrschbaren Teilschritten fortzuschreiten. Diese werden im Unterschied zur evolutionären Entwicklung dann immer mit Blick auf die Gesamtaufgabe bewertet.

3.3   Beispiel: V-Modell

In Deutschland hat das „V-Modell", benannt nach dem Bundesministerium für Verteidigung, welches dieses Prozessmodell einst entwickeln ließ, weite Verbreitung gefunden. Die Version („V-Modell 97" GDPA Online, 2003) basierte prinzipiell auf der Idee eines Wasserfallmodells (siehe Abbildung 7), sah aber bereits explizit eine Vielzahl von Rücksprüngen und Querbezügen vor, um zumindest die Gefahr von zu spät ergriffenen Maßnahmen zu mindern. Diese Kombination aus den Vorteilen von iterativer Entwicklung von Teilkomponenten bei gleichzeitiger Berücksichtigung des Gesamtsystems versprach, die möglichen Kosten für Änderungen gering und die Produktqualität dabei aufgabenangemessen zu halten.

> „Im Jahr 1997 wurde das V-Modell 97 fertig gestellt und seitdem nicht weiter fortgeschrieben. Daher spiegelt es im Jahr 2004 nicht mehr den aktuellen Stand der Informationstechnologie wider. Neuere Methoden und Technologien wie die komponentenbasierte Entwicklung oder der Test-First-Ansatz werden im V-Modell 97 nur bedingt berücksichtigt. Infolgedessen wird das V-Modell heute nicht in dem Maße genutzt, wie es wünschenswert wäre." (KBST, 2004, S. 1-5)

Aktuell ist seit 2005 eine komplett überarbeitete Version des Modells, das sich von dem Wasserfallmodell löst und als „eXtreme Tailoring"(dafür steht das XT[12]) auf maximale Flexibilität

---

[11]Dies hat übrigens keinerlei Bezug zu der Microsoft Windows[TM]-Version „XP".

[12]Wiederum nicht zu verwechseln mit dem PC-Industriestandard XT = eXtended Technology.

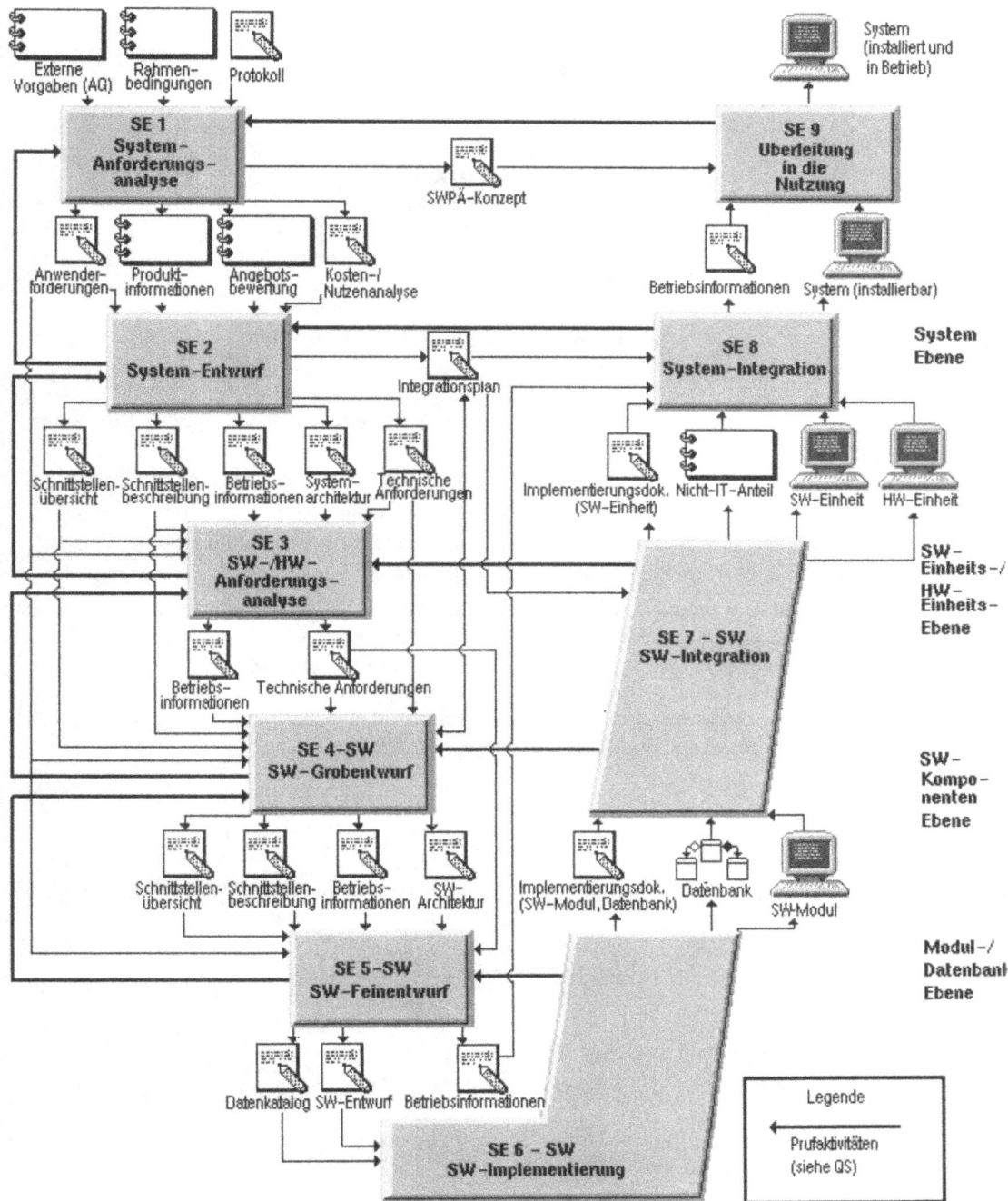

Abbildung 7: *V-Modell 97 (aus GDPA Online, 2003)*

Abbildung 8: *„ISO-Qualitätsnormen in der Revision vom Dezember 2000" (aus Thaller, 2001, S. 37)*

optimiert ist. Statt klarer Gliederung entsteht so eine „Welt" von Möglichkeiten, die miteinander vielfältig verzahnt sind (vgl. KBST, 2004, S. 1-15). Dieser Wechsel liegt im Trend, da sich zu lineare Modelle als nicht ausreichend erwiesen haben.

Um ein für den Anwendungsfall E-Learning taugliches Modell entwickeln zu können, sind noch zwei weitere wichtige Aspekte zu berücksichtigen. Zum einen das *Qualitätsmanagement* bzw. die *Qualitätssicherung*, mit ihren speziellen Anforderungen an Prozesse und deren Nachvollziehbarkeit und Dokumentation. Zum anderen das *Usability-Engineering*, bei dem die Übertragung der Qualitätskriterien der Gebrauchstauglichkeit in ebendiese Prozesse unter Berücksichtigung der Ansprüche der Qualitätssicherung im Vordergrund steht.

3.4   Qualitätssicherung und Qualitätsmanagement

Die bekannteste Norm aus dem Bereich der Qualitätssicherung ist sicher der Normenkomplex rund um die ISO 9000 (2000) mit ihren spezialisierten Ergänzungen (vgl. Abbildung 8). Ziel ist die Sicherstellung einer gleichbleibenden Qualität eines Prozesses. Dabei sind neben Herstellungsprozessen, an deren Ende gegenständliche Produkte stehen, auch Dienstleistungen und Software-Entwicklungsprozesse Gegenstand der Qualitätssicherung. Der Fokus der Norm liegt darauf, eine *konstante* Qualität der Prozessergebnisse (Produkte) sicherzustellen, nicht aber die Definition der Zielqualität selbst[13]. Dies soll erreicht werden durch die Verankerung der folgenden acht Grundsätze (nach Thaller, 2001, S. 41f.) in dem betrachteten Herstellungsprozess:

1. Kundenorientierte Organisation: Grundsätzlich sollen die Anforderungen und Wünsche des Kunden im Mittelpunkt stehen.

2. Führung: Zielsetzung in Richtung QM durch das Management wird verpflichtend.

---

[13]Deshalb geht auch eine gleichbleibend *geringe* Produktqualität mit den Grundsätzen der ISO 9000 (siehe ISO 9000, 2000) eventuell konform.

3. Beteiligung der Mitarbeiter: Gemeint ist der Einbezug der Mitarbeiter in die Entscheidungsprozesse innerhalb des Prozesses.

4. Prozessorientierung: Die Prozesse verknüpfen die Ressourcen und Aktivitäten und sind somit der Ansatzpunkt für die Qualitätssicherung.

5. Systeme: Das Zusammenwirken der einzelnen Prozesse zu einem zielführenden Gesamtsystem muss sichergestellt werden.

6. Kontinuierliche Verbesserungen: Ziel muss eine lernende Organisation sein, in der Regelkreise zur Berücksichtigung von Qualitätsmessungen den Anstieg der Qualität sicherstellen.

7. Sachliches Vorgehen und Entscheidungsfindung auf Grund von Fakten: Dieser Punkt beinhaltet die Dokumentation und Nachvollziehbarkeit der Entscheidungen sowie die Fundierung von Entscheidungen auf ebenfalls wieder nachvollziehbaren Parametern.

8. Lieferantenbeziehungen: Auch Art der Verbindung von Hersteller und Nutzer bzw. Anwender hat Einfluss auf die Wirksamkeit der Qualitätssicherung bzw. des Qualitätsmanagements.

In der Praxis ist die ISO 9000 bzw. die ISO 9001 als Prozessnorm anerkannt und wird zumeist über Audits vor Ort und Dokumentenanalyse überprüft. Erfahrungen des Software-Engineerings und des Usability-Engineerings zeigen, dass die Prüfung und konstruktive Optimierung des Prozesses gegenüber der abschließenden Produktbewertung ökonomische Vorteile bringt, denn die Überprüfung der Prozesse ist häufig von der Prüfungsseite aus überschaubarer als manche komplexen Produkte. Vor allem aber kommt eine abschließende (womöglich nur summative) Evaluation in der Regel zu einem Zeitpunkt in den Lebenslauf eines Produktes, wo Änderungen sehr aufwändig werden und dabei nur noch geringe Projektressourcen zur Verfügung stehen. Deshalb setzen die modernen Prozessmodelle auf iterative Entwicklung mit rechtzeitigen Reviews, um so konzeptionelle Mängel bereits vor der Implementierung zu entdecken und zu korrigieren. Konkrete Forderungen beziehen sich beispielsweise auf die Einbindung von Lieferanten:

"Ein Lieferant muß die Produktions-, Montage- und Wartungsprozesse, welche die Qualität direkt beeinflussen, identifizieren und planen. Er muß sicherstellen, daß diese Prozesse unter beherrschten Bedingungen ausgeführt werden." (ISO 9000-3, 1997, S. 23-24)

Anhand der Audits wird geprüft, inwieweit diese Vorschriften in der betrieblichen Praxis auch tatsächlich umgesetzt werden. In der Ergänzung ISO 9000-3 (1997)[14] wird speziell der Bereich der Softwareentwicklung adressiert. Eine Reihe von Praxis-Leitfäden (z.B. Thaller (2001) oder aber die Serie der „Deutschen Gesellschaft für Qualität e.V." (DGQ12-52, 1995) und DGQ12-51, 1995) helfen bei der praktischen Umsetzung der generischen Forderungen des Standards.

---

[14]Die ISO 9000-3:1997 ist noch Teil der alten ISO 9001 Struktur (Stand 1994) und wurde noch nicht an die ISO 9001:2000 angepasst, wird aber als trotzdem gültige Ergänzung angesehen.

Über das Ziel der Konstanz der Produktqualität („Qualitätssicherung") hinaus, ist es Ziel des *Qualitätsmanagements*, die Produktqualität auf ein möglichst hohes, bzw. im Verhältnis zum dafür benötigten Aufwand und des daraus abgeleiteten Ertrages optimales Niveau zu bringen. Dabei steht die Definition von Bewertungsmaßstäben und die Entwicklung von darauf basierenden Mindestanforderungen im Mittelpunkt.

Wesentliches Metaqualitätsmerkmal dieser Qualitätssicherung ist, dass die Qualität in nachvollziehbarer und *reliabel bewertbarer* Weise definiert werden muss, um in der Praxis relevant sein zu können. Die Kriterien Effektivität, Effizienz und Zufriedenheit der Usability sind Beispiele für solche Maßstäbe, anhand derer die Qualität eines Produktes beurteilt werden kann. Die Softwaretechnik und ihre Kriterien wurden bereits vorgestellt. Pädagogik und Interaktionsdesigns folgen noch.

3.5   Usability-Engineering

Die Grundsätze der ISO 9000 beziehen sich auf die Qualität von Produkten und Dienstleistungen, wohingegen die Anforderungen der ISO 9001 und der dazugehörige Leitfaden ISO 9000-3 primär auf Qualitätskriterien bei der Softwareerstellung im Sinne des in Kapitel 3 (Seite 27ff.) vorgestellten Software-Engineering abzielen. *Gebrauchstauglichkeit* ist dabei in den in ISO 9001 und 9000-3 beschriebenen Prozessen noch nicht ausreichend berücksichtigt. Stattdessen gibt es eine gesonderte Prozessnorm, die die Aktivitäten eines Usability-zentrierten Prozesses beschreibt: die ISO 13407 (1999). Diese Norm versteht sich als komplementäre Ergänzung zu Prozessmodellen, d.h. schreibt weder Methoden noch Techniken vor, sondern gibt Hinweise zur Einbindung von aufgaben- und nutzerzentrierten Aktivitäten in bestehende Prozesse. Dabei wird ein iteratives Prozessmodell vorgeschlagen, in welches die Anforderungsentwicklung („Requirements-Engineering") als zentrales Element der gebrauchstauglichkeitsbezogenen Qualitätssicherung eingebunden wird (vgl. Abb. 9 auf Seite 37). Dabei stehen vier Hauptphasen des so genannten „Usability-Engineering" im Mittelpunkt:

1. „Understand and specify the context of use", d.h. zunächst müssen der Nutzungskontext zuverlässig erhoben und für die Entwicklung des Systems relevante Merkmale daraus identifiziert werden. Nur so können Kriterien valide auf Basis von nutzungskontextabhängigen Merkmalen aber auch nutzungskontextunabhängigen allgemeinen (ergonomischen) Regeln entwickelt werden.

2. „Specify the user and organizational requirements": In einem zweiten Schritt werden dann die Anforderungen („Requirements") aus dem Nutzungskontext *abgeleitet*. Die Anforderung sind aufgaben- und nutzerbezogen und unabhängig von der verwendeten Technik.

3. „Produce design solutions": Erst hier werden, unter Berücksichtigung der Anforderungen aus dem vorherigen Schritt, Entwürfe zur Realisierung des betrachteten Systems erzeugt und implementiert (als Prototyp, als Mock-Up oder als Version, je nach verwendetem Prozessmodell).

4. „Evaluate designs against requirements": Hier schließt sich der, in der ISO 9000-3 als „beherrschter Prozess" beschriebene, Regelkreis. Anders als beim funktionalen „Testing"

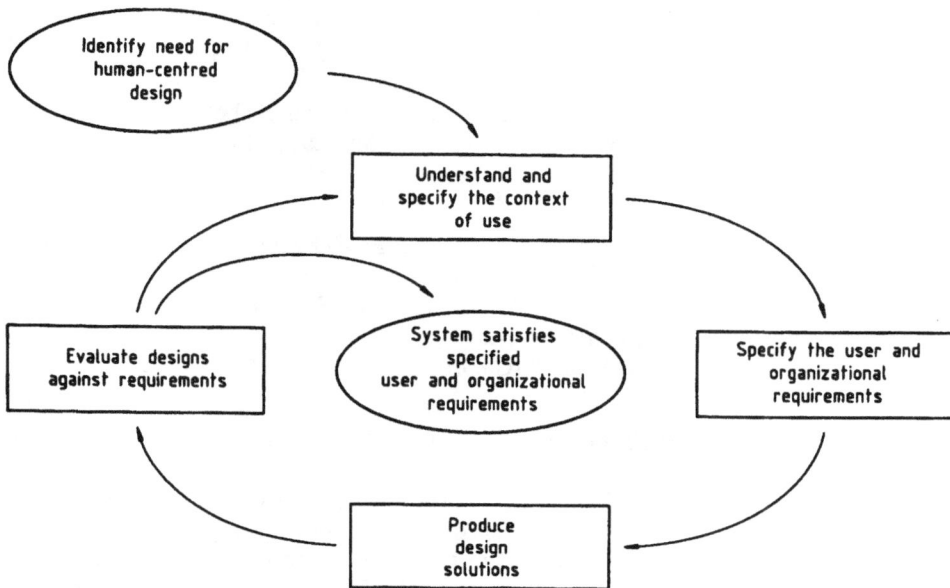

Abbildung 9: *„The interdependence of human-centred design activities"* *(aus ISO 13407, 1999, S. 6)*

werden hier auch die nichtfunktionalen, gebrauchstauglichkeitsrelevanten Kriterien der Usability überprüft.

Aus der Definition von Effektivität, Effizienz und Zufriedenheit als bestimmende Qualitätskriterien der Gebrauchstauglichkeit wird deutlich, dass die Einstufung von Usability als „Oberflächen-Optimierung" in der Designphase nicht sachgerecht ist, da die meisten der für die Gebrauchstauglichkeit kritischen Entscheidungen bereits in der Konzeptionsphase getroffen werden. „Oberflächenkosmetik", die an den konzeptuellen Entscheidungen nichts mehr ausrichten kann, kann dann nur einen kleinen Teil der Gebrauchstauglichkeit beeinflussen. Insofern impliziert die in der Abbildung 9 dargestellte kausale Abhängigkeit auch implizit einen geeigneten iterativen Prozess und eine zeitliche Abfolge.

Es gibt eine Reihe von Praxis-Leitfäden zur Gestaltung des Usability-Engineering (z.B. Nielsen, 1993, Holz, 1991, Henry, 1998, Rosson & Carroll, 2002, Mayhew, 1999, Dzida & Freitag, 1998 und Hackos & Redish, 1998 und viele andere mehr). Diesen ist gemeinsam, dass sie ähnlich wie die ISO 13407 zumeist iterative Entwicklungsmodelle empfehlen und einen strengen Kontextbezug („Contextual Design"), z.B. entwickelt aus Szenarien („Scenario based design"), zur Anforderungsentwicklung vorsehen. Ein Bezug zur ISO 9241 ist dabei allerdings nicht immer gegeben, denn manche Autoren ziehen eigene Heuristiken und Qualitätsmodelle hinzu. Daneben werden auch spezielle Standards entwickelt wie die ISO/AWI 23973 „Software ergonomics for World Wide Web user interfaces" (ISO-DIS 23973, 2005), die aber noch nicht fertiggestellt sind.

3.6   Feststellung und Überprüfung ergonomischer Mängel

Zunächst wurde die Bewertung von Software-Ergonomie oftmals als beliebig und methodisch unsauber angesehen. Das galt dann erst recht für eine öffentliche Bewertung in Form einer Zertifizierung:

> *"..., daß die Zertifizierung eines Software-Produktes nach ISO 9241 nicht nur nicht als zweckdienliche Maßnahme bezeichnet werden kann, sondern das Konzept der Produktzertifizierung im Hinblick auf die Qualität von Software einschließlich der software-ergonomischen Qualität so gravierende methodische Mängel hat, daß es als obsolet betrachtet werden muß." (Gieth et al., 1996, S. 104)*

Mit dem Inkrafttreten der Bildschirmarbeitsverordnung (BildscharbV) Ende der 90er-Jahre entstand trotzdem eine Vielzahl von Instrumenten, z.B. das SANUS-Handbuch (Fähnrich, 1996) mit mehreren Methoden, der Fragebogen „ISO 9241-Evaluator" (Prümper, 1997 oder „ISOMetrics" Gediga & Hamborg, 1997, der Kriterienkatalog „EVADIS" (Oppermann et al., 1992), Benchmarks Rauterberg, 1995 und viele andere mehr. Jedes dieser Verfahren hatte seine spezifischen Stärken und Schwächen (vgl. Hartwig, 1997; Holz, 1991), jedoch konnte sich bis heute keines als verbindlich durchsetzen. Aufgrund des Bedarfs einer anerkannten Zertifizierung der Qualität von Softwareprodukten bzw. -prozessen wurde von der Bundesanstalt für Arbeitsschutz und Arbeitsmedizin (BAuA) unter der Fördernummer F1693 in Zusammenarbeit mit der deutschen Akkreditierungsstelle für Technik („DATech", vormals „DEKITZ") ein Projekt „ErgoNorm" (vgl. Dzida et al., 2001) gefördert, in dem eine valide und reliable Methodik zur Überprüfung der Normenkonformität von Produkten mit Bezug auf die ISO 9241 Teil 10 und Teil 11 entwickelt werden sollte.

Zentraler Bestandteil ist dabei die so genannte „Erhärtungsprüfung" (siehe Abbildung 3.6 Seite 38) mit deren Hilfe die in der Evaluation (Phase 4 des ISO 13407-Prozessmodells) festgestellten Mängel gegen den Kontext und die daraus resultierenden Anforderungen (festgestellt in Phase 1 und 2 des ISO Modells) verifiziert und validiert werden. So wird die korrekte Ausführung des Ableitungsprozesses, wie er in abgewandelter Form auch in den Praxishandbüchern, z.B. als „Scenario based design" zu finden ist, nachträglich überprüft.

Die *Verifikation* stellt dabei am Anfang sicher, dass der betrachtete Mangel überhaupt Teil der zu prüfenden Normungsgrundlage ist. Dieser strenge Normen-Bezug ist in einem konstruktiven, formativen Evaluationsprozess naturgemäß weniger wichtig. Er ist im DATech-Vorgehen vor dem Hintergrund der Akkreditierung der Prüfhäuser zu verstehen. Mit Blick auf eine spätere Zertifizierung ist es essentiell, dass mit einem einheitlichen Anforderungskatalog gearbeitet wird, um so die Vergleichbarkeit zwischen verschiedenen Prüfern sicherzustellen.

Die *Validierung* Die Fragestellung „Ist das betrachtete potenzielle Problem tatsächlich ein bedeutsamer, relevanter Mangel?" hingegen erzwingt den Rückbezug auf den Nutzungskontext. Nur Mängel, deren „Schädlichkeit" tatsächlich anhand einer Minderung der Effizienz, Effektivität und/oder Zufriedenstellung zu operationalisieren sind, werden berücksichtigt. Dadurch *muss* zwingend ein Bezug zum Nutzungskontext hergestellt werden, denn nur so kann gemessen werden *was* (Aufgabenbezug) *von wem* (Nutzerbezug) erreicht werden sollte, um diesem den

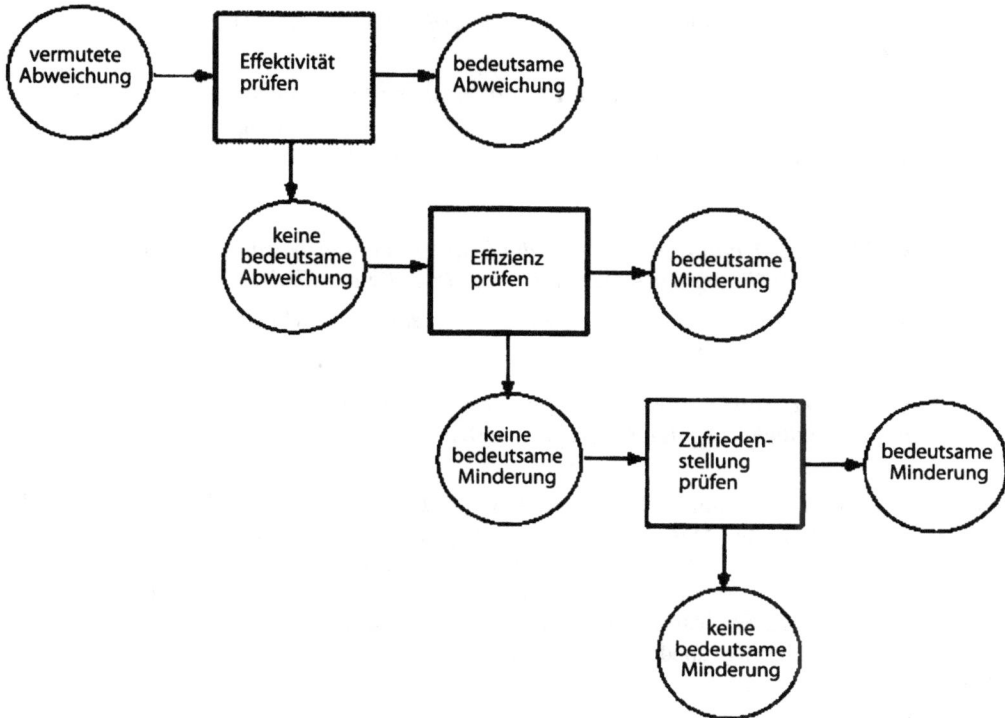

Abbildung 10: *„Die Entscheidungsregeln der Erhärtungsprüfung im Überblick" (aus Dzida et al., 2001, S. 44)*

Grad der Zielerreichung und den damit verbundenen tatsächlichen Aufwand gegenüberstellen zu können.

Die in Abbildung 3.6 gezeigte mehrstufige, sequentielle Prüfung setzt dabei voraus, dass jedes der drei Kriterien (Effektivität, Effizienz und Zufriedenstellung) für sich hinreichend ist, um einen Mangel zu validieren. Die Reihenfolge spiegelt dabei wider, wie sicher das Kriterium bestimmt werden kann. In Arbeitsaufgaben kann der Grad der Aufgabenerreichung (Effektivität) zumeist recht zuverlässig bestimmt werden. Die Effizienz hingegen ist bereits schwerer zu fassen, insbesondere wenn keine Referenzlösung dagegen gestellt werden kann („Wann ist eine Effizienzminderung relevant?"). Zudem sieht das DATech-Verfahren die „Umgehbarkeit" eines Mangels als möglichen Ausweg an, d.h. sofern die Effizienzminderung durch entsprechende alternative Nutzungswege umgangen werden kann, wird sie als „nicht bedeutend" angesehen. Es muss aber die Gesamteffizienz, inklusive der Aufwände, die durch die Mangelumgehung entstehen, betrachtet werden.

Die *Zufriedenstellung* schließlich ist, aus den bereits in Kapitel 2.9 diskutierten Gründen, ein sehr schwierig zu fassendes Kriterium. In diesem Zusammenhang ist aber besonders die Frage, mit welcher Metrik und mit welchem Grenzwert eine „bedeutsame Minderung" festzustellen ist, kritisch zu betrachten. Im Verfahrenshandbuch heißt es dazu:

„Wie groß ist die durch die Abweichung bewirkte Minderung der Zufriedenstellung?

Hinweis: Beurteilt wird subjektive Beeinträchtigung bei Benutzern, die das Produkt ausreichend lange benutzt haben, d.h. über die Einarbeitungsphase hinweg sind, damit eine zeitliche Stabilität des Urteils gewährleistet ist.

Schlüsselfragen:

- *‚Wie zufrieden/unzufrieden sind die Benutzer mit der Nutzung des Produkts zur Durchführung der Arbeitsaufgabe?‘ (z.B. Rating-Skalen)*

- *‚Wie hoch ist der Anteil der Benutzer, die eine subjektive Beeinträchtigung empfinden/äußern?‘*

Einstufung auf 2stufiger Skala: hoch, niedrig (als gewichtetes Mittel über eine repräsentative Stichprobe der Zielgruppe)“ (Dzida et al., 2001, S. 46f)

Das Grunddilemma der Usability-Bewertung bzw. der ISO 9241, ihre schwierige Operationalisierbarkeit und die offene Frage nach der Festlegung von Schwellenwerten, tritt hier also weiterhin auf. Auch andere Vereinheitlichungsansätze, wie das amerikanische „Common Industry Format for Usability Reporting – CIF Usability"[15] (Edmonds, 2003) geben nur Hilfestellungen zur Dokumentation der Evaluation, nicht aber die abschließende Antwort auf die noch offenen Fragen zur Klassifizierung („bedeutsame Beeinträchtigung der Zufriedenstellung") der Ergebnisse.

3.7   Zusammenfassung

Dieses Kapitel stellte Software-Engineering als Grundlage für die erfolgreiche und nachhaltige Umsetzung der Konzepte zusammenfassend dar.

- Die besonderen Eigenschaften von Software: Immaterialität, Verschleißfreiheit und Anpassbarkeit;

- Die Begriffe Software-Engineering und Software-Technik;

- Typische Qualitätsanforderungen: Korrektheit, Effizienz, Robustheit, Verfügbarkeit, Zuverlässigkeit, Datensicherheit, Verständlichkeit, Wartbarkeit und Wiederverwendbarkeit;

- Diskussion der Überschneidung mit der Software-Ergonomie und dem daraus resultierenden Gebiet des Usability-Engineering

- Die grundsätzlichen Prozessphasen in Software-Entwicklungsprozessen: Analyse, Konzeption, Entwurf, Implementierung, Validierung, Verifikation und Einsatz;

- Grundlegende Prozessmodelleigenschaften: Linear, Iterativ, Evolutionär oder Inkrementell;

---

[15]Ein amerikanischer Standard ANSI/NCITS 354-2001, der zz. in der ISO zu einem internationalen Standard übernommen wird.

- Qualitätssicherung und Qualitätsmanagement;

- Die Feststellung und Überprüfung ergonomischer Mängel.

Als weitergehende Lektüre sei das umfassende Buch „Lehrbuch der Software-Technik" (Balzert, 2000) empfohlen.

4   Mediendesign

Die erfolgreiche Erstellung von multimedialen Lernsystemen setzt auch voraus, dass die Gestaltung der Systeme einen Qualitätsstandard erreicht, die den Lernenden angemessen ist und ihnen attraktiv erscheint. Das Design ist dabei eine weitere der tragenden Säulen. Um das spezielle Gebiet „Mediendesign" zu verstehen, ist aber zunächst eine Klärung des allgemeinen Begriffes Design notwendig, da dieser teilweise sehr generisch und dabei doch sehr unterschiedlich belegt ist.

4.1   Der Begriff „Design"

„[...] der spezielle Erkenntnisgegenstand der Designtheorie – und somit auch der praktischen Tätigkeit des Designers – [ist] die Produktsprache [...]. Darunter werden diejenigen Mensch/Produkt-Beziehungen verstanden, die über die Sinne vermittelt werden." (Bürdeck, 1991, S. 15)

Die Verwendung des Begriffs „Design" im deutschen Sprachraum unterscheidet sich damit von der englischen Interpretation. Dort ist Design zunächst einmal der *gesamte Entwurf* eines Systems und beinhaltet auch die Gestaltung der Interaktionen und der internen Abläufe. Diese Sicht wird in der deutschen Definition vom „Internationalen Institut für Informationsdesign" mitgetragen, die dort wortgetreu aus dem Englischen übersetzt wurde:

„Design ist das Erfassen einer Problemstellung und die geistige Werkschöpfungsleistung eines Urhebers. Sie manifestiert sich in Entwürfen und Plänen, zu denen auch Konzepte und Spezifikationen zählen." (IIID, 2004 „Definitionen")

Im Deutschen ist die Verwendung hingegen uneinheitlich und vielschichtiger. Nake (2000) setzt Design umfassend mit Entwurf, Gestaltung, Entwicklung und Formgebung gleich (S. 174). Dazu definiert Henseler (2003) 14 Design-Kategorien mit verschiedenen Gestaltungsgegenständen. Im Allgemeinen wird mit „Design" die Gestaltung der sichtbaren oder fühlbaren Oberfläche, also Form, Farbe und Verhalten beschrieben, aber im Gegensatz zum weiter gefassten englischen Begriff nicht die Entwicklung interner Schnittstellen und Abläufe. Doch der Übergang vom Verständnis von Design als Arbeit an der Form zum ganzheitlichen Design als Gesamtentwurfsprozess ist inzwischen fließend und überschneidet sich dann erheblich mit den Bereichen des System-Entwurfs und der Gebrauchstauglichkeit und ist von diesen deshalb auch nicht klar zu trennen.

„Design verliert als Methode plastischer Formung an Boden, während es zur Grafik oder zur Instruktionshilfe wird. Der Entwurf muß aber beiden Forderungen

*gerecht werden – der Griffigkeit im Noch-Körperlichen und der vereinfachenden
Transparenz der Funktionen auf seiner grafischen Oberfläche [...]. Das eigentliche
Design steckt in den Funktionen. Es ist in die Entwicklungsabteilungen mikroelek-
tronischer Konzerne und die gentechnischen Labors abgewandert. Dort werden die
neuen Begriffe des Realen und die eingreifenden Gestaltungsformeln für das Le-
ben von morgen definiert, nicht in den Design-Ateliers. Hier werden nur Überset-
zungshilfen formuliert – die Vermittlungsstrategien oder die ‚Oberflächen‘." (Selle, 1994, S. 358)*

Für die Diskussion des Begriffes Design im Rahmen dieses Buches ist der Bereich besonders
interessant, der sich mit Softwaresystemen und Medien beschäftigt und sich dabei *nicht* direkt
mit den Zuständigkeiten des Software- und Usability-Engineering überschneidet. Eine anschau-
liche Abgrenzung lieferte Bürdeck, indem er den von Maser[16] aufgebrachten Unterschied von
„Kenner" (jemand der alle relevanten Informationen zu einem Thema zusammenstellen kann)
und „Könner" (Fachmann, der seine Disziplin möglichst vollständig kennt) verwendet:

*„So ist der Designer der ‚Könner‘ für alle gestalterischen Aspekte eines Produktes,
wohingegen er bei Fragen der Ergonomie, der Fertigung, der Kalkulation usw. nur
als ‚Kenner‘ fungiert, denn dafür gibt es in der Industrie wiederum Spezialisten."
(Bürdeck, 1991, S. 177)*

Selle sieht dann auch den Übergang vom Design als Formgebung für funktionale Objekte
zur „Medienästhetik": „Der Entwerfer, einst wie ein Bildhauer den Leib des Objektes for-
mend, soll zum Flächengestalter, zum materielos arbeitenden Sprachspezialisten werden, der
die Kommunikation zwischen Funktionspool und Nutzer garantiert." (Selle, 1994, S. 358) Dieser semiotisch-semantische Aspekt findet sich auch bei Bürdeck. Nach Bürdeck (siehe Bürdeck,
1991) beinhaltet Design *formalästhetische Funktionen, Anzeichenfunktionen* und *Symbolfunktionen*, wobei die formalästhetischen Funktionen zunächst die bedeutungsfreie Syntax der De-
signsprache beschreiben, die durch den Verweis auf praktische Funktionen (Anzeichenfunk-
tion) oder gesellschaftliche Hintergründe (Symbolfunktionen) eine Bedeutung erlangen (nach
Bürdeck, 1991 S. 166).

In diesem Kapitel wird deshalb der Bogen von den Grundlagen des Designs zur „visuellen Kommunikation" von nicht interaktiven Werken und weiter zum „Interaktionsdesign" gespannt, bei
dem dann die Erkenntnisse der Gebrauchstauglichkeit mit denen der Gestaltung zu gemeinsamen Zielen und Anforderungen zusammengefasst werden.

In der Praxis heißt das, dass Software-Technik und Software-Ergonomie und ihre Anforderungen vor allem die *Funktionalität* und die *Gebrauchstauglichkeit* abdecken. Der Designprozess
definiert dann (wenngleich nicht ausschließlich) weitere wichtige Qualitätsansprüche für den
späteren Erfolg eines Systems. Chi beschreibt es unter Bezug auf Baudrillard anschaulich:

*„Die Arbeit des Designers konzentriert sich also nicht zwangsläufig auf das Ent-
werfen einer optimalen Gebrauchsform, sondern auf eine sozioökonomisch pas-
sende Form." (Chi, 2004, S. 52)*

---

[16]Zitiert nach Bürdeck, 1991, S. 177.

Die *Anmutung* eines Systems ist dabei nur einer der Erfolgsfaktoren auf einem späteren Markt, denn Motivation und Lernverhalten werden maßgeblich von der Gestaltung und ihrer *Ästhetik* beeinflusst. Andere Faktoren sind Emotionalität und die Positionierung und Differenzierung gegenüber verwandten Produkten.

Stand bisher die möglichst effiziente und effektive Abarbeitung von Aufgaben in klassischen Arbeitskontexten im Mittelpunkt, so ist das Gebiet des Designs, der Gestaltung von Medien und Gegenständen, zunächst nicht auf den Arbeitsbegriff beschränkt, wenngleich einige Design-Kategorien, z.B. das Industriedesign, Interaktionsdesign und Informationsdesign sich ebenfalls auf Arbeitsaufgaben beziehen können. Betrachtet man ein Ebenenmodell, welches verschiedene Abstraktionsebenen vorsieht, wie z.B. bei Leontjews Modell (vgl. Abschnitt 2.3 auf Seite 12) oder das Dialogmodell von Herczeg (vgl. 11 auf Seite 53), so findet sich auf der untersten Ebene der „gegenständlichen Bedingungen" ein Anknüpfungspunkt: Moles verwendet den Begriff der „Wahrnehmungsarbeit" (Moles, 1989), die es zu optimieren gelte. Diese „Arbeit" umfasst neben der Wahrnehmung der semantischen Botschaft eines Textes oder eines Bildes bzw. seiner Zeichen ebenfalls die *ästhetische Botschaft*, die mittels einer „impliziten Rhetorik" vermittelt wird. Diese Rhetorik wiederum ist der Gegenstandsbereich des (hier gemeinten) Designs und definiert – zumindest theoretisch – prinzipiell die Qualitätsmaßstäbe dieses Anteils. Auf der Zeichenebene ist dann die Semiotik entscheidend, deren Anteil in Abschnitt 4.8 S. 57 kurz dargestellt wird.

In einem zweiten Schritt geht die statische Gestaltung von Gegenständen und Darstellungen dann in die Gestaltung der Interaktion über und ist damit Teil des „Interaktionsdesigns". Design überschneidet sich dabei mit Bereichen der Kognitionspsychologie, die die Wahrnehmung als solche behandeln und beispielsweise die Steuerung der Aufmerksamkeit und die Strukturierung der Inhalte betrachtet (vgl. Agosti & Smeaton, 1996) oder spezialisiert auf den Bereich des E-Learnings wie bei Bromme & Stahl, 2002).

4.2   Mediendesign als Spezialisierung von Design

Medien werden im technischen Zusammenhang im wörtlichen Sinne als Mittler von Informationen bzw. als der Ort der Kommunikation verstanden. Beispiele sind Rundfunk (bzw. sein Übertragungsprinzip), Bücher oder digitalisierte Formen im Internet.

Ein Netzwerk verbindet mittels Medien die Knoten innerhalb des Internets und die digitalen Signale sind wiederum das Medium innerhalb des Netzwerkes. Diese technische Sicht eines Netzwerkes (vgl. dazu das OSI-Schichtenmodell) als Beispiel für die verschiedenen Ebenen der Medienbetrachtung ist aber im Zusammenhang mit dem hier zu betrachtenden „Mediendesign" nicht primär gemeint, auch wenn natürlich das Übertragungsmedium direkt mit dem Darstellungsmedium verbunden ist und sich darauf auswirkt. Eine mögliche Unterscheidung nach Abstraktionsebenen wird in Abbildung 12 auf Seite 54 dargestellt.

Hilfreicher für die Betrachtung des Mediendesigns ist die Definition von Balzert: „Ein Medium [...] bezeichnet verschiedene spezifische Formen der Darstellung von Informationen für den menschlichen Benutzer" (Balzert, 2000, S. 552f.), d.h. die Beschränkung auf die verschiedenen Darbietungsmedien. Dabei wird zwischen drei grundsätzlichen Medienarten unterschieden:

Statische Medien Diese Medien verändern sich nicht, sondern sind als unveränderlich kon-

zipiert[17]. Beispiele sind Fotografien, Malereien (beide nutzen das Medium „Bild") oder
Bücher (Medium „Text").

Zeitbasierte Medien Im Unterschied dazu verändern sich zeitbasierte Medien abhängig von
der Zeit.

Interaktive Medien Eine besondere Form der dynamischen Medien, sind diejenigen, die sich
aufgrund einer Aktion des Betrachters verändern. Dieses Zusammenspiel aus Aktion des
Mediums und Reaktion des Betrachters wird als *Interaktion*[18] verstanden und ist charakteristisch für die so genannten „neuen Medien" (siehe auch Herczeg, 2006a).

Das Internet ist ein interaktives Medium, denn der Nutzer kann durch die Navigation innerhalb
der durch ein so genanntes „Hypernetz" verbundenen Medien aktiv selbstgesteuert navigieren, d.h. sowohl die Betrachtungszeit als auch den Betrachtungsgegenstand wählen. Unterhalb
dieser Meta-Struktur des Verbundes der einzelnen Medien, deshalb *„Hypermedia"* genannt,
können die einzelnen Medien wiederum statisch, zeitbasiert und interaktiv sein.

Eine andere mögliche Unterscheidung ist die Klassifikation nach der verwendeten Modalität, also der angesprochenen Sinne: visueller Sinn, auditiver Sinn, taktiler Sinn, kinästhetischer Sinn
und sogar der äquilibristische Sinn wird im Bereich des E-Learnings z.Zt. zumeist berücksichtigt. Denkbar wären natürlich auch die Berücksichtigung anderer Sinnesmodalitäten, wie
Geruch oder Wärme.

Der Begriff *Multimedia* ist bzgl. der Klassifikation nicht sauber bestimmt. In manchen Definitionen ist die gemischte Nutzung von Medien verschiedener Sinnesmodalitäten gemeint, bei
anderen Definitionen wird auf die parallele Nutzung von statischen, zeitbasierten und interaktiven Medien Bezug genommen. Diese letztere Definition ist die inzwischen gebräuchlichere
und wird im Folgenden verwendet.

4.3   Darstellungsprinzipien

Im Rahmen dieses Buches liegt der Schwerpunkt auf den visuellen Medien, da die visuelle
Gestaltung in der Praxis noch den weitaus größten Anteil bei dem hier betrachteten Feld der
multimedialen und interaktiven Lerneinheiten hat. Trotzdem wäre bei entsprechender Weiter-
verbreitung und Verwendung der anderen Modalitäten und der dazu notwendigen Schnittstellen
eine eingehendere Betrachtung dieser Medienarten notwendig. Die im Folgenden vorgestellten
Prinzipien sind nicht auf visuelle Medien begrenzt und könnten ggf. auch auf andere Medienarten übertragen werden.

Die „Rhetorik" der „visuellen Kommunikation" (nach Moles, 1989) entsteht aus traditionellen Wissensgebieten wie der Typographie oder der Visualisierung und blickt damit auf eine
teilweise sehr alte und entwickelte „handwerkliche" Tradition zurück. Daraus entstanden so
genannte „Gestaltungskonstanten" oder auch „Gestaltungsprinzipien". Diese sind nicht Thema
dieses Buches und es sei auf entsprechende Werke aus dem Bereich Design verwiesen (z.B.
Stankoswski & Duschek).

---

[17]Die eventuellen, ungewollte Veränderungen des Mediums durch äußere Einflüsse und Alterung werden nicht
berücksichtigt.

[18]Im Sinne einer alternativen Klassifikation auch als *„ereignisbasierte Medien"* benannt.

Für den hier betrachteten Qualitätsfokus bei der Erstellung der späteren Lehreinheiten sei deshalb nur auf die entsprechenden Aussagen des internationalen Standards ISO 9241 1996 Teil 12 verwiesen. Für den Bereich der Bildschirmarbeit, unter den im weiteren Sinne auch das hier betrachtete Lernen an multimedialen und interaktiven Medien fällt, werden dort die so genannten „Darstellungsprinzipien" aufgestellt, die im Anschluss dann in Bezug auf die Ziele des Designs noch einmal kritisch hinterfragt werden müssen:

Klarheit Ziel ist es, den Informationsinhalt schnell und genau zu vermitteln. Bei Texten, Abbildungen und Symbolen muss dem Benutzer mit möglichst geringem mentalen Aufwand deutlich werden, was diese aussagen (sollen).

Unterscheidbarkeit Gemeint ist dabei die Unterscheidung verschiedener Elemente einer dargebotenen Darstellung. Es soll klar sein, was zusammengehört, was Vordergrund und Information und was Hintergrund und/oder Dekoration ist.

Kürze Mit Blick auf das Effizienzgebot der Usability wird gefordert, dass Benutzer nicht mit übermäßigen Mengen von Information belastet werden.

Konsistenz Die Wahrnehmung wird durch das Wissen des Betrachters gesteuert und beeinflusst. Daher ist es wünschenswert, erlernte Wahrnehmungskonzepte auch bei der Gestaltung zu verwenden und zu unterstützen. Das Ziel ist die einheitliche Anwendung von Gestaltungsregeln innerhalb eines Anwendungsraumes.

Entdeckbarkeit Dieses Prinzip betrifft die Steuerung der Aufmerksamkeit des Benutzers auf die in der Darstellungssituation wesentliche Information. Der Benutzer soll dabei unterstützt werden, dass die gerade relevanten Elemente der Darstellung auch direkt und sicher gefunden werden können.

Lesbarkeit Dieses Prinzip bezieht sich primär darauf, dass dargebotene Texte nicht nur entdeckt werden, sondern dann auch unter Berücksichtigung typografischen Wissens optimal lesbar sind, um auch hier die bereits angesprochene „Wahrnehmungsarbeit" zu minimieren.

Verständlichkeit Nachdem die Informationen mittels der anderen Prinzipien so gestaltet wurden, dass sie gefunden und gelesen werden, ist auf der nächsthöheren Ebene auch das eigentliche Verständnis der enthaltenen Botschaft wichtig. Dabei wird auf Eindeutigkeit und korrekte Interpretierbarkeit Wert gelegt.

Diese Prinzipien sollen helfen, Informationen möglichst effizient und effektiv zu vermitteln. In der „Visualistik" wird dieser Gedanke für die Gestaltung von visuellen Zugängen zu Begriffen, die eigentlich nicht unmittelbar abzubilden sind, weiter verfolgt. Auch für diese Gestaltung von Abbildungen und Animationen bestehen ähnliche Gestaltungskonstanten (bspw. Ahlberg & Shneiderman, 1995).

Das so genannte *Screen-Design* passt zu diesen dargestellten Prinzipien, in dem es sie umzusetzen versucht. Das Screen-Design ist eine Spezialisierung auf die Gestaltung von Bildschirmschnittstellen. Das Screen-Design basiert nach Tullis (Tullis, 1988 S. 377) auf den folgenden vier Quellen:

Grundlagen der Psychologie Gemeint sind damit z.B. die hier im Abschnitt 2.4 auf Seite 13 beschriebenen Grundlagen der Kognitionspsychologie und natürlich die grundlegenden Erkenntnisse über Wahrnehmung.

Grundlagen der Ergonomie Die ebenfalls bereits im gesamten Abschnitt 2 auf Seite 9ff beschriebenen Erkenntnisse über die menschen- und aufgabengerechte Gestaltung.

Erfahrungen aus dem Bereich der Entwickler und der Anwender Diese Erfahrungen bestimmen ebenfalls die Gestaltung der Schnittstelle mit, wobei dies bereits im weiteren Sinne im Begriff der gebrauchstauglichen Gestaltung und der damit verbundenen Kontextabhängigkeit enthalten ist.

Grafik-Design Schlussendlich baut das Screen-Design auf den Erkenntnissen des Kommunikationsdesigns auf.

In der Praxis liefern Screen-Design-Handbücher konkretere Hinweise zur Umsetzung der genannten Darstellungsprinzipien in Bildschirmschnittstellen. Empirische Arbeiten sollen dabei die getroffenen Annnahmen und daraus resultierenden Regeln untermauern. Dabei stellt Smith (1988) fest, dass es vermutlich nie erreicht werden wird, die immer komplexeren Bedienabläufe und Einsatzszenarien tatsächlich empirisch vollständig zu prüfen.

> *„A significant aspect of our software design standards and guidelines is that they are largely based on expert judegement and accumulated practical experience, rather than on experimental data and quantitative performance measures. Until research on user-system interaction catches up with application, which may take a long time, that limitation will remain."* (Smith, 1988, S. 884)

Allerdings bestehen zu vielen Detailfragestellungen bereits ausführliche empirische Begründungen und gut gesichertes Expertenwissen. So sind beispielsweise die „Gestaltgesetze" aus den 20er-Jahren des 20. Jahrhunderts eine Grundlage für eine Reihe von Gestaltungsregeln. Beispielsweise lassen sich aus dem *Gesetz der Nähe* oder dem *Gesetz der guten Gestalt* Regeln ableiten, wie man Informationen so gruppiert, dass sie vom Betrachter möglichst direkt als zusammengehörig erkannt werden. Weitere psychologische Experimente (vgl. Tullis, 1988, S. 389) ergaben dann, dass „Nähe" relativ exakt als Winkel von 5° (vom Auge des Betrachters aus gemessen) bestimmt werden kann. Daraus können dann konkrete Gestaltungsregeln abgeleitet werden, wie beispielsweise der im Anhang B beigefügte Styleguide. Auch die heute auf grafischen Benutzeroberflächen mit Desktop-Metapher üblichen Icon-Schrift-Kombinationen entsprechen dieser 5°-Regel, so dass der Betrachter die Beschriftung des Icons als zu dem Icon gehörig zweifelsfrei erkennt. Weitere Regeln allein zur Gestaltung von Icons finden sich bei Bäcker (1995a).

Tullis identifiziert dabei die folgenden Hauptbereiche der Informationsdarstellung, für die Screen-Design-Empfehlungen ausgesprochen werden können (übersetzt nach Tullis, 1988[19], S. 382ff.):

---

[19]Seit 1988 hat sich der Schwerpunkt von den alphanumerischen zu den grafischen Benutzungsschnittstellen verschoben, doch die Hauptbereiche sind auch weiterhin aktuell.

- Menge, Dichte

- Gruppierung

- Hervorhebung

- Platzierung und Abfolge

- Beziehungen

- Textuelle Darstellung

- Grafische Darstellung

Auch wenn zu manchen der in der Literatur aufgestellten Regeln noch die empirisch-experimentelle Untermauerung fehlt, so sind solche Regeln, auch mit Blick auf eine nachvollziehbare Qualitätssicherung unverzichtbar, denn

„todays decisions must be made today" (Smith, 1988, S. 884)

und außerdem kann für definierte und überschaubare Einsatzszenarien immer wieder ein tatsächlicher und teilweise beträchtlicher Effektivitätszuwachs (25-40% lt. Tullis, 1988, S. 377) allein durch besseres Screen-Design nachgewiesen werden.

4.4   Ästhetik

Der bisherigen Betrachtung des Designs und seiner spezialisierten Form des Screen-Designs, fehlt noch eine wesentliche Komponente. Nach Stankowski (1989a) gibt es einen weiteren zu betrachtenden Wert bei der Gestaltung: den „ästhetischen Rang", der auch den Sympathiewert einer Darstellung berücksichtigt. Neben der reinen Informationsdarstellung (Screen-Design) oder „Übersetzung ins Bild" (Stankowski, 1989, S. 22 zur „Visualistik") mit den damit verbundenen semantischen Unsicherheiten, gilt es auch den „irrationalen Anteil" (ebenda S. 28) zu berücksichtigen und zu optimieren. Es ist wichtig, bei der Visualisierung neben der Umsetzung der Maxime „Finden – Vereinfachen – Versachlichen – Vermenschlichen" auch den ästhetischen Anteil so zu verwenden, dass er dem Gesamtziel, z.B. der nachhaltigen Inhaltsvermittlung, nutzt.

Im Bereich des Screen-Designs findet sich dies zumeist nur indirekt als Teil der „Graphic design experience" (Tullis, 1988, S. 378) oder als Ziel in „Quality appearance characteristics (the look)" (z.B. Marcus, 1995, S. 425). Marcus zielt dabei allerdings im Wesentlichen auf eine „visual identity".

Es entsteht ein Widerspruch zwischen dem Ziel des möglichst effektiven und effizienten, störungsfreien Informationstransports und der „Störung als gewünschtem Spannungselement" (Götz, 1994, S. 54). Nach Götz ist Ästhetik auch Störfaktor und bringt gewollte, semantische Unschärfe hervor, um so z.B. Spannung zu erzeugen, die aus Widersprüchen oder Darstellungslücken entsteht. Sie ist seiner Meinung nach also eine Störung der Kommunikation, die trotzdem oder eben gerade aufgrund dieser Störung durchaus gewünschte oder notwendige Effekte erzielen und die Gesamteffektivität und -effizienz steigern kann.

Beispielsweise kann die Weglassung von Details einer Darstellung den „Behaltewert" (nach Stankowski, 1989, S. 23) einer Darstellung steigern. Die Psychologie der Farben kann als *Konnotation* die gesamte Grundempfindung gegenüber einer Darstellung beeinflussen (vgl. Marcus, 1995, S. 431f. „Color Communication" und „Color Symbolism"). Künstlerische Ordnungsgefüge und Kontraste wie „Ballung und Streuung" gehen über die Regeln des Screen-Designs hinaus und können so die Aufmerksamkeit lenken oder Interesse wecken.

4.5   Industriedesign und Gebrauchstauglichkeit

Dieses Spannungsverhältnis zwischen der Optimierung der Informationsübertragung als Teil eines effektiv und effizient zu gestaltenden Handlungsprozesses und der ästhetischen, konnotativen Aufwertung bildet den Raum für das *Industriedesign* („Industrial Design"). Im Gegensatz zur technisch-funktionalen Sicht des Software-Engineerings, bei dem die korrekte Umsetzung einer Spezifikation im Vordergrund steht, und des, auf den ersten Blick sehr nüchternen, Usability-Engineerings, bei dem eine möglichst direkte Erreichung von Arbeitsergebnissen den Schwerpunkt bildet, ist der „unmittelbare Genuß" (siehe Sudrow, 1989) ein zusätzliches Entwicklungsziel des Industriedesigns (ID).

Dabei wird in einer „Gratwanderung zwischen Konvention und Innovation" [ebenda] besonders die Wahrnehmung eines Objektes betrachtet. Auch hier steht die Gebrauchstauglichkeit im Mittelpunkt, doch das Ziel ist die Gestaltung eines „Gebrauchswertversprechens", das zwar zum einen die Idee der Selbstbeschreibungsfähigkeit, zum anderen aber auch den Reiz des Neuen, des Unbekannten zu vereinen versucht. Dies berücksichtigt neben einer rein rationalen Akzeptanzdeterminante, wie sie beispielsweise von Mackie (1988) vertreten wird, *auch* den Einfluss der Anmutung auf die Akzeptanz eines (neuen) Produktes. Wo das Usability-Engineering den täglichen Gebrauch einer Sache zu optimieren sucht, steht im Industriedesign auch und gerade die anfängliche erste Wahrnehmung im Mittelpunkt. Das Ziel ist dabei, sowohl diese Wahrnehmung als auch die tatsächliche Nutzung eines Gegenstandes zu optimieren und, wo dies Widersprüche erzeugt, diese bewusst zu entscheiden. Es unterscheidet sich aber bewusst vom so genannten „Styling" bei dem *ausschließlich* die Anmutung verbessert wird, ohne dass der Gebrauchswert dabei betrachtet wird.

Problematisch ist dabei die unterschiedliche Auffassung von Regeln. Nake stellt dem Allgemeingültigkeitsanspruch der Regeln der Informatik, also ihrem Charakter der Generalität, die Spezialität der Regeln des Designs gegenüber, die von einer Entscheidungsfreiheit umgeben sei (vgl. Nake, 2000, S. 175). Die bisher dargestellten Regeln und Grundsätze der Ergonomie, aber auch der Informationsdarstellung bewegen sich zwischen diesen beiden Extrempunkten, denn sie beanspruchen zwar, prinzipiell in allen Kontexten gültig zu sein (Generalität), doch ihre konkrete Umsetzung ist verknüpft mit dem einzelnen Anwendungsfall (Spezialität).

4.6 Experience Design

Um den Gesamterfolg eines multimedialen, interaktiven Lernmediums sicherzustellen, ist eine ganzheitliche Betrachtung notwendig. Marchak (2002) stellt dazu zunächst die beiden Grundrichtungen des ästhetischen Designs als „romantisch" und des Usability-Designs als „klassisch" gegenüber[20] und merkt an, dass der Mittelweg, bzw. die Kombination aus beidem erst zum Erfolg führt. Noch deutlicher wird Moggridge (1999), der den ganzheitlichen Begriff des *Experience Design* verwendet:

> *"Good design has always been concerned with the whole experience of interaction. Although most people think that design is about what we see – the form, shape, proportion, color, and finish – the aesthetic value comes from the whole experience, including gesture and ritual, what we feel and hear, perhaps even what we taste and smell. When we are faced with the complex problems of designing modern products, services, and spaces, it is tempting to go back to the basic values of our aesthetic contribution, but if we just revert to beauty for its own sake, it seems a retrograde step. Working with complex products, systems of products, services, and interactive spaces has taught us how to design machine behavior and to understand more about cognitive psychology, anthropology, and sustainability. It has made us more skillful at designing experiences, gestures, and rituals. It has helped us to create appropriate expressions."* (Moggridge, 1999, S. 17)

Der Begriff „Experience Design" wurde ursprünglich von Shedroff (1998) geprägt und in (Khaslavsky & Shedroff, 1999) weiter entwickelt zur „Seductive Experience" von Software, also einer emotionalen, „verführenden" Bindung aufgrund von Gestaltung.

Ein Zugang dazu findet sich bei Hassenzahl (2003). Dort wird zwischen *pragmatischen* Qualitätsaspekten, die die Tauglichkeit eines Produktes zur Manipulation der Umwelt, also auch die „Gebrauchstauglichkeit", betrachten und *hedonischer* Qualität unterschieden. Die von Hassenzahl „hedonisch" genannten Qualitätsaspekte zielen nicht direkt auf die „Freude" an der Benutzung oder die „Attraktivität", sondern auf die Bedürfnisse des Menschen nach *Stimulation* und *Identität*. Die Stimulation kann dabei wiederum durch die angesprochenen ästhetischen Mehrwerte entstehen, aber auch durch neue funktionale Angebote. Das Bedürfnis nach Identität entsteht aus dem Wunsch, sein Selbst über ein Produkt zum Ausdruck zu bringen.

Frieder Nakes Ausspruch „Usability geht im Design auf oder sie geht unter" (Nake, 2000, S. 175) mahnt die Integration von Design und Usability an. Denn die alleinige Erfüllung von abgeschlossenen Aufgaben beschreibt die Qualität einer Interaktion nur unzureichend. Veränderungen im emotionalen Zustand des Nutzers sind nun genauso Teil der Qualitätsdefinition. Bisher werden solche Aspekte aber nur indirekt oder implizit berücksichtigt. Im Zusammenhang mit der allgemeinen Qualitätsbetrachtung ist folgende Beobachtung Hassenzahls von entscheidender Bedeutung:

> *"Die zwei Studien zeigten, dass hedonische und pragmatische Qualitäten konsistente und unabhängig voneinander wahrgenommene Qualitäten sind. Beide trugen*

---

[20]Diese Dichotomie ist von Marchek wiederum aus Pirsigs „Zen and the art of motorcycle maintenance: An inquiry into values." entnommen.

gleich stark zu dem Attraktivitätsurteil bei. Es zeigte sich auch, dass pragmatische Qualität signifikant mit einem Anstrengungsmaß korreliert. Je anstrengender die Aufgabenbearbeitung erlebt wurde, desto niedriger war die wahrgenommene pragmatische Qualität. Hedonische Qualität korrelierte, wie erwartet, nicht mit der Anstrengung." (Hassenzahl et al., 2003, S. 189)

Dies steht in gewissem Widerspruch zu den populären Aussagen über eine „Schönheit des Einfachen" (nach Karvonen, 2000), d.h. dass eine gebrauchstauglichere Lösung automatisch als „angenehmer" oder „schöner" empfunden würde.

Abschließend bleibt festzuhalten, dass die Qualität eines Produktes aus mehr als der technischen Ver- bzw. Erarbeitungsqualität seiner Komponenten (vgl. Software-Engineering) aber auch mehr als der Nutzungsqualität (vgl. Gebrauchstauglichkeit) besteht. Diese „romantische" oder „hedonische" Zusatzkomponente bestimmt offenbar zu einem wesentlichen Teil die wahrgenommene Gesamtqualität und muss im Entwurfsprozess durch entsprechende Kompetenzen sichergestellt werden, z.B. durch ästhetische Kompetenz oder Erkenntnissen aus der Konsumentenpsychologie.

4.7   Interaktionsdesign

Wenn von einer „Experience", also einem Erlebnis mit einem Produkt die Rede ist, so müssen die designerischen Grundsätze über die Gestaltung der rein passiven Darstellung von Informationen hinausgehen. Software-Systeme und vor allem die hier betrachteten Lernsysteme sind *interaktive* Systeme, d.h. die Software *reagiert* auf die Eingaben an ihrer Schnittstelle durch den Benutzer und umgekehrt reagiert der Benutzer auf die Informationen, die an den Ausgabeschnittstellen der Software dargestellt werden. Dies wird auch als „Mensch-Maschine-Kommunikation" oder als „Dialog" bezeichnet.

Dieser Dialog bzw. die Gestaltung des gesamten interaktiven Systems muss, sofern er/es gebrauchstauglich sein soll, die Regeln der Mensch-Maschine-Aufgabenteilung (vgl. „ganzheitliche Arbeitsgestaltung" z.B. in ISO 9241, 1996 Teil 2), die Regeln der Informationsdarstellung (vgl. Screen-Design im vorigen Abschnitt) sowie die Erkenntnisse der Kognitionspsychologie (vgl. Abschnitt 2.4) berücksichtigen.

Dabei sind die folgenden grundsätzlichen Interaktionsformen zu unterscheiden (nach Herczeg, 1994, S. 86ff.): deskriptiv, deiktisch oder hybrid. Um Interaktionsformen bewerten und einordnen zu können, ist es hilfreich, sie in ein Gesamtmodell einzuordnen. Das allgemeine Tätigkeitsmodell von Leontjew (siehe Abschnitt 2.3 auf Seite 12f.) ist dabei von Herczeg zu einem Dialogmodell mit sechs logischen Ebenen (siehe Herczeg, 1994, S. 11ff.) weiterentwickelt worden. Bei der Beschreibung des Dialogmodells sind prinzipiell die unterschiedlichen Sichten der beiden Dialogpartner „Mensch" und „Computer" zu betrachten. Das Modell wird dort ausführlich beschrieben und deshalb hier nur kurz dargestellt:

Intentionale Ebene Diese Ebene entspricht den Motiven bei Leontjew. Auf dieser Ebene *plant* der Benutzer Tätigkeiten bzw. bewertet die Ergebnisse ihrer Ausführung, um ein allgemeines Ziel (z.B. „Erwerbsarbeit") zu erreichen. Im Computer ist diese Ebene als Modell

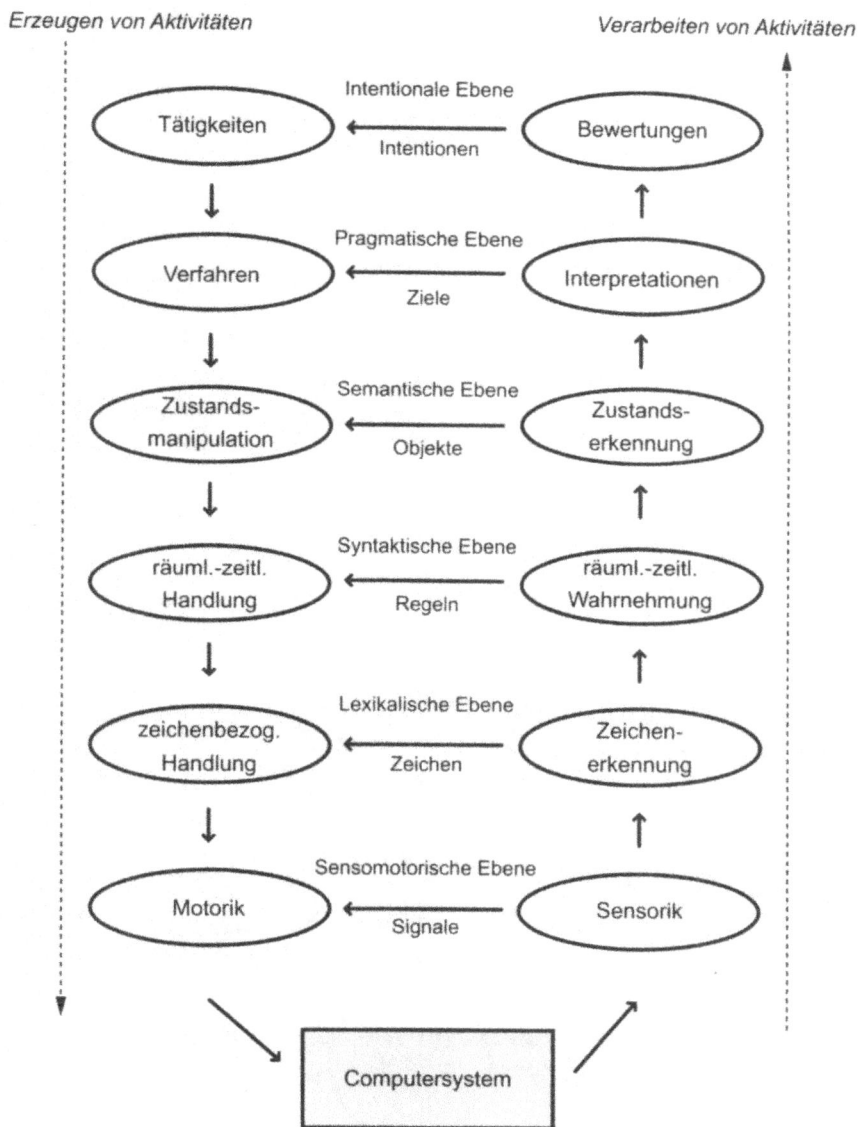

Erzeugen von Aktivitäten   Verarbeiten von Aktivitäten

	Intentionale Ebene	
Tätigkeiten	Intentionen	Bewertungen
Verfahren	Pragmatische Ebene / Ziele	Interpretationen
Zustands-manipulation	Semantische Ebene / Objekte	Zustands-erkennung
räuml.-zeitl. Handlung	Syntaktische Ebene / Regeln	räuml.-zeitl. Wahrnehmung
zeichenbezog. Handlung	Lexikalische Ebene / Zeichen	Zeichen-erkennung
Motorik	Sensomotorische Ebene / Signale	Sensorik

Computersystem

Abbildung 11: *Dialogmodell für menschliche Interaktion mit sechs logischen Ebenen aus Herczeg, 2005, S. 93*

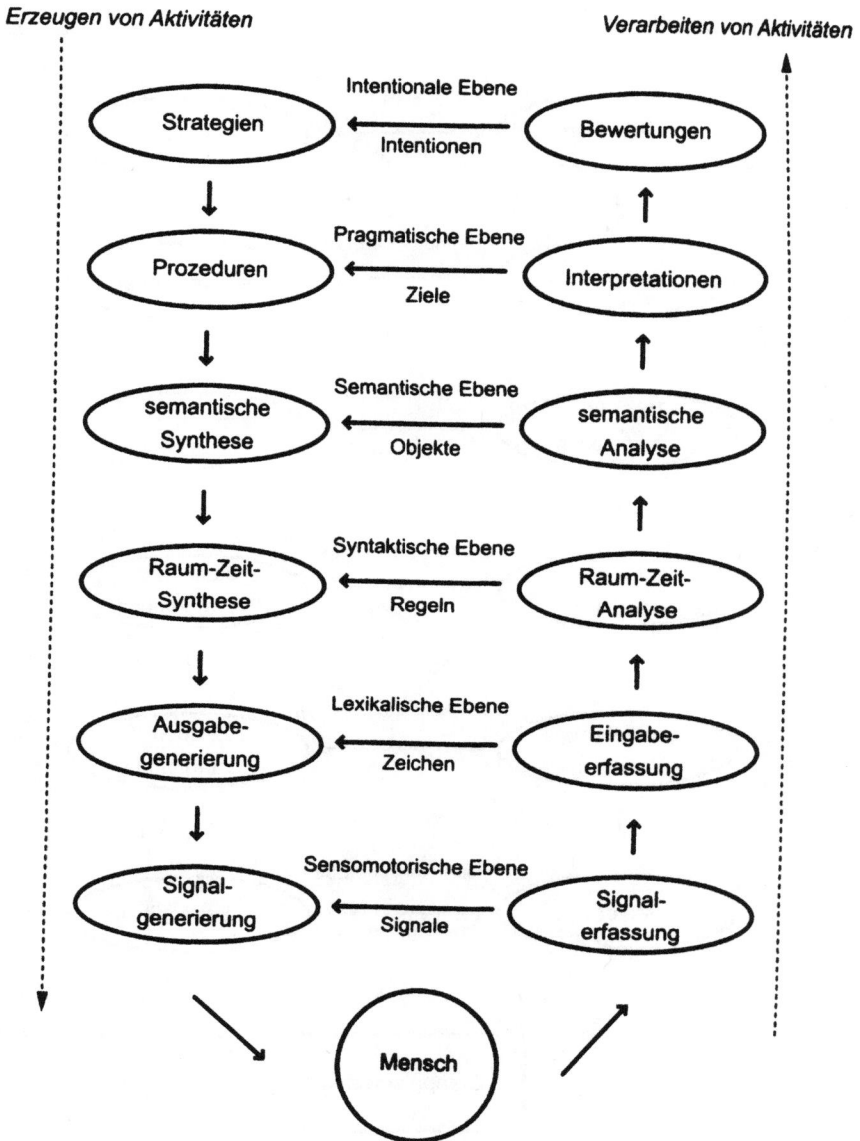

Abbildung 12: *Dialogmodell für interaktive Systeme mit sechs logischen Ebenen aus Herczeg, 2005, S. 97*

der Anwendungswelt in der Software verankert, d.h. der beim Entwurf der Software geplanten Parameter, Zustände und Handlungsmöglichkeiten. Darauf aufbauend entscheidet der Computer ebenfalls über die weitere Vorgehensweise (allerdings üblicherweise begrenzt durch die vorher fest vorgesehenen und „programmierten" Alternativen und Entscheidungsmöglichkeiten) und bewertet die ihm zugänglichen Ausführungsergebnisse.

Pragmatische Ebene Im Gegensatz zu den allgemeinen Motiven der vorherigen Ebene stehen nun konkretisierte Ziele im Vordergrund, d.h. konkrete Arbeitsaufgaben (z.B. „Abarbeiten eines Rechnungsvorganges"), zu deren Erledigung auf beiden Dialogseiten entsprechende Prozeduren ausgewählt und angewandt werden.

Semantische Ebene Auf der semantischen Ebene werden die Arbeits- und Diskursgegenstände (Objekte) betrachtet. Beide Seiten übersetzen die Prozeduren der pragmatischen Ebene in konkrete Ausgaben, die von der Gegenseite dann semantisch auf ihre Zulässigkeit und ihre Auswirkungen hin analysiert werden. Im Beispiel wäre dies vielleicht „Auswahl eines geeigneten Rechnungsformulars aus der Software".

Syntaktische Ebene Der in der vorherigen Ebene gewählte Ausdruck (z.B. „Wähle den entsprechenden Menüpunkt") muss nun korrekt übermittelt werden, d.h. die einzelnen Teilhandlungen müssen in einer syntaktisch korrekten Form übermittelt werden, um auf der Gegenseite verstanden werden zu können. In diesem Beispiel bestünde die Syntax möglicherweise aus einer Folge von Zeige- und Auswahlhandlungen, die eine definierte Reihenfolge einhalten müsste oder aus der Eingabe einer formalen Sprache, die korrekt formuliert sein müsste.

Lexikalische Ebene Auf dieser Ebene stehen die einzelnen Zeichen bzw. Handlungen, die aus einer Auswahl von Möglichkeiten, dem so genannten Eingabe- bzw. Ausgabealphabet, entnommen werden müssen (im Beispiel: „Klicke mit der linken Maustaste").

Sensomotorische Ebene Schließlich muss die Übermittlung von Informationen durch konkrete Handlungen an der Schnittstelle zwischen Mensch und Computer wahrnehmbar gemacht werden. Auf Seiten des Menschen geschieht dies über die Sinne, auf Seiten des Computers über die Schnittstellen, die als Peripherie angeschlossen sind.

Der Ablauf einer gesamten Tätigkeit lässt sich so auf die verschiedenen Ebenen verteilt betrachten. Dabei stehen naturgemäß viele Aktivitäten zum Signalaustausch auf der untersten Ebene wenigen Intentionen auf der obersten Ebene gegenüber (vgl. dazu das Modell von Rasmussen in Abbildung 13). Bevor eine Aufgabe komplett gelöst wird, müssen zunächst die Fehlerquellen auf den darunter liegenden Ebenen ausgeschlossen werden. Fehlbedienungen und Missverständnisse auf der Seite des Menschen bzw. ungeeignete Konzepte auf der Computerseite können auf jeder der Ebenen zu Fehlern, also nicht erwünschten Ereignissen führen, die dann den Erfolg aller höheren Ebenen behindern.

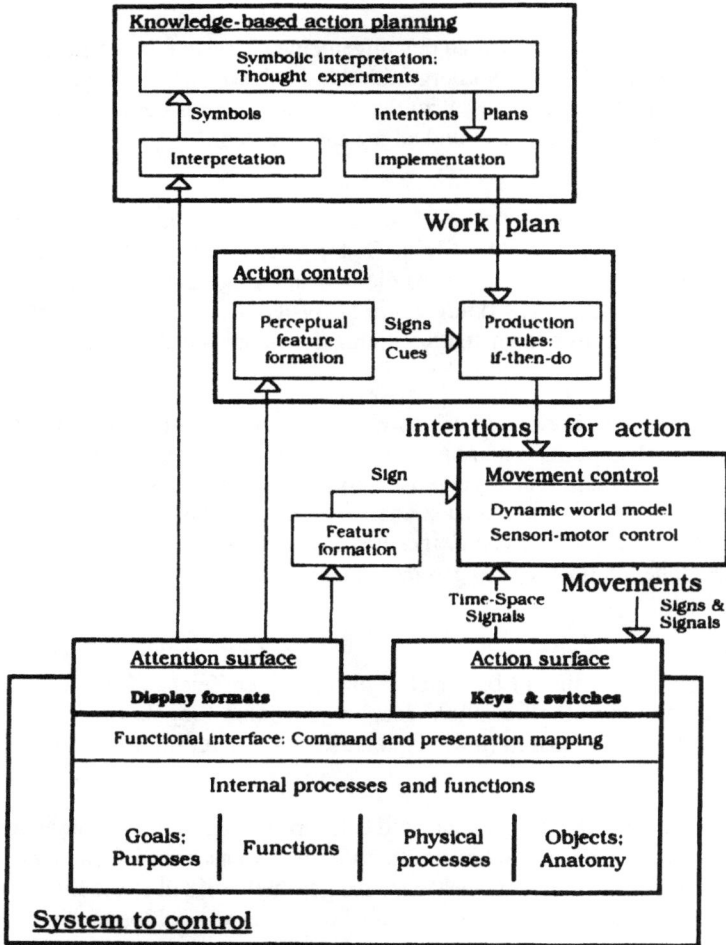

Abbildung 13: *Beispiel einer hierarchisch strukturierten Modellierung eines Arbeitsablaufes (aus Rasmussen et al., 1994, S. 108)*

4.8   Semiotik

Die dargestellte Kommunikation kann auch nach *semiotischen* Aspekten untersucht werden. Die Semiotik (Theorie der Zeichen) beschäftigt sich dabei mit den (im Ebenen-Modell im Dialog übertragenen) Zeichen und unterscheidet vier Hauptfragestellungen (nach Ballstaedt, 1997, S. 9):

Semantik Die Frage nach der Bedeutung des einzelnen Zeichens.

Syntaktik Die Frage nach den Regeln, nach denen die einzelnen Zeichen verknüpft werden können.

Pragmatik Welche Kommunikationsabsicht steht hinter der Verwendung des Zeichens bzw. einer nach den Regeln der Syntaktik verknüpften Gruppe von Zeichen?

Literalität Welche Kenntnisse benötigt der Empfänger zur Interpretation des Zeichens („Lesefähigkeit", englisch „literacy")?

Diese Betrachtung kann helfen, Missverständnisse zu klassifizieren, die auf den verschiedenen Ebenen auftreten können. Hat der Empfänger das Zeichen als solches nicht deuten können (semantisches Problem) oder gingen Sender und Empfänger von einem verschiedenen Kommunikationsziel aus (pragmatische Differenz). Um einen möglichst reibungslosen Ablauf der Kommunikation auf allen dargestellten Ebenen sicherzustellen, muss (soweit möglich) bereits bei der Planung eines interaktiven Systems ein gemeinsames Systemverständnis auf allen semiotischen Ebenen aufgebaut werden. Dabei können die verschiedenen Aspekte mittels der bereits vorgestellten „mentalen Modelle" (siehe Abschnitt 2.8 auf Seite 18) beschrieben werden. Die eigentliche Dokumentation des Modells kann mithilfe etablierter Modellierungsstandards wie GOMS, CLG, TAG oder CCT erfolgen (alle beschrieben in Herczeg, 1994, S. 41ff.), die aber hier nicht weiter vorgestellt werden.

4.9   Dialogprinzipien

Bei der Planung der Interaktion bzw. der anschließenden Bewertung haben sich in der Ergonomie im Laufe der Zeit einige grundlegende Prinzipien herauskristallisiert. Die so genannten *Dialogprinzipien*, die in der ISO 9241 (1996) Teil 10 als „Grundsätze der Dialoggestaltung" beschrieben sind (siehe auch Herczeg, 2005), geben dabei sieben als aus Sicht der Ergonomie erstrebenswert angesehene Qualitätsansprüche an die Gestaltung eines interaktiven Dialoges zwischen Mensch und Maschine vor:

Aufgabenangemessenheit „Ein Dialog ist aufgabenangemessen, wenn er den Benutzer unterstützt, seine Arbeitsaufgabe effektiv, und effizient zu erledigen." (ISO 9241, 1996, Teil 10, S. 4)

Selbstbeschreibungsfähigkeit „Ein Dialog ist selbstbeschreibungsfähig, wenn jeder einzelne Dialogschritt durch Rückmeldungen des Dialogsystems unmittelbar verständlich ist oder dem Benutzer auf Anfrage erklärt wird." (a.a.O. S. 5)

Steuerbarkeit „Ein Dialog ist steuerbar, wenn der Benutzer in der Lage ist, den Dialogablauf zu starten, sowie seine Richtung und Geschwindigkeit zu beeinflussen, bis das Ziel erreicht ist." (a.a.O. S. 6)

Erwartungskonformität „Ein Dialog ist erwartungskonform, wenn er konsistent ist und den Merkmalen des Benutzers entspricht, z.B. seinen Kenntnissen aus dem Arbeitsgebiet, seiner Ausbildung und seiner Erfahrung sowie den allgemein anerkannten Konventionen." (a.a.O. S. 6)

Fehlertoleranz „Ein Dialog ist fehlertolerant, wenn das beabsichtigte Arbeitsergebnis trotz erkennbar fehlerhafter Eingaben entweder mit keinem oder mit minimalem Korrekturaufwand seitens des Benutzers erreicht werden kann." (a.a.O. S. 7)

Individualisierbarkeit „Ein Dialog ist individualisierbar, wenn das Dialogsystem Anpassungen an die Erfordernisse der Arbeitsaufgabe sowie an die individuellen Fähigkeiten und Vorlieben des Benutzers zuläßt." (a.a.O. S. 8)

Lernförderlichkeit „Ein Dialog ist lernförderlich, wenn er den Benutzer beim Erlernen des Dialogsystems unterstützt und anleitet."

Diese Grundsätze geben zunächst nur eine Richtung vor. Sie sind an den Nutzungskontext anzupassen und sind nur in diesem Zusammenhang sinnvoll interpretierbar. Nur so können auch die Konflikte aufgelöst werden, die dadurch entstehen, dass die Grundsätze sich in Einzelfällen widersprechen können. So kann eine möglichst aufgabenangemessene Gestaltung, deren Effektivität und Effizienz optimiert wurde, durchaus aus Sicht der Selbstbeschreibungsfähigkeit mangelhaft sein. Die Autoren der ISO 9241 empfehlen dazu die entstehenden potenziellen Vor- und Nachteile bezüglich sich widersprechender Prinzipien gegenüberzustellen und dann den Lösungsvorschlägen entsprechende Prioritäten zu setzen.

Vor einem möglichen Missverständnis sei an dieser Stelle gewarnt: „Lernförderlichkeit" bezieht sich auf das Erlernen der Systembedienung und *nicht* auf die besondere Eignung zum Einsatz in Lehr-/Lernumgebungen, also eine pädagogische oder didaktische Eignung im Sinne des zu vermittelnden Inhalts. Auch die „Fehlertoleranz" bezieht sich zunächst auf Fehler bei der *Bedienung* des Systems und nicht auf die Behandlung von inhaltlich nicht korrekten Aufgaben in einer Selbsttestaufgabe. Trotzdem sind die Konzepte, die für eine Lernförderlichkeit und Fehlertoleranz bei der Systembedienung im Vordergrund stehen, auch auf der höheren Ebene der Lernaufgabe relevant und wichtig.

4.10   Zusammenfassung

Dieses Kapitel beschrieb Mediendesign als einen der unmittelbarsten Qualitätsfaktoren, der direkt das Erleben der Schnittstelle zwischen Mensch und Maschine bestimmt. Dazu wurden einige Grundbegriffe erläutert und mit Software-Ergonomie und E-Learning verknüpft:

- Der Begriffe Design und die Spezialisierung auf Mediendesign;

- Medienarten: statisch, zeitbasiert und interaktiv;

- Zentrale Begriffe wie Ästhetik, Anmutung, Semiotik und User Experience und ihre Unterscheidung;

- Die zentralen Darstellungsprinzipien: Klarheit, Unterscheidbarkeit, Kürze, Konsistenz, Entdeckbarkeit, Lesbarkeit und Verständlichkeit;

- Gestaltgesetze und daraus abgeleitete Merkmale: menge, Dichte, Gruppierung, Hervorhebung, Platzierung, Abfolge, Beziehungen, textuelle und grafische Darstellung;

- Diskussion Industriedesign und Gebrauchstauglichkeit und der Zielkonflikt von Innovation versus Konvention;

- Experience Design und der Anspruch, das gesamte Erlebnis zu gestalten;

- Interaktionsdesign und ein Schichtmodell der Mensch-Maschine-Kommunikation;

- Semiotik und dessen Hauptfragestellungen: Semantik, Syntaktik, Pragmatik und Literalität;

- Die Dialogprinzipien aus der Software-Ergonomie als Hilfestellung beim Design interaktiver Systeme: Aufgabenangemessenheit, Selbstbeschreibungsfähigkeit, Steuerbarkeit, Erwartungskonformität, Fehlertoleranz, Individualisierbarkeit und Lernförderlichkeit;

Zur weitergehenden Lektüre sei das Buch „Interaktionsdesign" (Herczeg, 2006a) aus dieser Reihe empfohlen.

5 Pädagogik und Didaktik

Ursprünglich entstand die *Pädagogik* aus den griechischen Begriffen „pais" (Knabe, Kind) und „agein" (gr. führen, lenken). Gemeint war also die Lehre von der Erziehung der Kinder, doch heute versteht man unter dem Begriff wesentlich allgemeiner die Wissenschaft von der Bildung und Weiterbildung von Kindern und Erwachsenen in unterschiedlichen Kontexten, wie Familie oder Beruf. Die *Didaktik* stammt vom griechischen „didaskein", das mit „lehren, unterrichten, klar auseinandersetzen, beweisen" übersetzt wird. Es steht weniger die Erziehung an sich im Vordergrund, sondern es ist die Wissenschaft der Vermittlung von Wissen, die damit zum Teil der Pädagogik wird. Der Begriff der Didaktik wird sehr vielfältig ausgelegt und verwendet, so werden bis zu 30 verschiedene Arten von Didaktik unterschieden, doch im Rahmen dieses Buches soll der oben beschriebene, allgemeinere Begriff verwendet werden.

Die Pädagogik stellt in einem Buch über multimediale und interaktive Lernsysteme ein zentrales Anliegen dar. Mit Blick auf die ergonomischen Fragestellungen dieses Bereiches muss dabei eine Trennlinie zwischen Pädagogik und Ergonomie gezogen werden. Da Gebrauchstauglichkeit die Gesamteffizienz betrachtet und diese aber für ein Lehr-/Lernsystem in der Pädagogik definiert wird, muss eine Trennlinie gefunden werden, bis zu welchem Punkt eine Fragestellung noch durch die Ergonomie und ab wann bereits durch die Pädagogik geklärt werden soll. Schließlich soll die Ergonomie keinen Leitfaden zur Bewertung und/oder *Auswahl* geeigneter pädagogischer Konzepte liefern, sondern ein Leitfaden zu deren menschen- und aufgabengerechten, also ergonomischen *Realisierung* in der Zieltechnologie. Von Kritzenberger (2005) werden die hier beschriebenen Modelle und Theorien im Zusammenhang mit *multimedialen und interaktiven Lernräumen* wesentlich umfassender beschrieben und diskutiert. Deshalb werden Pädagogik und Didaktik in diesem Abschnitt nur kurz beschrieben, um dann im nächsten Kapitel eine Synthese aus den vier Bereichen, ihren Prinzipien und ihren Anforderungen an die Mediengestaltung zu finden.

5.1 Wissen

Gegenstand der Didaktik ist das *Wissen*, d.h. Informationen, die in der kognitiven Struktur des Individuums abgelegt sind. Diese „mentalen Wissensformen"[21] können nach grundsätzlichen Kategorien unterschieden werden. Edelmann (vgl. Edelmann, 2000, S. 115) unterscheidet in der Tradition der kognitiven Psychologie Wissen nur nach explizierbarem, deklarativem *Sachwissen* und prozeduralem *Handlungswissen* (s.u.), wohingegen Ballstaedt feiner unterscheidet (nach Ballstaedt, 1997, S. 1-5):

---

[21] Ballstaedt benutzt mentale Wissensformen im Sinne von internalen Darstellungsformen von Wissen im Menschen als Gegensatz zu externalen Wissensformen, die geäußert werden können. Er bezieht sich dabei auf eine Arbeit von Engelkamp, J.: „Das menschliche Gedächtnis. Das Erinnern von Sprache, Bildern und Handlungen", Hogrefe, Göttingen, 1990.

Modalitätsspezifisches Wissen Die Eindrücke der verschiedenen Sinnesmodalitäten können selbst gespeichert werden, wie z.B. eine Farbe oder Form (visuelles Wissen) oder ein Ton (auditives Gedächtnis).

Setzt man es zu dem vorgestellten Ebenenmodell (vgl. 11 auf Seite 53) der Mensch-Maschine-Kommunikation in Beziehung, so sind hier Informationen aus der untersten Ebene, der sensomotorischen Ebene abgelegt, aber beschränkt auf die sensorischen Informationen.

Räumliches Wissen Unabhängig von der Modalität, mit der es erworben wird, stellt die räumliche Beziehung von Objekten eine eigene Wissenskategorie dar, auch wenn sie maßgeblich durch visuelle Wahrnehmungen geformt wird. Doch auch andere Modalitäten stellen im Menschen eine „geistige Landkarte" auf, wie z.B. auditive oder taktile Eindrücke.

Mit Bezug auf das Ebenenmodell kann diese Kategorie im Bereich der semantischen und pragmatischen Ebene eingeordnet werden, allerdings beschränkt auf räumliche Beziehungen und daraus entstehende Möglichkeiten (Verfahren).

Konzeptuelles Wissen In dieser Kategorie ist Wissen darüber gespeichert, was ein Begriff bedeutet und wie er zu anderen Konzepten in Beziehung steht. „Bedeutung" umfasst dabei das abstrakte Wissen, welche Eigenschaften das mit dem Begriff bezeichnete Objekt oder auch Konzept hat und welche Handlungsmöglichkeiten es erlaubt. Als *Schema* bezeichnet man dabei die aus Erfahrungen resultierende konzeptuelle Repräsentation eines Realitätsbereiches. Dabei werden zwangsläufig auftretende Informationslücken auf unteren Ebenen durch Standardannahmen geschlossen. Kaum jemand kennt beispielsweise alle Details eines Hauses, aber trotzdem kann vermutlich jeder mit dem Schema „Haus" umgehen und weiß, dass man in bestimmten Exemplaren davon wohnen kann.

Im Ebenenmodell sind diese Konzepte Teil der pragmatischen Ebene, denn anhand des Wissens um die Möglichkeiten eines Objektes oder eines Begriffes können Verfahren zum Umgang mit ihm ausgewählt oder entwickelt werden.

Prozedurales Wissen Die eigentlichen Handlungen, die mit einem konzeptuellen Modell der vorherigen Kategorie durchgeführt werden sollen, sind als prozedurales Wissen klassifiziert. Dieses auch „Fertigkeit" oder „Handlungswissen" genannte Wissen repräsentiert motorische Programme, die unter Zuhilfenahme der anderen Wissenskategorien angewandt werden.

Dieses prozedurale Wissen bildet die zum modalitätsspezifischen Wissen komplementäre Ergänzung, sozusagen die „Ausgabeseite", der sensomotorischen Ebene.

Die in Abschnitt 2.8 (S. 18) beschriebenen *mentalen Modelle* spielen bei einer solchen Kategorisierung eine Sonderrolle. Ballstaedt nennt sie „theoretischer Alleskleber", der die genannten Kategorien miteinander verknüpft und schlägt alternativ vor, mentale Modelle als eigenes Konstrukt zur Beschreibung des flexiblen und dynamischen Zusammenspiels der Wissensformen (a.a.O. S. 5) anzusehen. Edelmann (vgl. Edelmann, 2000, S. 115) beschreibt diesen Zusammenhang als *Assimilation* von Wissen in bestehende assoziative Wissensnetze, die aus Wissensschemata bestehen. Mentale Modelle sieht er nur als Hilfsmittel für die innere Simulation von komplexen Vorgängen (vgl. a.a.O. S. 160), die in einer Konkurrenz zu den Wissensnetzwerken stehen. Allerdings schränkt auch er ein:

> *„Wahrscheinlich speichern die meisten Menschen Wissen viel weniger fachwissenschaftlich-systematisch in ausgebauten Begriffs- und Regelnetzwerken ab, als Kognitionswissenschaftler sich dies vorstellen."* *(Edelmann, 2000, S. 162)*

Hier wird diesem pragmatischen Ansatz gefolgt und das mentale Modell als unscharfe Beschreibung der Vernetzung von verschiedenen Wissensarten akzeptiert. Dies reicht für die Betrachtung der ergonomischen Aspekte aus, die sich mehr auf die Beseitigung von kognitiven Hindernissen als auf die Optimierung von Lehrstrategien für verschiedene Wissenskategorien konzentriert.

An dieser Stelle muss auch zwischen *unmittelbarer Erfahrung* und *pädagogischer Situation* unterschieden werden. Folgt man Edelmanns Definition, so gilt:

> *„Menschliche Informationsverarbeitung ist eine andere Bezeichnung für Lernen und Gedächtnis."* *(Edelmann, 2000, S. 277)*

Daraus folgt, dass es keine scharfe Trennung zwischen bewusstem Lernen und unwillkürlichem Aufbau von Erfahrungswissen geben kann. Man kann aber unterscheiden, ob die Erfahrungsbildung in einer *pädagogischen Situation* mit implizit oder explizit definierten Lehrzielen stattfindet, oder aber z.B. im Alltag oder im Spiel[22].

Innerhalb dieses Buches wird davon ausgegangen, dass die Lernmedien immer als Teil eines pädagogischen Kontextes geplant und entwickelt werden. Ohne eine solche zumindest implizite und ggf. sehr generische Zieldefinition findet eine *planvolle* Entwicklung eines Lehrmediums nicht statt. Die Beobachtung, dass für viele Lehrmedien und lehrreiche Medien kein solches Konzept dokumentiert ist, widerlegt nicht, dass für Erstere zumindest in den Köpfen der Entwickler evtl. auch ein didaktisches Entwicklungsziel bestand und Letztere durch den Einsatz in einem Gesamtszenario nicht zufällig eingebunden sind.

5.2   Lernen

Bevor im nächsten Abschnitt das „Lehren" dieser Wissensarten beschrieben wird, seien einige psychologische Grundlagen des Lernens kurz dargestellt.

> *„Wir können Lernen als einen Prozeß definieren, der zu relativ stabilen Veränderungen im Verhalten oder im Verhaltenspotential führt und auf Erfahrungen aufbaut. Lernen ist nicht direkt zu beobachten. Es muß aus den Veränderungen des beobachtbaren Verhaltens erschlossen werden."* *(Zimbardo, 1995, S. 263)*

Bei dieser Definition aus der Psychologie ist entscheidend, dass Wissen bzw. Gelerntes, das sich nicht unmittelbar in den Handlungen und Leistungen des Lerners widerspiegelt, dann als Veränderung des Verhaltens*potenzials* gesehen wird, d.h. er *könnte* sich anders verhalten, wenn

---

[22] Spiele können natürlich auch wieder Teile eines pädagogischen Kontextes sein.

er denn in eine entsprechend fordernde Situation käme. Als *Erfahrungen* wird alles verstanden, was aus der Interaktion mit der Umwelt vom Lerner aufgenommen bzw. an diese Umwelt abgegeben wird. Damit ist nicht allein ein isolierter Lernakt Teil des Lernens, sondern jegliches Handeln trägt dem Lernen zu.

Philosophisch stehen (nach Zimbardo, 1995, S. 264f.) dabei zwei Lehren im Mittelpunkt. Während man beim *Gesetz der Assoziation* davon ausgeht, dass zwei mentale „Ideen" (im Sinne des vorherigen Abschnittes wäre dies eher als „mentales Modell" zu bezeichnen) aufgrund ihrer zeitlichen und räumlichen Nähe miteinander verbunden werden, geht man beim *Prinzip des adaptiven Hedonismus* davon aus, dass Lustgewinn und Schmerzvermeidung die handlungs- und damit auch lernsteuernden Motivationen seien.

Die folgenden Lerntheorien versuchen aus unterschiedlichen Richtungen die Lernprozesse zu beschreiben, zu erklären und damit planbar zu machen.

Behaviorismus

Im *Behaviorismus* wird dabei, ausgehend von der Annahme eines vollständig kausal erklärbaren Modells des Menschen, eine Theorie aufgebaut, die sich allein auf das Verhalten des Lerners stützt, die so genannte „Verhaltenstheorie". Der Lerner ist dabei reduziert auf sein beobachtbares Verhalten und sein Lernen geschieht über Reiz-Reaktions-Verkettungen. Innere Zustände werden nicht berücksichtigt. Alles Erlernte ist dabei *ausschließlich* Ergebnis der Erfahrungen mit der Umwelt. Die *klassische Konditionierung* war ein Ergebnis dieser Verhaltenstheorie. Dabei werden ursprünglich neutrale Reize mit einem unkonditionierten Reflex verbunden und erlernt. Falls der unkonditionierte Reiz (Stimulus) negativ besetzt ist, spricht man von einer *aversiven* Konditionierung. Kurz gesagt, wird ein ursprünglicher (positiver oder negativer) Reiz durch einen neutralen Reiz ersetzbar gemacht. Dieser konditionierte Reiz kann dann wieder in einer Konditionierung höherer Ordnung verwendet werden. Diese Theorie ist nicht nur tragfähig für einfache Reiz-Reaktionsmuster, sondern auch erweiterbar auf komplexe Fälle wie z.B. das soziale Verhalten.

Die Theorie des *instrumentellen Konditionierens* geht über die klassische Konditionierung hinaus: Statt basierend auf der Idee der Adaptivität zwei zeitlich und räumlich nahe Reize zu verknüpfen, werden stattdessen deren *Konsequenzen* und *Handlungen* verbunden. Dazu muss der Lernende nicht nur abzuschätzen lernen, welche Folgen mit einem Reiz verbunden sind, sondern auch welche Handlungen dann zu diesen Konsequenzen hin oder davon weg führen. Dabei wird die Entscheidung anhand des beschriebenen adaptiven Hedonismus getroffen, d.h. der immer wieder aktualisierten Evaluation gegenüber den Kriterien Lust und Schmerz.

Es ähnelt Thorndikes Paradigma des *trial-and-error* („Versuch und Irrtum"). Es verknüpft dabei nicht Reize miteinander, sondern Reize und die zu erwartenden Reaktionen bzw. der Erfolg der Handlung. Sie wurde weiterentwickelt von Skinner zur *operanden Konditionierung*, der darauf Wert legte, dass (ganz der behavioristischen Idee folgend) ausschließlich beobachtbares Verhalten, sowohl auf der Reiz- als auch auf der Reaktionsseite, zu berücksichtigen wäre.

Die dargestellten Konditionierungen setzten ein aktives Handeln des Lernenden voraus. Doch es zeigte sich, dass es noch weitere Lernformen geben musste, denn es war empirisch nachzuweisen, dass auch passiv beobachtend gelernt wurde (*Beobachtungslernen* bzw. *Imitationslernen*) oder Reize mittelbar verknüpft wurden (*Assoziative Konditionierung*).

Kognitivismus

Das Lernen wird als Informationsverarbeitungsprozess des Gehirns verstanden. Dabei beeinflussen die Reize von außen zusammen mit dem bereits enthaltenen Wissen den Lernfortschritt. Die Informationsverarbeitung (Lernen, Erinnern, Vergessen) wird anhand von Heuristiken und Modellen beschrieben.

Der entscheidende Unterschied zum Behaviorismus ist die Fähigkeit des Menschen rückbezüglich zu denken, d.h. eigene Einstellungen zu überdenken und stellvertretende Symbole eines Reizes oder einer Situation zu verwenden. Bandura (vgl. Zimbardo, 1995, S. 498) hat dies zu einer *sozial-kognitiven* Lerntheorie weiterentwickelt, bei der neben den behavioristischen Reiz-Reaktions-Mustern auch das beobachtende Lernen durch Nachahmung und Vereinfachung (auch „Lernen am Modell" genannt) und die „Self-efficacy" (Selbstwirksamkeit) eine Rolle spielen. Gemeint ist die Selbsteinschätzung der eigenen Leistungsfähigkeit, die wiederum die Handlungen und damit das Lernen beeinflusst.

Das *Lernen durch Einsicht* wird als stärkste kognitive Lernform bezeichnet. Das Lernen erfolgt nicht mehr durch direkte Konditionierung einer selbst erfahrenen Reiz-Reaktionskette und auch nicht durch bloßes Beobachten, wie dies einem anderen Objekt widerfährt, sondern durch Reflektion und Strukturierung bereits vorhandenen Wissens.

Konstruktivismus

Lernen ist nach dieser Theorie ein individueller aktiver Prozess, der aus der Konstruktion von Wissen im Rahmen einer Situation entsteht. Im Gegensatz zum Kognitivismus wird nicht versucht, einen gemeinsamen Lernablauf zu finden und zu nutzen, sondern den Lernenden werden nur möglichst optimale Ausgangsbedingungen bereitgestellt, um dann nach individuell verschiedenen Vorgehensweisen tatsächlich zu lernen. Nach Kelly hat dazu jeder Mensch ein „persönliches Konstrukt" (Zimbardo, 1995, S. 497), mit dem er die Umwelt unterscheidet und bewertet.

Humanismus

Humanistische Modelle und Theorien stellen dem strengen Determinismus der anderen Theorien die *Freiheit* des Individuums und dessen angeborenes Streben nach Selbstverwirklichung entgegen. Statt objektiven Beobachteraussagen wird phänomenologisch die subjektive Wirklichkeitsauffassung des Einzelnen betrachtet. Das Lernen wird holistisch als höherer geistiger Prozess einer Gesamtpersönlichkeit – die wiederum dispositionell angeboren ist – mit dem Ziel der Selbstverwirklichung verstanden.

Aus diesem Modell heraus erklärt beispielsweise Maslow seine Motivationstheorie und auch die im Bereich des Designs angesprochene *hedonischen* Qualität mit dem Ziel der Identität und Stimualtion (vgl. Abschnitt 4.6 S. 51) hängt mit dem Ideal der Selbstverwirklichung zusammen, das sich nach Rogers als „beständiges Streben nach der Realisierung des eigenen inneren Potentials, nach der Entwicklung der eigenen Fähigkeiten und Talente" (Zimbardo, 1995, S. 493) beschreiben lässt.

Vergleich der Lerntheorien

Die dargestellten Lerntheorien sind zum Teil komplementär. Für viele einfache, engumrissene Lernaufgaben zeigt sich das behavioristische Modell noch tragfähig, wohingegen das kognitivistische und das konstruktivistische sich auch für komplexe Wissensgebiete anbieten. Die

humanistische Sicht hingegen bietet Antworten auf die Frage nach dem „Warum" eines Lernprozesses und damit Hinweise auf notwendige motivierende Eigenschaften, die ein Lernmedium aufweisen müsste[23].

5.3   Lehrziele

Aus Sicht der Lehrenden werden für das Wissen, das der Lerner am Ende erlernt haben soll,
Lehrziele als Klassifikationsordnung genutzt. Sie sind eng verwandt mit den Wissenskategorien, entstanden aber vor dem Hintergrund der Didaktik und der Notwendigkeit die Aufgaben
eines Lehrenden zu beschreiben und modellieren zu können (*„Was soll vermittelt werden"*),
um dann Hilfestellungen für die Methodenauswahl zu geben. Beispielsweise können Lehrziele
nach Götz und Häfner (wiedergegeben nach Bruns & Gajewski, 2000, S. 36ff.) in die folgenden
Klassen eingeordnet werden:

- Ziele im Bereich des Faktenwissens und des Wissens um komplexe Zusammenhänge
  (enthält Wissen aus allen Kategorien)

- Ziele im Bereich der intellektuellen Fähigkeiten und Fertigkeiten (enthält Wissen aus
  dem prozeduralen und dem konzeptuellen Wissen)

- Ziele im pragmatischen Bereich (entspricht weitgehend dem konzeptuellen Wissen)

- Ziele im affektiven Bereich (dieser emotionale Bereich ist in der Kategorie von Ballstaedt
  nicht explizit genannt).

Gagné[24] unterschied stattdessen die fünf Lehrzielkategorien: sprachlich repräsentiertes Wissen,
kognitive Fähigkeiten, kognitive Strategien, Einstellungen und motorische Fähigkeiten. Andere
Klassifikationen z.B. nach Kompetenzen sind ebenfalls üblich. Im Rahmen dieses Buches wird
die o.a. Zielkategorisierung nach Götz und Häfner verwendet bzw. die Wissenstaxonomie von
Ballstaedt.

Auch die Unterscheidung zum *Lernziel* ist wichtig. Im Gegensatz zum *Lehr*ziel, dass durch
eine Organisation oder eine soziale Struktur dem Einzelnen zugewiesen wird, ist das *Lern*ziel
die individuelle Intention des Lerners. So kann ein Lehrziel einer Organisation die Stärkung der
intellektuellen Fähigkeiten ihrer Mitglieder sein (um so vielleicht einen größeren Erfolg zu haben), wohingegen der Lerner das Lernziel hat, sich selbst zu entwickeln, materielle Vorteile zu
erlangen und/oder Anerkennung zu ernten. Das Lernziel entspricht also in einer Modellierung
im Sinne des Usability-Engineerings der Motivation als Teil der Benutzereigenschaft.

---

[23]Auf die Entwicklungspsychologie und ihre Aussagen, z.B. nach Piaget, wird hier nicht eingegangen, auch wenn
sie für das Lernen bei Kindern weitere Hinweise gibt.
[24]Wiedergegeben nach Niegemann, 2001, S. 25

5.4 Lehr-/Lernszenarien

In *Lehr-* bzw. *Lernszenarien* wird der Rahmen, in dem diese Lehrziele erreicht werden sollen, beschrieben. Klassische Szenarien sind der Schulunterricht, die universitäre Lehre oder die Weiterbildung. Diese allgemeinen Szenarien entsprechen den Szenarien aus dem Bereich des Usability-Engineerings und beschreiben zunächst auf einer sehr allgemeinen Ebene den Nutzungskontext der Lernmodule. Insbesondere organisatorische Erfordernisse (bereitgestellte Infrastruktur, rechtliche Rahmenbedingungen, Zugangsvoraussetzungen ...) werden durch diese Einsatzszenarien bestimmt. Die daraus gewonnenen Informationen ergeben allgemeine Aufgabenerfordernisse, doch es bleiben weite Teile der Benutzereigenschaften und des Einsatzumfeldes noch offen. Diese werden dann in den spezielleren Einsatzszenarien (s.u.) dokumentiert und beschrieben.

Innerhalb dieser allgemeinen Einsatzszenarien sind verschiedene Lehrszenarien denkbar, die je nach Lehrziel gewählt werden können. Für den betrachteten Fokus dieses Buches sind spezielle Kommunikationsszenarien (vgl. Bruns & Gajewski, 2000, S. 38) von besonderer Bedeutung:

Selbstlernen
Ein nicht unerheblicher Teil der heutzutage auf dem Markt befindlichen Lernprogramme und Module sind für das „Selbstlernen" konzipiert. Charakteristisch für dieses Szenario ist das Fehlen einer zentralen Betreuung durch einen Fachexperten. Die Lernenden erwerben ein Modul[25] und können es nach eigenem Ermessen zeitlich und örtlich unabhängig verwenden und einsetzen. Sofern das Modul ohne das Internet nutzbar ist, spricht man von *Computer Based Training (CBT)*, andernfalls von *Web Based Training (WBT)*.

Open Distance Learning
Steht den einzelnen Lernenden eine Betreuung zur Verfügung, so spricht man von *Open Distance Learning*[26]. Diese Betreuung muss nicht in Form einer Person gegeben sein, sondern kann auch aus einer Expertendatenbank oder einer Newsgroup bestehen. Explizit unterstützt wird die Kommunikation zwischen Lerner und Lehrer, nicht aber zwischen den Lernenden selbst (vgl. *Teletutoring* weiter unten).

Teleteaching
Im Gegensatz dazu steht beim Teleteaching ein Dozent im Mittelpunkt. Dieser lehrt weitgehend unidirektional, z.B. unter Verwendung einer fernsehähnlichen zentralen Audio-/Videoübertragung („Broadcast")[27] und häufig angelehnt an die Unterrichtsform des „Frontalunterrichts". Vorlesungen werden dazu in entsprechend eingerichtete Hörsäle und Labore oder aber zum Lernenden nach Hause übertragen. Die Ausstrahlung selbst kann sich aus der Aufnahme des Dozenten und den präsentierten Materialen zusammensetzen. Die Kommunikation zwischen den Teilnehmern oder eine Interaktion mit dem Dozenten sind meist nicht oder nur sehr eingeschränkt vorgesehen.

---

[25] Sofern sie denn einen Computer einsetzen. Dann spricht man auch von „Computer Aided Learning" (CAL). Im Zusammenspiel mit anderen, nicht computerbasierten Lehrmitteln wird dies auch als „Blended Learning" bezeichnet.

[26] Der eigentlich naheliegendere Begriff „Telecoaching" wird bereits in einem anderen Kontext verwendet.

[27] „Broadcast" im Sinne eines klassischen Rundfunksenders, d.h. in Form einer unidirektionalen Ausstrahlung eines Videobildes und eines dazugehörigen Tons. In Deutschland sind viele Universitäten dazu über das „MBone"-Netz (siehe www.mbone.de) verbunden, das mittels einer „Multicast" genannten Technik bandbreitenschonend solche Inhalte an mehrere Empfänger gleichzeitig verteilen kann.

Teletutoring

Ein weiteres Szenario ist das *Teletutoring* bei dem die Betreuung der räumlich verteilten Lernenden im Mittelpunkt steht. Der Lehrende ist dabei als Initiator und Moderator der Kommunikation tätig. Er regt mittels Aufgabenstellungen und Beiträgen die Kommunikation der Lernenden untereinander an und kann darüber wachen, wenn gewünscht, dass die Inhalte des Lehrzieles nicht falsch im Raum stehen bleiben. Teletutoring beinhaltet das Konzept computergestützten *kooperativen* Lernens (auf Englisch „Computer Supported Cooperative Learning" kurz CSCL[28]).

Diese Szenarien sind selbst als Teil der o.a. allgemeinen Szenarien zu sehen und werden typischerweise kombiniert verwendet, d.h. dass z.B. Selbstlernanteile mit asynchron nutzbaren Modulen zusammen mit synchronen Kommunikationselementen wie Chat oder Audio-/Videokonferenzen und aufgezeichneten Vorträgen eingesetzt werden.

5.5   Didaktische Modelle

Ziel der Didaktik ist die Erreichung der Lehrziele. Dazu werden Modelle bereitgestellt, wie Wissen vermittelt werden könnte. Vergleichbar den Dialogprinzipien und den Darstellungsprinzipien als Bewertungshilfen der jeweiligen Disziplin stehen auch hier für die verschiedenen Modelle jeweils Prinzipien zur Auswahl. Dabei ist die Wirksamkeit dieser Modelle kontextabhängig, d.h. davon, welche Wissensarten vermittelt bzw. welche Lehrziele in den jeweiligen Lehrszenarien erreicht werden sollen. Zur Bewertung von deren Leistungsfähigkeit oder auch nur Eignung der einzelnen Methoden stellt Niegemann allerdings fest:

> *"Mancher Ingenieur, Informatiker oder Betriebswirt, der sich in den letzten Jahren vor die Aufgabe gestellt sah, ein computerbasiertes Training (CBT) oder eine Lern-Website zu entwerfen, ist zunächst davon ausgegangen, er könnte sich mit einigen Fachbüchern zur Didaktik kundig machen, welche Prinzipien er zu berücksichtigen hätte, um ein effizientes Produkt zu entwickeln.*
>
> *[...] Durch empirische Forschung fundierte Antworten auf konkrete Fragen nach der – jeweils unter bestimmten Randbedingungen – zweckmäßigsten Sequenz der Lehrinhalte, nach der effektivsten Auswahl und Zusammenstellung von Beispielen und Übungsaufgaben, nach Maßnahmen zur Sicherstellung des Lerntransfers usw. sucht man in der traditionellen deutschen Didaktik vergeblich."* *(Niegemann, 2001, S. 15)*

Da der Schwerpunkt dieses Buches aber auf der Handreichung bei der *ergonomischen* Gestaltung der Lernmodule liegen soll, werden verbreitete Methoden des Instruktionsdesigns[29] nur kurz vorgestellt und die Auswahl des für den Inhalt am besten geeigneten Vermittlungsweges dem Fachdidaktiker überlassen.

Bereits an dieser Stelle sei aber darauf hingewiesen, dass auch im Sinne einer Betrachtung der Gebrauchstauglichkeit die Effektivität (und davon abhängig, die Effizienz) einer Lehrmethode

---

[28]In Anlehnung an das Gegenstück aus den Arbeitskontexten „Computer Supported Cooperative *Work*" CSCW.

[29]Kerres (1998) vermeidet den Begriff „Instruktionsdesign" da damit seiner Meinung nach das *Lernen* in den Hintergrund gedrängt wird. Er verwendet deshalb alternativ den Begriff „didaktisches Design".

sehr wohl von Belang wäre. Im Sinne einer pragmatischen Lösung kann die von Niegemann beschriebene Situation aber z.Zt. nicht aufgelöst werden. Im Abschnitt 6.3 (S. 85ff.) wird stattdessen beschrieben, wie mit dieser Situation umgegangen werden kann. Dies entspricht auch der zurückhaltenden Auffassung von Kerres:

> *„Didaktisches Design bleibt eine kreative Beschäftigung mit der Gestaltung von Lehr-Lernprozessen vor dem Hintergrund didaktischer Konzepte und Erkenntnisse unterschiedlich regelhafter Ausprägung [...].“ (Kerres, 1998, S. 41)*

Dazu werden in diesem Buch die in den Konzepten verankerten Prinzipien beispielhaft herausgearbeitet und dann mit den Prinzipien der anderen Disziplinen verknüpft und verglichen. Zuvor werden kurz die Idee und einige der verbreitesten Modelle aus dem Bereich der Instruktionsdesign-Theorie vorgestellt werden.

Die Grundidee des *Instruktionsdesigns* ist die Berücksichtigung der psychologischen Erkenntnisse über den (kognitiven) Lernprozess bei der Gestaltung der Lehrarrangements[30] im Allgemeinen und der Lehr-/Lernmedien[31]. Dabei sollen das Vorwissen und die Fähigkeiten des Lernenden, seine Einstellungen und der gesamte weitere Nutzungskontext berücksichtigt werden, um einen Lernerfolg planbar erreichen zu können. Das Instruktionsdesign folgt damit – mit Ausnahme der im Folgenden beschriebenen „programmierten Unterweisung“ – hauptsächlich dem in 5.2 (S. 64) dargestellten kognitivistischen oder dem konstruktivistischen Ansatz.

Programmiertes Lernen
Bereits in den 20er-Jahren des letzten Jahrhunderts wurde mit dem Mechanismus des *programmierten Lernens* experimentiert. Grundidee war dabei die systematische Berücksichtigung einer empirisch gewonnenen einfachen Lernregel: „Zu erlernendes Verhalten muss verstärkt werden.“. Die im Abschnitt 5.2 (S. 63) beschriebenen behavioristischen Ideen und Paradigmen der Konditionierung zeigten, wie eine solche Verstärkung geschehen könnte. Z.B. folgt auf eine richtige Beantwortung einer Frage eine entsprechende positive („Sie haben es richtig gelöst“) oder eine negative Verstärkung. Die Fragen werden so lange wiederholt, bis alle Antworten korrekt gegeben werden. Die ersten mediengestützen interaktiven Medien (z.B. CBT) nutzten diese Technik, denn sie war relativ einfach zu implementieren.

Diese Lehridee hat sich in ihrer Einfachheit als methodologisch nicht haltbar erwiesen (Niegemann, 2001, S. 23), doch als ein Baustein unter vielen wird sie weiterhin verwendet. Verfechter des programmierten Lernens weisen darauf hin, dass das angesichts der sehr einfachen ersten Lernprogramme zu Unrecht in Verruf geraten ist.

Konstruktivistisches Instruktionsdesign
Im (ursprünglichen) konstruktivistischen Instruktionsdesign wird Lernen als aktiver, situativer und sozialer Prozess verstanden. Aufbauend auf den Ideen des Konstruktivismus steht die *Bereitstellung* von Lernmöglichkeiten im Mittelpunkt, um definierte Ziele zu erreichen. Der Lehrer stellt dem Lerner Situationen bereit, die den Lerner dazu anregen sollen, sich das im Lehrziel vorgesehene Wissen *selbstgesteuert* anzueignen.

---

[30] Als ein solches Arrangement sei die Zusammenfassung aus Lehrziel, Lehrmethode und Lehrmedium bezeichnet.

[31] Da Lehr- und Lernmedium nur zwei Sichten auf den gleichen Gegenstand bezeichnen, wird im Folgenden nur noch der Begriff Lernmedium verwendet.

Dabei gilt aber die Warnung von Wydra, dass Instruktionsdesign nicht zu einer Beliebigkeit führen darf, sondern lediglich der Schwerpunkt von der Festlegung eines Lehrplanes in einer direkten Unterrichtssituation in Richtung der Planung eines Lernvorganges in einer nun vom Lehrenden zu gestaltenden *Lernumgebung* verschoben wird:

> *„With these options, learners can tailor the learning experience to meet their specific needs and interests [...] it is necessary to emphasize the point that LCI is not learner anarchy. There is control. But it is on the environmental level. There is direction. But it is a function of the design of the environment. There is learner freedom. But it is within the consequences and resources that have been built into the environment"* *(Wydra, 1980 zitiert nach Doherty, 1998, S. 2)*

Bei der Gestaltung der Lernsituation ist von besonderer Bedeutung, dass diese möglichst ähnlich zu der späteren Anwendungssituation ist. Die Theorie geht davon aus, dass Wissen, welches in einer wesentlich abweichenden Lernsituation angeeignet wird, zu *trägem Wissen* wird, also solchem, auf das im Anwendungsfall nicht zugegriffen werden kann.

Als wichtige Anforderungen ergeben sich daraus (entwickelt nach Bruns & Gajewski, 2000, S. 15):

- **Motivation**
  des Lernenden, um den selbstgesteuerten Prozess in Gang zu bringen,

- **Authentizität**
  des Lernumfeldes im Vergleich zum späteren Anwendungsumfeld,

- **Multiperspektivität**
  der Inhaltsdarstellung, um individuell verschiedene Herangehensweisen zu unterstützen,

- **Kooperationsförderung**
  zwischen den Lernern und zum Lehrer,

- **Individualisierbarkeit**
  des Lernweges an die eigenen Vorgehensweisen und

- **Steuerbarkeit**
  bzgl. der Zeit, Dauer und Geschwindigkeit des Lernens.

Die beiden letzten Anforderungen sind analog zu den entsprechenden Dialogprinzipien benannt. Daran wird deutlich, dass es Überschneidungen zwischen den Anforderungen an klassische Arbeitstätigkeiten und denen an das Lernen gibt. Dies wird im Kapitel 6 (S. 81) detaillierter ausgearbeitet.

Instruktionsdesign der zweiten Generation
Im Gegensatz zum rein konstruktivistischen Ansatz wird in der Weiterentwicklung des Instruktionsdesigns auch die Theorie des Kognitivismus stärker berücksichtigt. Lernen ist damit nicht nur das bloße Bereitstellen von Lernmöglichkeiten, sondern auch deren nach den Erkenntnissen der Kognitionspsychologie optimierte Aufbereitung. Wesentlich ist dabei die Vereinfachung

und Abstraktion komplexer Problemstellungen zur einfacheren Übertragung in andere Anwendungsbereiche.

Im Gegensatz zum rein konstruktivistischen Ansatz ist das Arbeiten in Gruppen nicht eine zwingende Anforderung (vgl. *Kooperationsförderung* im vorigen Abschnitt), sondern eine *Möglichkeit* neben dem Selbstlernen des Einzelnen. An dieser Stelle muss angemerkt werden, dass es streng genommen ohnehin nur kooperative Lernformen gibt, da auch das Wahrnehmen einer von jemand anders aufgezeichneten Information eine Kooperation darstellt (vgl. Lindner, 2004b, S. 344), die lediglich stark asynchron verläuft, weil zwischen Senderaktion und Empfängeraktion ein erheblicher Zeitraum liegt.

Die Entscheidung für eine bestimmte Lehrmethode wird vom zu vermittelnden Inhalt bzw. Lehrziel (vgl. 5.3, S. 66) abhängig gemacht. Eine solche Differenzierung berücksichtigt, dass das Lernen in Gruppen auch erhebliche Risiken für den Lernerfolg bergen kann. Ein Beispiel ist der „Hang zum Konformitätsdruck" (Hörmann, 1998, S. 97) und das damit verbundene Unterdrücken von Einzellösungen.

Die sich ergebenden Anforderungen überschneiden sich deshalb nur zum Teil mit denen des vorgenannten Modells. Gemein sind beiden Modellen die Anforderungen bezüglich:

- Authentizität

- Steuerbarkeit

- Individualisierbarkeit

- Motivation

Unterschiede gibt es hingegen bei den Anforderungen:

- **Kooperationsförderung**
  Diese ist hier optional, abhängig vom zu vermittelnden Lehrstoff.

- **Abstraktion**
  um das Gelernte auch in andere Bereiche übertragen zu können.

- **Vereinfachung**
  zur Unterstützung der eigenen Modellbildung.

- **Führung**
  (auch geführte Unterweisung genannt), die es dem Lernenden erleichtern soll, auch ohne vorheriges stabiles eigenes Modell des Wissensbereiches entlang der Empfehlungen des Lehrenden zu lernen. Dabei ist diese Führung als Hilfestellung („guiding") und nicht als strenge Außensteuerung („directing") gemeint.

Dieses Instruktionsdesign der zweiten Generation ist der Ausgangspunkt für einige Weiterentwicklungen, die hier nur sehr kurz[32] dargestellt seien:

---

[32]Eine ausführliche Darstellung und Bewertung findet sich in Niegemann, 2001, S. 23-68.

Learning Cycle
Im Mittelpunkt des Modells[33] stehen drei Phasen des Wissenserwerbs:

1. **Konzeptionalisierung:**
   Der Lerner erhält einen Überblick über die aufzubauende Struktur und Verknüpfungs-
   punkte zum bereits vorhandenen Vorwissen.

2. **Konstruktion:**
   Die Klassifizierung und Vernetzung der angebotenen Inhalte in die Struktur anhand von
   Problemstellungen.

3. **Dialog:**
   Die individuellen Standpunkte werden diskutiert und reflektiert und somit weiter gefes-
   tigt und/oder korrigiert.

Gegenüber dem reinen Interaktionsdesign steht die Unterstützung der *Einbettung* des neuen
Wissens in die beim Lerner schon vorhandene interne Repräsentation im Mittelpunkt und muss
durch entsprechende Strukturinformationen und Anknüpfungspunkte erleichtert werden.

ARCS
Das ARCS-Modell[34] ist benannt nach vier Hauptkategorien, die für die Motivation im Instruktionsdesign von entscheidender Bedeutung sind:

1. **Attention (Aufmerksamkeit)**
   Zunächst soll die Aufmerksamkeit des Lerners erlangt werden (*perceptual arousal*) und
   dann seine Neugierde auf die Fragestellung (*inquiry arousal*).

2. **Relevance (Relevanz)**
   Dem Lernenden wird die Relevanz des zu Erlernenden verdeutlicht. Sei es die Nützlichkeit des Wissens zum Erreichen späterer Ziele (*goal orientation*) oder die Nutzung einer
   intrinsischen Motivation (*motive matching*), z.B. am Computer zu arbeiten.

3. **Confidence (Erfolgszuversicht)**
   Die Lernanforderungen (*learning requirements*) müssen dem Lerner verständlich gemacht werden, damit dieser seinen Lernprozess abschätzen und planen kann. Im Prozess
   selbst müssen Erfolgserlebnisse (*success opportunities*), z.B. im Rahmen einer Selbst-
   kontrolle, vorkommen, um die Motivation auch aufrechtzuerhalten.

4. **Satisfaction (Befriedigung)**
   Das Erlernte muss sich dann als tatsächlich nützlich erweisen, um so den investierten
   Aufwand auch nachträglich zu rechtfertigen. Die Bewertung und die Konsequenzen der
   Leistungen müssen nachvollziehbar gerecht sein.

Das ARCS-Modell ist weniger eine eigene Theorie als eine notwendige und hilfreiche Betrachtung des Motivationsaspektes des Lernens. Deutlich wird insbesondere, dass bereits die Gestaltung des Lernangebotes und nicht nur seine Präsentation oder nachträgliche Anreize maßgeblich die zu erwartende Motivation bei der Arbeit mit einem Inhalt bestimmen.

---

[33]Entwickelt wurde es von T. Mayes (vgl. Bruns & Gajewski, 2000, S. 18)

[34]Das ARCS-Modell ist benannt nach den Anfangsbuchstaben seinen vier Hauptkategorien (*Attention*, *Relevance*,
Confidence und *Satisfaction*) und wurde von John M. Keller in den 80er-Jahren entwickelt (Niegemann, 2001, S. 37).

Anchored Instruction

Niegemann beschreibt diesen Ansatz als „Flexibel anpassbares Lehren und Lernen, aufgehängt an spannenden Geschichten" (Niegemann, 2001, S. 46). Sein Ansatz basiert im Wesentlichen auf der Idee, anhand von Geschichten – mindestens zwei, die möglichst audiovisuell dargeboten werden sollen – einen multiperspektivischen Blick auf einen Lerngegenstand zu bieten und dann die Lernenden zu einem kooperativen Lernen zu bewegen. Für die Geschichte selbst gelten sieben wesentliche Gestaltungsprinzipien, wobei die sinnvolle Auswahl der Komplexität und die Verknüpfung des (verschiedenen) Wissens der Beteiligten und verschiedener Wissensdomänen im Vordergrund stehen. Dabei sollen weiterhin die für das Instruktionsdesign allgemein geforderten Prinzipien, insbesondere die flexible Steuerbarkeit und Individualisierbarkeit, gelten. Dieser Ansatz ähnelt mit seinem hohen kooperativen Anteil dem *problembasierten* bzw. dann auch *projektbasierten* Lernen.

Der Ansatz soll dem Lerner helfen, das neu erlangte Wissen in sein Wissen einzubinden, Lernfortschritte zu erkennen und die Toleranz für scheinbare und echte Widersprüche verschiedener Theorien und Lösungen (*Ambiguitätstoleranz*) zu erhöhen.

Zu den bereits dargestellten Prinzipien kommt die Forderung nach *fortschreitender Vertiefung* hinzu, d.h. nach ansteigender Komplexität der Aufgaben.

Goal-Based-Scenarios

Eine Weiterentwicklung bzw. weitere Steigerung des Ansatzes „anchored instruction" ist das auch als „Learning by doing" bekannte Modell. Im Gegensatz zum vorigen Ansatz werden nicht nur die Probleme in Geschichten eingebunden, sondern der Lerner ist aktiver Teil der Geschichte. Die Idee hinter diesem Ansatz ist die kognitionspsychologische Feststellung, dass Lernen dann besonders erfolgreich ist, wenn der Lerner versucht, ein für ihn unerwartetes Ereignis zu erklären, das ihm bei der Abarbeitung einer Aufgabe widerfährt. Dem Lerner werden dazu zuerst die Aufgaben und dann die Mittel und Informationen, die zu deren Lösung benötigt werden, bereitgestellt. Dabei werden mögliche Handlungsalternativen (auch Fehler) des Lerners, soweit möglich, bereits in die Lehrplanung einbezogen und durch entsprechende Unterstützung in der Betreuung und den Informationen aufgefangen.

Bei der medialen Umsetzung ist zu bedenken, dass die mediale Abbildung in den für den Lernprozess relevanten Merkmalen konsistent zum realen Vorbild sein muss. Die Probleme des Lerners dürfen nicht aus der technischen Umsetzung stammen, sondern müssen Teil der Aufgabe sein, um einen gewünschten Lerneffekt zu haben. Die Aufgaben selbst können entweder *produktorientiert* sein, d.h. der Lernerfolg ist die korrekte Erreichung des Aufgabenzieles oder *prozessorientiert*, d.h. der korrekte Ablauf des Weges dorthin steht im Mittelpunkt.

Cognitive Apprenticeship

Diesem Ansatz[35] liegt die Idee der Ausbildung in klassischen Lehrberufen zugrunde: Die Unterstützung des Lernenden durch den Lehrer nimmt mit zunehmendem Lernen immer weiter ab, bis der Lerner in Wissensgebieten selbstständig arbeiten kann. Im Gegensatz zu den bisherigen Ansätzen findet hier das Lernen durch Beobachtung besondere Beachtung.

Der Lehrende führt in den ersten Phasen Problemlösungen vor (Modeling-Phase), betreut dann den Lerner (Coaching-Phase), zieht sich immer weiter zurück (Scaffolding-Phase), um dann den Lerner selbst das Gelernte benennen zu lassen (Articulation-Phase), es zu reflektieren

---

[35]Nach Niegemann, 2001, S. 52 wurde dieser Ansatz von Brown, Collins und Duguid 1989 entwickelt.

(Reflection-Phase), weiter zu verwenden und auszubauen (Exploration-Phase). In diesem Ansatz ist gegenüber den eher konstruktivistischen vorherigen Ansätzen der Aspekt der Anleitung und Führung stärker verankert. Es gilt als empirisch bewährt für das kognitiv-prozedurale Lernen.

Daneben gibt es eine Vielzahl weiterer Theorien und Ansätze, doch die weit verbreiteten Entwicklungen rund um das Instruktionsdesign seien als Ausgangspunkt für die weiteren Betrachtungen innnerhalb dieses Buches zunächst ausreichend.

5.6   Didaktische Prinzipien

Der Einsatz der beschriebenen Modelle bedingt modell-spezifische Anforderungen an die Gestaltung der Lernmodule. Manche dieser Anforderungen sind allen genannten Modellen gemein, andere typisch für ein bestimmtes Modell. Diese Anforderungen beziehen sich sowohl auf die Strukturierung und Gestaltung der Inhalte als auch auf die Implementierung als (interaktives) Lernmedium. Mit Blick auf die spätere Entwicklung eines Qualitätsmodells sind die wichtigsten dieser – analog zu den Qualitätsmerkmalen des Softwareengineerings, den Dialogprinzipien der Usability und den Darstellungsprinzipien des Designs – *didaktischen Prinzipien* hier (entwickelt aus Beschreibungen der didaktischen Modelle und den didaktischen Prinzipien aus Bruns & Gajewski, 2000, S. 22ff.) zunächst kurz vorgestellt und dann im Abschnitt 6.6 (S. 94) mit den anderen Modellen verbunden:

Selbstständigkeit
Der Lerner selbst entscheidet über die Verwendung und die Reihenfolge der Nutzung des angebotenen Lernmittels. Dieses didaktische Prinzip ist eng verwandt mit den ergonomischen Prinzipien „Steuerbarkeit", also der Kontrolle über den Nutzungsverlauf.

Die angebotene Wahlfreiheit birgt allerdings die Gefahr, dass der Lernende mit der Auswahl eventuell überfordert ist, da er die Fachdomäne und die Materialien unter Umständen noch nicht einordnen kann. Die selbstständige Bewertung nach „wichtig" bzw. „relevant" ist kaum möglich und auch die Auswahl der geeigneten Lernstrategie ist dann problematisch. Eventuell ist dem Lerner ein einfacher Zugang zu den Inhalten noch gar nicht bewusst. Dem selbstgesteuerten Lernen steht deshalb das Prinzip der „Führung" bzw. „Leitung" gegenüber, d.h. der vorbereiteten Hilfestellung bei der Erkundung der Inhalte. Idealerweise ist die Führung optional, d.h. die Lernenden *können* sie nutzen, aber dann, mit steigender Vertrautheit mit den Inhalten, später darauf verzichten und werden nicht (technisch) daran gehindert, eigene Wege zu gehen.

Adaptierbarkeit
Dieses Prinzip ähnelt dem ergonomischen Prinzip der „Individualisierbarkeit", d.h. der Möglichkeit, das Medium an seine individuellen Bedürfnisse anzupassen. Ähnlich der Selbstständigkeit kann sich die Freiheit auch hier negativ auswirken, wenn dadurch eine unbrauchbare Anpassung entsteht. Es ist zu bedenken, dass die Lernenden – gerade zu Beginn des Lernprozesses – noch kein Modell der Domäne haben und nicht wirklich absehen können, wie eine optimale Anpassung, z.B. der Inhaltsauswahl oder der Form, aussehen könnte.

Adaptivität
Anders als die Adaptierbarkeit bezeichnet die Adaptivität die automatische Anpassung des Lernmediums an den Lerner. Beispielsweise durch eine statistische Auswertung der Nutzung bestimmter Inhalte wird deren Repräsentation verändert.

Doch die immanente Frage dieses Prinzips ist offensichtlich: Wie kann das System die Nutzerhandlungen erkennen und daraus korrekte Schlüsse über die Nutzerintentionen und sein Modellverständnis ziehen? Beispielsweise sagt die Häufigkeit der Nutzung eines Lerninhaltes nicht zuverlässig etwas über seine Nützlichkeit im Lernprozess aus. Vielmehr können gestalterische Einflüsse oder immer wiederkehrende Missverständnisse die Ursache sein, wenn ein Inhalt immer wieder betrachtet wird. Wenn denn das System als Adaption diese Inhalte bevorzugt anbietet, wird dieser vielleicht kontraproduktive Effekt weiter verstärkt. Eine gelungene Adaption setzt also ein Verständnis des (menschlichen) Gegenübers auf der Systemebene voraus und erfordert so ein gewisses Maß an (künstlicher) Intelligenz.

Motivation
Der Anreiz, sich mit dem Lernmedium zu beschäftigen, kann aus dem Lernziel entstehen, durch die Form der Vermittlung bzw. das didaktische Modell und nicht zuletzt durch die Gestaltung des Mediums positiv wie auch negativ beeinflusst werden (siehe auch die Diskussion in Kapitel 2.5 auf S. 15).

Interaktivität
In der Mediendidaktik wird der Grad der Interaktivität in Interaktionsniveaus (ursprünglich aus Haak, 1995, S. 153 aber ergänzt) klassifiziert:

- Passives Rezipieren (Lesen, Zuhören, Ansehen)

- Zugreifen (Auswählen, Umblättern, . . .)

- direktes Auswählen aus einer vorgegebenen Antwortmenge als Antwort auf einfache und komplexe Fragen (z.B. Multiple-Choice-Auswahlen)

- komplexe Aufgaben mit vorgegebenen, komplex kombinierbaren Antwortmöglichkeiten (Simulationsaufgaben, Ergänzungsaufgaben, . . .)[36]

- komplexe Aufgaben mit freier Antwortmöglichkeit und intelligentem tutoriellen Feedback (sokratischer Dialog)

- freier ungebundener Dialog mit den Lehrenden und Mitlernenden

Interaktivität wird als positiver, stimulierender Faktor (z.B. bzgl. der Motivation) im Lernprozess aufgefasst.

Die höheren Stufen des Interaktionsniveaus im Sinne der oben beschriebenen Liste beschreiben die in vielen Modellen entscheidende Forderung nach Förderung der *Kommunikation* zwischen Lernern und zum Lehrenden.

---

[36]Dieser Punkt fehlt in der ursprünglichen Aufzählung, ist aber ein wesentlicher Bestandteil heutiger interaktiver Lernmodule.

Inhaltliche Elemente
Kommunikative Elemente

Methodische Elemente

Didaktische Modelle
Learning Cycle
Konstruktivismus
Instruktionsdesign
Die fünf K's
Behaviourismus

Didaktisch-methodisches Design

Teleteaching
Teletutoring
Open Distance Learning

Methodische Grundformen

Didaktische Elemente
Lernziele
Didaktische Prinzipien
Interaktivitätsgrad
Lehrstrategie
Motivationale Elemente

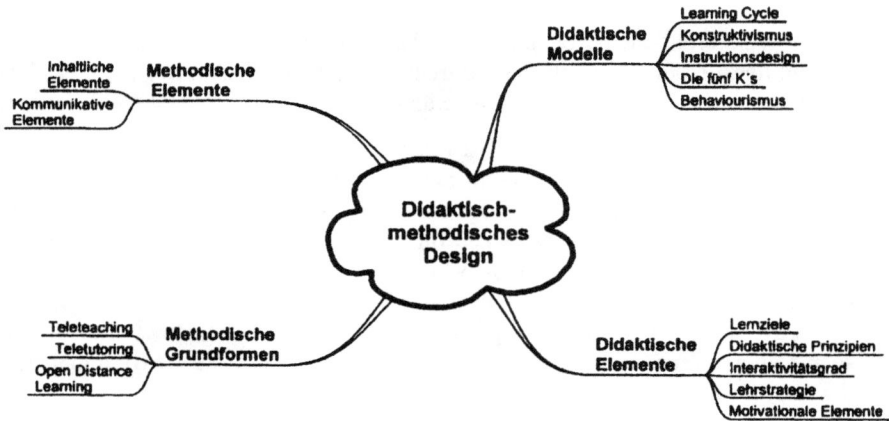

Abbildung 14: „Mind Map didaktisch-methodisches Design" aus Bruns & Gajewski, 2000, S. 11

Verwendung der Modelle

Die weiteren Anforderungen, die bei den einzelnen Modellen bereits genannt wurden (Authentizität, Multiperspektivität, Kooperationsförderung, Abstraktion, Vereinfachung und Führung) sind zum Teil mit den genannten Prinzipien verknüpft und werden, wie alle Prinzipien im Rahmen der Qualitätsmodellbildung, dann abschließend zueinander in Beziehung gesetzt.

Abbildung 14 (S. 76) gibt einen Überblick über die bereits vorgestellten Begrifflichkeiten. Wichtig ist in diesem Zusammenhang, dass die didaktischen Prinzipien, ähnlich wie ihre Entsprechungen in den Gebieten Software-Engineering, Ergonomie und Design zum einen kontextabhängig sind, d.h. vom Lerner, vom Lehrer, vom Inhalt und zum anderen auch vom Lernszenario abhängen und weder unabhängig voneinander noch widerspruchsfrei sind.

5.7   Didaktik und Multimedia?

Edelmann bezieht sich auf Comenius (1592-1670) und Pestalozzi (1746-1827) (vgl. Edelmann, 2000, S. 153f.), um multimodales Lernen zu fordern, d.h. das kombinierte Lernen mit mehreren Sinnen und Kodierungsformen. Er stellt die Hypothese auf, dass *multiple Repräsentation*[37] in sprachlich-inhaltlicher *und* bildlicher Form, die Informationsaufnahme, Verarbeitung und Speicherung erleichtern.

Ein weiterer Faktor ist die einfachere Möglichkeit zur emotionalen „Aufladung" durch ästhetische Gestaltung, denn „Emotionale (und motivationale) Faktoren sind selbst bei den abstraktesten Formen intellektueller Leistungen beteiligt." (Edelmann, 2000, S. 242). Positive emotionale Effekte können fördernd wirken, so wie negative emotionale Wirkungen, z.B. durch eine abstoßende Gestaltung, sich auch nachteilig auf die kognitive Leistungsfähigkeit auswirken.

---

[37] Anderson, J. R.: „Kognitive Psychologie" Heidelberg, Spektrum Verlag, 1988 zitiert nach Edelmann, 2000, S. 154.

Doch wirkt die Umsetzung in eine computergerechte „Online"-Form auch motivierend? Schulmeister (2001) warnt davor, bereits die bloße Tatsache einer solchen Umsetzung mit einer Steigerung der intrinsischen Motivation gleichzusetzen.

> *"Es wird häufig unterstellt, daß bereits die Tatsache, daß das Lernen online passiert, die Qualität des Lernens erhöhe. Die Masse der Lernangebote im Netz, ob Programme oder Texte, werden einfach additiv zur herkömmlichen Lehre eingeführt und richten sich in der Regel nach altbekannten Lernkonzepten, häufig behaviouristischer Provenienz. Schon die Softwaretechnik kann mehr als heute realisiert wird, aber erst recht die Didaktik. Noch ist die Präsenzausbildung der virtuellen Ausbildung in der Regel überlegen." (Schulmeister, 2001, S. 363)*

Während der Schlusssatz so unbewiesen und ohne eine einheitliche Definition von Qualität sicherlich kritisch zu bewerten ist, ist die Kritik an der Annahme, dass bloße „Virtualität"[38] oder z.B. Multimedialität allein bezogen auf die dargestellten Qualitätskriterien eine Steigerung bringen würde, aus meiner Sicht berechtigt. Sie lässt sich analytisch damit begründen, dass mit dem Grad technischer Komplexität und Multimedialität auch die bloße Menge an Qualitätsansprüchen wächst. Für jedes Medium müssen dabei die inhärenten, potenziellen Problemfelder vermieden und Stärken entdeckt werden. Es ist Wahrscheinlichkeitsrechnung, die steigende Gefahr von nicht optimalen Lösungen in Relation zur Anzahl der verwendeten Medien zu erkennen.

Herczeg (2004a) beschreibt Experience Design im Bereich E-Learning deshalb auch als eine Herausforderung, die Möglichkeiten des Mediums noch weiter zu nutzen, als dies bisher bereits der Fall ist:

- **Aktivierung des Nutzers** Damit ist die Unterstützung einer aktiven Rolle des Nutzers bei der Erschließung eines Themengebietes gemeint, die im Sinne konstruktivistischer Theorien selbstgesteuert und multiperspektivisch ablaufen soll.

- **Storytelling** Das Lernerlebnis wird positiv beeinflusst, wenn die Inhalte in eine nachvollziehbare und interessante Geschichte eingebettet sind. In Zusammenhang mit der Aktivierung der Nutzer kann dies in der Bereitstellung einer „Bühne" geschehen, in der reale und virtuelle Darsteller interagieren und so eine dynamisch erzeugte Geschichte erleben bzw. erlebbar machen.

- **Vermischung von physischen Interfaces und digitaler Welt** Dabei erscheint es langfristig erstrebenswert, den Übergang zwischen einer meist virtuellen Darstellung einer physischen Welt und der tatsächlich körperlich erfahrbaren Umgebung zu vermischen. Denn dadurch wird aus der Aktivierung eine ganzeitliche Erfahrung.

- **Problemorientierte Lernstrategien** Um das Erlebnis nicht nur erfahrbar (siehe die vorherigen Punkte), sondern auch nachvollziehbar und letztlich auch interessant zu machen, sollen die Lerner konkrete Problemstellungen lösen, die sich möglichst aus ihrer Erfahrungswelt speisen.

---

[38]Dieser Begriff ist ebenfalls kritisch zu sehen, da er als „nur so tun als ob" missverstanden werden könnte.

5.8   Standardisierung im Bereich E-Learning

In der praktischen Umsetzung von E-Learning-Angeboten entstand der Bedarf für eine Vereinheitlichung der technischen Aspekte. Anbieter, die bereits traditionell über sehr große Mengen
von Lernmaterial in elektronischen Medien verfügten (vor allem Behörden und Industrien) er-
griffen die Initiative, um diese Mengen nachhaltig abzuspeichern und Werkzeuge zu harmoni-
sieren.

Für den technischen Datenaustausch entwickelte das Learning Technology Standards Comittee (LTSC) einen Standard (IEEE1484.11.2-2003), der Ende 2003 verabschiedet wurde. Dieser
Standard regelt den Datenaustausch zwischen Anwendungen, die Lernmaterial bereitstellen,
und solchen, die es darstellen oder anderweitig weiterverarbeiten. In einer weiteren Ausarbei-
tung dieser Norm wird an der Speicherung der Daten gearbeitet.

Zentrales Anliegen ist aber die semantische Auszeichnung der Inhalte, um sie so leichter verarbeiten zu können. Im Bereich der Produktdokumentation hatte sich bereits in den 80er-Jahren
eine Beschreibungssprache *SGML* (Standard Generalized Markup Language) entwickelt, aus
der später neben dem speziellem *HTML* (HyperText Markup Language) auch wieder eine uni-
versellere (aber im Gegensatz zu SGML flexiblere) Version *XML* (eXtensible Markup Language) entstand. Ziel dieser Beschreibungssprachen war die Anreicherung von Informationen
durch Metainformationen über deren Kategorie (z.B. Überschrift vs. Textkörper). Die Standardisierung besteht darin, sowohl die Syntax als auch die Semantik dieser Auszeichnungen zu
definieren. Darin wird auch festgelegt, welches Verhalten das anzeigende Werkzeug haben soll
(bspw. „Überschriften sollen hervorgehoben sein") oder woher es seine Anweisungen für die
Darstellung beziehen soll (bspw. aus Cascading Stylesheets CSS, die das Erscheinungsbild der
Informationen steuern).

Für den Bereich des E-Learnings wurde dazu ein eigener Standard entwickelt, der basierend
auf XML eine Semantik und ein Vokabular für die Auszeichnung von Lernmaterialien definert.
Dieser Standard (LTSC, 2002) „IEEE 1484.12.1-2002 – Draft Standard for Learning Object
Metadata" (kurz auch „IEEE LOM" genannt) beschreibt Attribute, die eine Interoperabilität
verschiedener Systeme, die Lernmaterialien verarbeiten, sicherstellen sollen. Kritisiert wird,
dass dieser Ansatz z.Zt. aufgrund seiner fehlenden Präzision, Konsistenz und mangelnder Ta-
xonomien für die Bewertung der Inhalte sich noch nicht für eine umfassende und abschließende
Kategorisierung von Lernmaterialen eignet (vgl. Lindner, 2004b, S. 351).

Über die Auszeichnung der Inhalte geht die SCORM-Initiative (Sharable Content Object Reference Model) hinaus. Dort soll aufbauend auf einer zu den genannten Standards konformen
technischen Repräsentation der Inhalte auch die „pädagogische Expertise" (ebenda S. 352)
berücksichtigt werden. Es soll in einem so genannten „Content Aggregation Model" (CAM) beschrieben werden, wie diese Inhalte vom System verknüpft werden können (vgl. RHA, 2004).
Bisher wird dabei vorwiegend das „IMS Simple Sequencing" berücksichtigt, bei denen die Inhalte aufgrund standardisiert definierter Regeln aneinandergereiht, strukturiert und bei Bedarf
erfolgsabhängig zugangsbeschränkt werden können. Daneben werden auch organisatorisch-
technische Aspekte, wie das Bilden von wiederverwendbaren Paketen („Packaging") und das
Datenmodell der Laufzeitumgebung spezifiziert.

Ein weiterer wesentlicher Bestandteil der Standardisierung ist die Vereinheitlichung der Verarbeitung von Informationen, die während des Lernprozesses anfallen, die also die „Beurteilungs-Expertise" (nach Lindner, 2004b, S. 354f.) tragen. Ein Beispiel dafür ist die Auswertung einer Nutzungshistorie in adaptiven Systemen.

5.9 Zusammenfassung

Ziel dieses Kapitels war es, einen Überblick über die Pädagogik und Didaktik als zentrales Qualitätsmerkmal im Bereich E-Learning zu geben. Entscheidende Punkte sind:

- Pädagogik und Didaktik als Fachgebiete;

- Der Begriff des Wissens und Wissensformen: modalitätsspezifisch, räumlich, konzeptuell oder prozedural;

- Lernen allgemein und spezifisch mit Bezug auf interaktive Medien;

- Grundbegriffe der Didaktik wie Behaviorismus, Kognitivismus, Konstruktivismus und Humanismus;

- Lehr-/Lernszenarien: Selbstlernen, Open Distance Learning, Teleteaching, Teletutoring und CSCW;

- Didaktische Modelle: Programmiertes Lernen, konstruktivistisches Instruktionsdesign, Instruktionsdesign der zweiten Generation, Learning Cycle, ARCS, Anchored Instruktion, Goal Based Scenarios, Cognitive Apprenticeship,

- Und analog zu den Prinzipien und Qualitätsforderungen aus Ergonomie, Engineering und Design dann auch didaktische Prinzipien: Selbstständigkeit, Adaptierbarkeit, Adaptivität, Motivation und Interaktivität;

- Eine Diskussion von Multimedia in der Pädagogik;

- Standards aus dem Bereich E-Learning;

Für eine detailliertere Darstellung sei das Buch „Multimediale und Interaktive Lernräume" (Kritzenberger, 2005) empfohlen.

6 Ergonomie und Qualität im Kontext Lernen

In den bisherigen Abschnitten wurden zunächst die wissenschaftlichen Hauptdisziplinen, die bei der Gestaltung der interaktiven und multimedialen Lernmedien maßgeblich beteiligt sind, betrachtet. Jede der Disziplinen hat ihren eigenen Fokus und entwickelt implizit oder explizit *Schlüsselprinzipien*, die für eine im Sinne der jeweiligen Betrachtungsrichtung „bessere" Qualität einstehen. Den Prinzipien ist gemeinsam, dass sie zum einen *kontextabhängig* sind, d.h. ihre Relevanz für die Gesamtqualität vom tatsächlichen Einsatzgebiet und den Betroffen abhängt, und zum anderen *voneinander abhängig* – teilweise sogar gegenläufig – sind. Daraus folgt, dass nicht die Erfüllung der einzelnen Prinzipien, sondern die möglichst optimale Kombination das Ziel ist.

In der Praxis werden diese Felder, wenn überhaupt, zumeist von unterschiedlichen Rollen im Entwicklungsprozess bearbeitet. In den Werken der jeweiligen Wissenschaftsdisziplin finden sich bestenfalls Verbindungen zu jeweils einer der genannten vier Säulen (Ergonomie, Softwaretechnik, Design und Pädagogik), doch es fehlt zumeist eine ganzheitliche Sicht. Kristallisationspunkt für eine gemeinsame Sicht kann der Begriff der *Qualität* sein, der im nächsten Abschnitt auf den Kontext der multimedialen und interaktiven Lehr- und Lernmedien spezialisiert wird.

6.1 Weitere Qualitätsbegriffe

Die dargestellten Teilbereiche haben ihre eigenen Qualitätsbegriffe. Für die Ergonomie und die Softwaretechnik sind diese im Kapitel 1.5 bereits ausführlich vorgestellt worden. Doch es gibt auch spezialisiertere Qualitätsansprüche aus den Bereichen Multimedia und E-Learning, die an dieser Stelle kurz vorgestellt werden.

6.1.1 Multimedia

Merx, als ein Beispiel, definiert die zentrale Qualität im Bereich Multimedia allgemein als „Informationsqualität" (vgl. Merx, 1999, S. 130ff.). Sie hat dabei aber keine direkte Verbindung zu einer Gesamtqualität, d.h. es wird nicht beurteilt, ob der Einsatzzweck eines multimedialen Inhaltes sein Ziel erreicht. Es werden zwar „Fitness for Use" (ähnelt der „Aufgabenangemessenheit" der ISO 9241 (1996), „Übereinstimmung mit den Spezifikationen" (ähnelt der Qualitätsdefinition aus der ISO 12119, 1994) und „Fehlerfreiheit" (ebenfalls analog zur ISO 12119) als Anforderungsarten benannt, doch die darauf basierende Verfeinerung in

1. Interaktionsqualität

2. Textqualität

3. Bild- und Animationsqualität

4. Sprach- und Tonqualität

greift zu kurz, denn die Qualität im Einsatzkontext wird nicht oder nur indirekt betrachtet, indem das zu allgemeine Konstrukt der „Fitness for use" verwendet wird.

Im Mediendesign findet die Ergonomie in Formulierungen wie „KISS – Keep It Small and Simple" (aus Turtschi, 2000, S. 337) und anderen Empfehlungen (vgl. die „Screendesign-Empfehlungen" ebenda) zumindest implizit Raum, doch werden zumeist keine Hinweise auf deren Maßstäbe und Prinzipien gegeben.

6.1.2   E-Learning

In einer der Untersuchungen zur Entwicklung und zum Einsatz einer E-Learning-Architektur („WI-PILOT" im Projekt „VIRTUS" Virtuelle Universitätssysteme) in Coenen (2002) wird eine umfangreiche Evaluation der Voraussetzungen und Folgen des Einsatzes computermediierter Lehrmedien vorgenommen. Dabei werden die Effektivität, Effizienz und Akzeptanz verschiedener virtueller Vermittlungsformen (Chat, Discussion-Boards, Online-Lehrmaterialien) evaluiert. Die Untersuchung konzentriert sich auf pädagogische und technische Aspekte. Lediglich eine der dort aufgeführten Fragestellungen beschäftigt sich dabei mit Dialogprinzipien der Usability:

> *„These 2.6.5: Die Bedienoberfläche des CBTs wird von den Studierenden als intuitiv verständlich empfunden." (Coenen, 2002, S. 475)*

Dazu wird dann in einem Fragebogen an die Studierenden die Frage gestellt: „Haben Sie die Bedienung als leicht oder schwer empfunden?" mit den beiden Auswahlmöglichkeiten „leicht" und „schwer". Aus Sicht der Ergonomie reicht eine solche Betrachtung nicht aus, denn es wird lediglich die subjektiv wahrgenommene Gesamtkomplexität mit Zufriedenheitsaussagen und Erwartungen beurteilt, und dies noch vermischt mit der Komplexität des Themas und anderer konfundierender Variablen.

Thomas Müller lieferte 1990 eine Definition von Qualitätsmerkmalen im Bereich E-Learning (nach Merx, 1999, S. 140):

1. **Benutzerfreundlichkeit**
   dabei unzulässig beschränkt auf „Das System ist leicht und schnell erlernbar".

2. **Effizienz**
   verkürzt auf „viele Navigationsmöglichkeiten, die schnell zugänglich sind"

3. **Leicht zu erinnern**
   obwohl dies eigentlich zu 1. gehören würde

4. **Fehlertolerant**
   im Sinne des gleichnamigen Dialogprinzips

5. **Motivierend**

   aber lediglich als Vermeidung von Frustrationen in Folge von technischen Problemen verstanden

6. **Verzicht auf große Effekte**

   als Gegengewicht zu einer „Reizüberflutung".

Die Validität und Nützlichkeit solcher und ähnlicher vorgefertigter Anforderungslisten leiden darunter, dass nicht auf den Kontext des Einsatzes eingegangen wird. So kann beispielsweise die pauschale Forderung nach einer sparsamen visuellen Gestaltung in bestimmten Kontexten und Teilbereichen unangemessen sein.

In Übersichten zur „Qualitätsbeurteilung multimedialer Lern- und Informationssysteme" (Schenkel et al., 2000) oder „Qualität des Lernens im Internet" (Astleitner, 2002) wird im Gegensatz dazu nur die Lernwirksamkeit als Gesamtziel bewertet, aber kein Hinweis auf die bedingenden Faktoren z.B. der ergonomischen Gestaltung der Lernmedien gegeben. Es ist dann im Einzelfall sehr schwierig, diese wieder zu identifizieren, wenn sie nicht mit geeigneten Methoden vorher evaluiert wurden. Oder man verweist auf allgemeingültige Anforderungslisten mit „Technischen Qualitätsstandards" (vgl. Astleitner, 2002, S. 118ff.), was eindeutig zu kurz greift.

6.2 Qualität und die ISO 9000

Um einen nachvollziehbaren und stringenten Zusammenhang zwischen Qualitätsanforderung und dem (intendierten) Nutzungskontext herzustellen, müssen diese Forderungen spezifisch für jeden Nutzungskontext abgeleitet werden. Der Ableitungsprozess wird dabei durch die bisher vorgestellten Prinzipien des Instruktionsdesigns, der Ergonomie, des Designs und der Softwaretechnik bestimmt. Das Ergebnis sind Anforderungen und Kriterien für einen spezifizierten Nutzungskontext (vgl. als Beispiel den Styleguide im Anhang B ab S. 159 für den Nutzungskontext einer virtuellen Fachhochschule).

Anhand einer genaueren Betrachtung des Begriffes *Anforderung* und der Definition eines *Mangels* wird im Folgenden zunächst der Qualitätsbegriff geschärft. Die *Merkmale* und ihre Eignung zur Erfüllung einer Anforderung definieren dann die zu evaluierenden Punkte eines Lernsystems.

Als Grundlage für den Aufbau des Qualitätsbegriffes und des darauf beruhenden Modells, dient die ISO 9000 (siehe auch Kapitel 3.4 ab S. 34), da sie eine international anerkannte Ausgangsbasis darstellt. Die strenge und häufig formale Sicht der Norm soll dabei helfen, die verschiedenen Begriffswelten methodisch sauber miteinander verbinden zu können.

Für *Qualität* findet im Folgenden die Definition der ISO 9000 Anwendung:

3.1.1

Qualität

Grad, in dem ein Satz inhärenter Merkmale (3.5.1) Anforderungen (3.1.2) erfüllt (ISO 9000, 2000 S. 18)

Der Begriff der *Anforderung* (engl. „requirement") wiederum ist definiert als:

3.1.2

Anforderung

Erfordernis oder Erwartung, das oder die festgelegt, üblicherweise vorausgesetzt oder verpflichtend ist. [a.a.O.] S. 19

und das *Merkmal* ist definiert als:

3.5.1

Merkmal

Kennzeichnende Eigenschaft

ANMERKUNG 1 Ein Merkmal kann inhärent oder zugeordnet sein.

ANMERKUNG 2 Ein Merkmal kann qualitativer oder quantitativer Natur sein.

[...] [a.a.O.] S. 25

Basierend auf diesen Definitionen werden Qualitäten in diesem Buch immer als Paare aus Anforderungen und Merkmalen verstanden. *Mängel* sind definiert als:

3.6.3

Mangel

Nichterfüllung einer Anforderung (3.1.2) in Bezug auf einen beabsichtigten oder festgelegten Gebrauch [a.a.O.] S. 26

Um also einen Mangel[39] festzustellen, müssen die Anforderungen und Merkmale des Systems definiert sein, die für die Erfüllung dieser Anforderungen relevant sind.

Es ist bereits in Arbeitskontexten schwierig, aus der Beschreibung eines Nutzungskontextes Anforderungen so herzuleiten, dass diese Merkmale eines Produktes gegenübergestellt werden können, um Mängel festzustellen. Im Ergonormverfahren (Dzida et al., 2001) wird dazu ein umfangreiches Verfahrensmodell mit praktischen Handlungsanleitungen angeboten. Im Falle des Lernkontextes ist dies aber nur bedingt anwendbar, denn jede der vier beteiligten wissenschaftlichen Disziplinen steuert eigene Anfordungen bei.

Um dieses Problem zu lösen, wird im nächsten Kapitel zunächst ein kombiniertes Modell entwickelt, anhand dessen der Betrachtungsgegenstand enger gefasst wird, um dann die ergonomischen Anteile der Qualitätsbetrachtung zu identifizieren. Ziel ist zunächst die Abgrenzung der Merkmalsbereiche, in denen ergonomische Anforderungen auftreten. Dann wird im Kapitel 7 (ab S. 101) der Ableitungsprozess und damit ein Vorgehen beschrieben, in dem Anforderungen, Merkmale und Kriterien im Kontext entwickelt werden.

---

[39]In der ISO 9000 (2000, S. 26) wird auch der Begriff „Fehler" als „Nichterfüllung einer Anforderung" ohne den Nachsatz „in Bezug ..." definiert. Aufgrund der nicht ganz klaren Unterscheidung wird im Weiteren aber nur der Begriff „Mangel" verwendet.

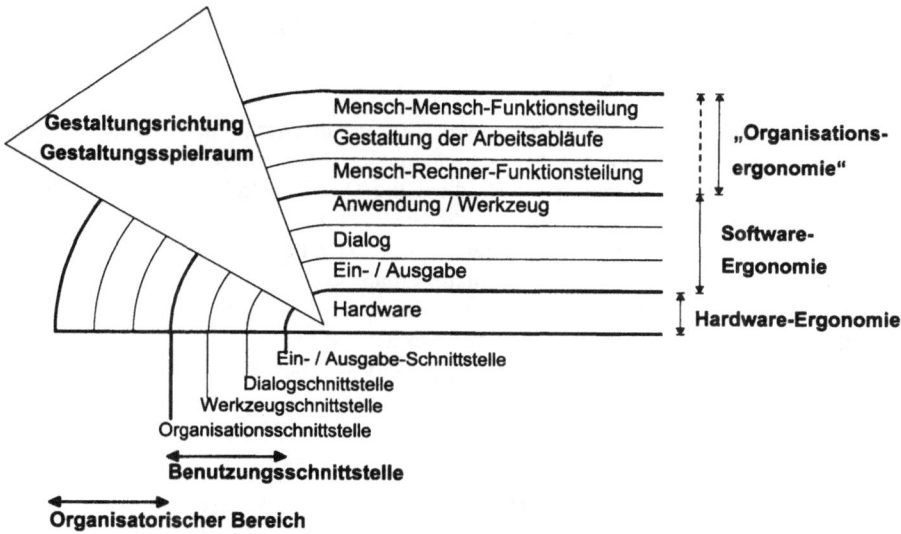

Abbildung 15: *Gestaltungsebenen nach Heinecke, 2004, S. 40*

6.3   Ein ganzheitliches Modell

Im Gegensatz zu der plakativen Säulen-Metapher, die eingangs in Abbildung 1 (S. 4) verwendet wurde, stehen die vier in diesem Buch betrachteten wissenschaftlichen Disziplinen nicht (unverbunden) nebeneinander, sondern bauen aufeinander auf. Dabei sind die Übergänge zwischen den einzelnen Ebenen nicht scharf umrissen, sondern überschneiden sich in wesentlichen Bereichen. Ziel ist hier die Klärung der Zuständigkeiten des Bereiches Ergonomie. Es ist dabei durchaus denkbar (und erwünscht), dass beispielsweise (gutes) *Instruktionsdesign* weite Teile der Didaktik, Ergonomie und des Designs mit einschließt, oder dass *Interaktionsdesign* bereits die Ergonomie ausreichend berücksichtigt. Die Zuordnungen markieren nur die zentralen Zuständigkeitsbereiche mit Blick auf die vier beteiligten wissenschaftlichen Disziplinen und dient deshalb mehr der Orientierung. Die Zuweisung von Zuständigkeiten muss im konkreten Projekt abhängig von den verfügbaren Kompetenzen erfolgen.

Der Bereich Ergonomie überschneidet sich mit der Pädagogik, Didaktik und dem Instruktionsdesign, in denen die Aufgaben, die das Lernmedium bzw. Lernwerkzeug unterstützen soll, geplant werden. Er trennt sich von diesem Bereich, wenn die tatsächliche Umsetzung einer übergeordneten *Teilaufgabe* als *Handlungsmuster* erfolgt und ein dazu passender *Dialog* entworfen werden muss. Die Dialoggestaltung aber vor allem der Entwurf der tatsächlichen *Ein-/Ausgabeschnittstelle* liegen dann im Zuständigkeitsbereich des Designs. Die *Implementierung* schließlich ist dann eine Aufgabe der Softwaretechnik (vgl. auch Abbildung 15).

6.4   Gemeinsamkeiten zwischen Arbeitskontext und Lernszenario

Am Anfang des Prozesses zur Ableitung von (ergonomischen) Anforderungen steht die *Pädagogik*, die die Entwicklung des Menschen im Umfeld seiner Umwelt und seine Ziele als Ganzes betrachtet[40]. Als Konkretisierung dient die *Didaktik* und das auf den Bereich der Medien spezialisierte *Instruktionsdesign*, welche das eigentliche Systemkonzept für ein multimediales und interaktives Lernmedium bereitstellen. Der Übergang und die Schritte von der Pädagogik bis zum Instruktionsdesign sind naturgemäß nicht Teil dieses Buches. Stattdessen wird davon ausgegangen, dass die Lehr- und Lernziele in einer ggf. auch sehr allgemeinen Form gegeben sind. Das Instruktionsdesign stellt in diesem Szenario also das Konzept für die geeignete Vermittlung – bzw. aus einer eher konstruktivistischen Sicht des Lerners der *Bereitstellung* von Lernmitteln – bereit. Welches Konzept dies im Detail ist, bleibt bewusst offen. Das Lernszenario als Gesamtheit entspricht dann dem „klassischen"[41] Arbeitssystem im Sinne der Gebrauchstauglichkeit.

Wie in Abschnitt 2 dargestellt, bezieht sich die Ergonomie in der Praxis auf konkrete Handlungen und Aufgaben aber nicht auf Motive. Sie berücksichtigt Motive, doch sie beurteilt sie nicht. Im Kontext des Lernens ist deshalb analog vorzugehen. Es soll nicht die Menschengerechtheit des Motivs Lernen beurteilt werden, sondern die Ergonomie der dabei ausgeführten Handlungen im Kontext der entstandenen Teilaufgaben. Damit grenzt sich dieser Ansatz von ähnlichen Ansätzen ab, bei denen Didaktik und Ergonomie parallel betrachtet werden:

> *„Damit die Übertragung der (arbeitswissenschaftlich geprägten) Software-Ergonomie auf die Gestaltung von von E-Learning sinnvoll ist, muss an Stelle der humanistischen Arbeitswissenschaft eine humanistische Didaktik zu Grunde gelegt werden."* *(Fink et al., 2004, S. 41)*

Die folgenden Betrachtungen des Begriffes *Qualität* und seine Übertragung auf den Bereich der Didaktik zeigen, dass eine solche Aussage ohne Kenntnis des späteren Nutzungskontextes und der intendierten Zielgruppe in dieser Pauschalität nicht möglich ist. Stattdessen ist das hier vorgestellte Vorgehen prinzipiell offen für alle didaktischen Modelle, wobei dann die genannten Prinzipien des Interaktionsdesigns (basierend auf den im Abschnitt 5 vorgestellten didaktischen Modellen) bei Bedarf auch durch Prinzipien anderer didaktischer Modelle ersetzt werden können bzw. müssen. Diese Modelle definieren damit die *Erfordernisse*, die durch die anderen Ebenen (Ergonomie, Design, Softwaretechnik) zu erfüllen sind.

Natürlich ist auch eine ganzheitliche Sicht denkbar, die auch die *Motive* bezüglich ihrer Eignung für den Menschen beurteilt. So sind für den Kontext der klassischen Arbeitssysteme im Teil 2 der ISO 9241 auch Anforderungen an die Aufgaben- und Arbeitsgestaltung definiert. Diese finden in der Praxis der Qualitätssicherung aber bis heute kaum Anwendung. Im vorliegenden Falle würde sich eine solche Betrachtung klar mit den Kompetenzen des Instruktions-

---

[40]In einem Buch über die „Ergonomie" werden grundsätzliche Diskussionen zur Pädagogik nicht weiter betrachtet.

[41]Die Einschränkung auf „klassisch" soll eine Abgrenzung zu Arbeitskontexten erlauben, deren Arbeitsziele selbst wieder Lernen oder die persönliche Weiterentwicklung sind, wie z.B. in der Pädagogik oder aber auch in der Unterhaltung. Im Folgenden wird vereinfachend auch der Begriff „Arbeitskontext" als Unterscheidung zum „Lernkontext" verwendet.

designs, bzw. der Didaktik und der Pädagogik überschneiden. Daraus folgt der erste Grundsatz des Qualitätsmodells:

Grundsatz 1

> *Abgrenzung zum Instruktionsdesign*: Alle Betrachtungen zur Bewertung und Verbesserung der ergonomischen Qualität beziehen sich ausschließlich auf die im Lernmodell implizit oder explizit enthaltenen Erfordernisse und Teilaufgaben des Lerners und somit auf die darauf bezogenen Handlungsmuster und Interaktionen mit dem betrachteten Medium.

6.4.1 Transaktionen und Handlungen

Einen möglichen Ansatzpunkt, um diese Handlungen zu bestimmen, die dann menschen- und aufgabengerecht durch das Medium zu unterstützen sind, liefert Merrill in seiner „Instructional Transaction Theory" (vgl. Niegemann, 2001, S. 33f.). Darin werden *Komponenten* als Grundbausteine der Lernhandlungen definiert, aus denen *Strategien* konstruiert werden können. Sie berücksichtigt die kognitiven Möglichkeiten des Menschen um *primäre* Darbietungsformen, die direkt Lerninhalte transportieren, und *sekundäre*, die das Lernen an sich erleichtern, zu planen. Diese Komponenten sind dann in Beziehung zu den Lehrzielkategorien (vgl. Abschnitt 5.3 auf S. 66) zu setzen, denn ihre Wirksamkeit hängt von der Art des zu lernenden Wissens (vgl. 5.1, S. 61) ab.

Merrill verwendet dabei die Wissenskategorien „Entität" als Umschreibung von modalitätenspezifischem und konzeptuellen Wissen, „Eigenschaften", „Prozesse" als Beschreibung von Ereignissen, die diese Entitäten und ihre Eigenschaften verändern und „Aktivitäten" mit denen der Lernende diese drei Kategorien beeinflussen kann. Er definiert 13 Klassen (nach Niegemann, 2001, S. 34) von „Transaktionen", die nicht mit den bei Leontjew (siehe 2.3, S. 12) beschriebenen „Tätigkeiten" bzw. den „Verfahren" im Herczegschen Modell (siehe 4.7, S. 52) zu verwechseln sind. Die Transaktionen beschreiben kognitive Aktivitäten des Lernenden im Lernprozess. Aus der Perspektive des Lernmediums sind dies *Teilaufgaben*, deren Bewältigung und Bearbeitung es zu unterstützen gilt.

- **Identify (Identifizieren)**
  Wissensentitäten erinnern und benennen

- **Execute (Ausführen)**
  Erlernte Aktivitäten erinnern und ausführen

- **Interpret (Verstehen, Erklären)**
  Erkennen und Erklären von Gesetzmäßigkeiten hinter beobachteten oder beschriebenen Prozessen

- **Judge (Urteilen)**
  Bewerten und Ordnen von Eigenschaften

- **Classify (Klassifizieren)**
  Einordnung von Gleichartigem in Gruppen

- **Generalize (Verallgemeinern)**
  Rückschlüsse vom Speziellen auf übergeordnetes Allgemeineres

- **Decide (Entscheiden)**
  Auswählen zwischen Alternativen

- **Transfer**
  Übertragung des Erlernten auf neue Situationen

- **Propagate (Ausbreiten)**
  Erwerb und Generalisierung von Fähigkeiten im Kontext des Erlernens anderer Fertigkeiten

- **Analogize (Analogien bilden)**
  Wissenserwerb auf der Basis der Ähnlichkeit zu bereits Erlerntem

- **Substitute (Ersetzen)**
  Erweiterung von bereits Erlerntem

- **Design (Konzipieren)**
  Neue Aktivitäten erfinden, planen und einführen

Es ist an dieser Stelle nicht entscheidend, ob Merrills Komponentenmodell tatsächlich erschöpfend und trennscharf ist. Auch die von Merrill darauf basierend entwickelte Implementierung adaptiver Lernsysteme, die diese Transationen quasi automatisch in ein Lernmedium umsetzen sollten, ist hier zunächst nicht weiter von Belang. Wichtig ist der Zusammenhang zwischen der Transaktion und den daraus resultierenden Erfordernissen der Teilaufgabe, die vom System unterstützt werden soll. So ergibt sich aus der Transaktion „Identifizieren", also dem Erinnern und Benennen von Wissensentitäten, dass es eine Teilaufgabe in einem System sein kann, verschiedene Entitäten zu präsentieren und dann den Lernenden diese benennen zu lassen oder sich, z.B. anhand einer Zuordnungsaufgabe, der Bedeutung zu erinnern.

Die Umsetzung der Lerntransaktionen zu Teilaufgaben selbst fällt noch in das Gebiet des *didaktisch-methodischen* Designs und ist nicht Thema dieses Buches. Stattdessen soll die Analogie zum in der Ergonomie und der Gebrauchstauglichkeit betrachteten „Arbeitssystem" hergestellt werden. Gemeinsam ist beiden Kontexten (Lernen und Arbeiten), dass es ein Handlungsmotiv und eine daraus abgeleitete Gesamtaufgabe gibt, die in Teilaufgaben zerlegt werden kann. Gemeinsam ist weiterhin, dass diese Teilaufgaben implizit ein Teilzielergebnis definieren. So kann (zumindest theoretisch) der Grad der Zielerreichung, also die *Effektivität* und damit zusammenhängend die *Effizienz*, bewertet werden. Dies wird deutlicher am „Allgemeinen Lehr-Lern-Modell ALL" von Edelmann (Edelmann, 2000, S. 202ff.) wie in Abbildung 16 gezeigt. Dort entsteht dieser Übergang bei der Umsetzung der Handlungskonzepte, die in der kognitiven Struktur des Lerners (aber auch des Lehrenden) verankert sind, und der anschließenden Handlungs-Regulations-Kette, also beim Abgleich der Realisierung des Handlungskonzeptes mit den intendierten Zielvorgaben.

In anderen Worten: Der Lerner entscheidet sich innerhalb einer Teilaufgabe aufgrund seiner Ziele und seiner verfügbaren Handlungskonzepte (Handlungsmuster) für die Durchführung einer Handlung und vergleicht dann dessen Ergebnis unter Berücksichtigung der für ihn sichtba-

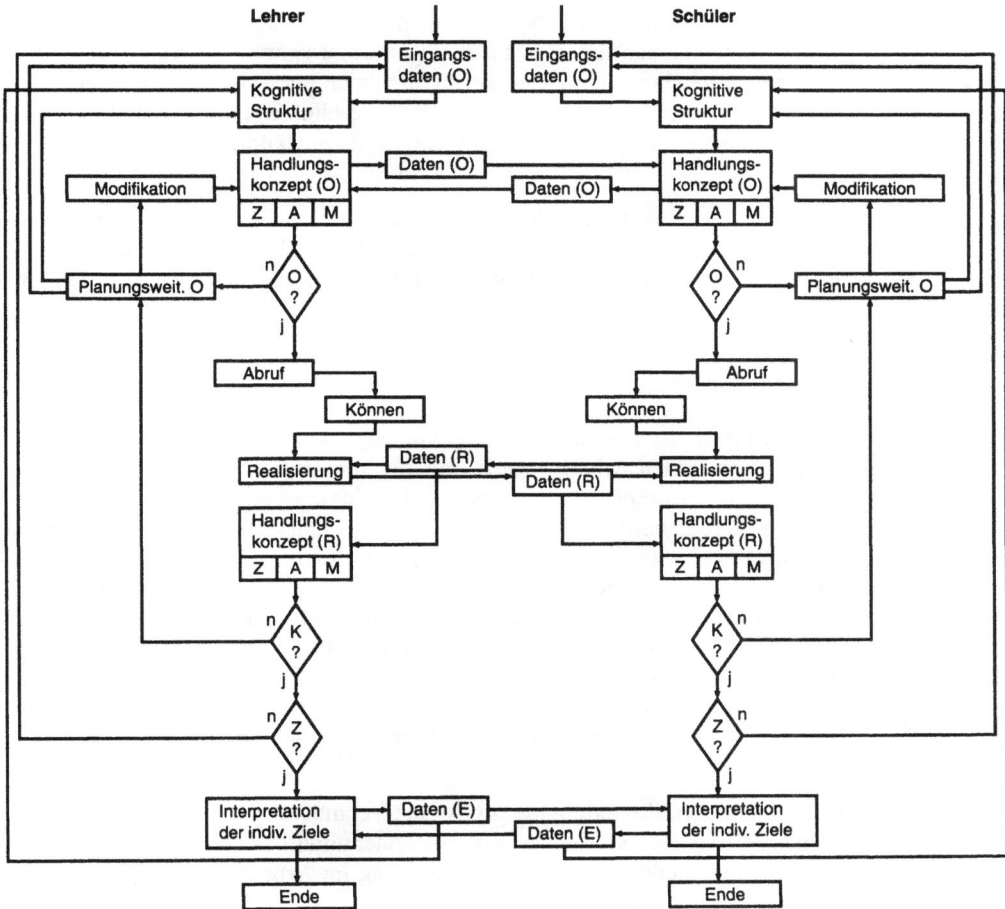

Abbildung 16: *Das „Allgemeine Lehr-Lern-Modell ALL" (nach Edelmann, 2000, Abb. 116 auf S. 203)*

ren Veränderung bzw. Reaktion der beteiligten Objekte mit dem Ziel dieser Handlung. Kombiniert mit Merrils Transaktionen bedeutet dies, dass verschiedene (kognitive) Transaktionen innerhalb einer Teilaufgabe durch verschiedene Handlungen des Lerners erreicht werden können, um die kognitive Struktur persistent zu verändern. Ziel der Ergonomie muss dabei sein, dass alle Aufwände, die *nicht* dieser Transaktion zugute kommen, minimiert werden müssen.

Grundsatz 2

Fokus im mentalen Modell Ziel der ergonomischen Optimierung ist die Minimierung der Abweichung zwischen B(A), dem mentalen Modell des Lernenden (Benutzer B) über den Lerngegenstand (Anwendungsbereich A), und S(A), dessen Implementierung im System (S).

Dies umfasst zum einen, dass Simulationen, Metaphern und Symbole aber auch Reaktionen und Konzepte, die aus dem Anwendungsbereich des Lerngegenstandes entnommen sind, möglichst ohne Widersprüche und Abweichungen im Medium zu implementieren sind. Dies bedeutet zum anderen aber auch, dass Aufwände, die allein dem Medium geschuldet sind, minimal zu halten sind, weil sie ebenfalls eine Differenz zwischen Anwendungsbereich und dessen Implementierung darstellen.

Beispiel: Der Lerner, der mit einem virtuellen Gegenüber kommuniziert, sollte nicht deshalb sein inhaltliches Konzept des Unterhaltungsgegenstandes überarbeiten müssen, nur weil die technische Umsetzung des Dialoges inkompatibel zu seinem Handlungskonzept dieser Dialogform ist.

6.4.2   Unterschiede

Doch an dieser Stelle ist auch der zentrale Unterscheidungspunkt zwischen beiden Kontexten festzustellen: In einem klassischen Arbeitssystem sind die Aufgaben zumeist an die Veränderung eines *externen* Objektes geknüpft. Sei es ein Werkstück, das am Ende eine bestimmte Form annehmen soll, sei es eine Rechnung, die geschrieben und versandt sein soll. Auch die Ebene der übergeordneten Aufgaben ist bis zu einem gewissen Grad an externe Objekte geknüpft, d.h. an das Gesamtwerk, in das das Werkstück hineinpassen soll oder bspw. an den wirtschaftlichen Gewinn des Unternehmens, für das die Rechnung ausgestellt wird. Die intentionale Ebene ist somit (zumindest bis zu einer gewissen Höhe im Abstraktionsniveau) direkt auf pragmatische Ziele abzubilden, in denen die erwartenden Arbeitsergebnisse konkretisiert werden. Erst die Motive (in der obersten Ebene des Modells) spiegeln die *internen Zustände* in der handelnden Person selbst wider. Sei es das Motiv, sich durch die Arbeit zu beweisen, Anerkennung in der Gruppe zu suchen oder wirtschaftlichen Zwängen zu genügen[42].

Im Kontext Lernen ist hingegen die möglichst persistente Veränderung des mentalen Modells bzw. des Wissens einer Person das Ziel, sei es willkürlich oder unwillkürlich, sei es im Rahmen eines expliziten Lernprozesses oder während einer Handlung im Arbeitskontext (siehe Abbildung 17 sowie den Folgeabschnitt).

In anderen Worten: Kann man die Abweichung zwischen Soll und Ist bei einem externen Objekt häufig noch definiert und nachvollziehbar messen, so fällt es im Lernkontext ungleich schwerer, das Soll in einer operationalisierten, messbaren Form überhaupt zu *definieren*, geschweige denn den Ist-Zustand dann nachvollziehbar, reliabel, valide und betrachterunabhängig zu *messen*. So mag so genanntes „Faktenwissen" noch ähnlich abprüfbar sein, wie der Grad der Fertigstellung eines Werkstücks, aber ein Soll-Ist-Vergleich von Fertigkeiten oder Konzeptwissen ist so nicht direkt erreichbar. Das Problem liegt also nicht in der prinzipiellen Beurteilung der Effektivität einer Lernhandlung, sondern in deren Fassbarkeit.

Die Abbildung 17 zeigt den Zusammenhang von Arbeit (eigentlich externen Handlungen allgemein) und Lernen (eigentlich internen kognitiven Prozessen). Um den Lernerfolg zu messen, also den mentalen Zustand zu vergleichen, bleibt nur der Weg über die Betrachtung der externen Handlungen. Erst wenn im Rahmen einer Aufgabe oder Prüfung eine externe Handlung stattfindet, können wir daraus Rückschlüsse auf den internen Zustand bzw. den Erfolg der internen kognitiven Prozesse ziehen. Dies darf nicht als behavioristisches Modell missverstanden wer-

---

[42] An dieser Stelle sei dazu nur auf die Maslowsche Bedürfnishierarchie wie bei Zimbardo (1995), S. 415 verwiesen).

interner Prozess

Mensch (Wissen)

Intention　　　　　　　Bewerten

Arbeiten　Verfahren　　　　　　Verstehen
　　　　　wählen
　　　　　　　　　Lernen

Ausführen　　　　　　　Wahrnehmen

Umwelt (Objekte)

externer Prozess

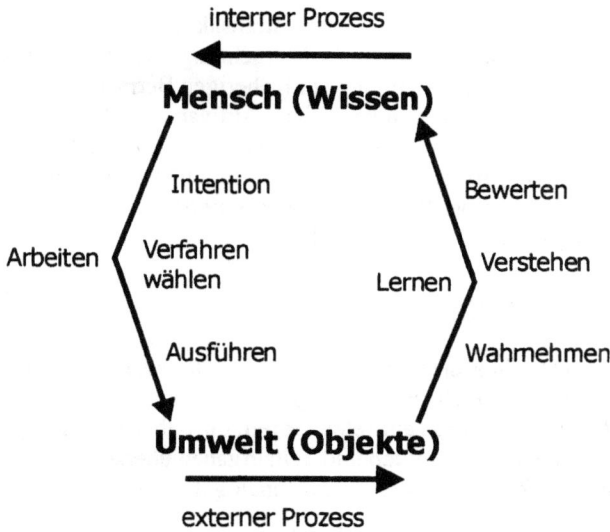

Abbildung 17: Zusammenhang von Arbeit und Lernen in Anlehnung an das Modell des „gulf of execution"
und „gulf of evaluation" von Norman (vgl. Abbildung 5 S. 20)

den, in dem externe Reize und Handlungen nur zwangsläufige Reaktionen hervorrufen würden, sondern berücksichtigt das Vorhandensein der kognitiven Prozesse und mentalen Zustände als Determinanten des beobachtbaren Verhaltens. Trotzdem haben wir keinen direkten Zugang zu diesen Prozessen und Zuständen.

Was bedeutet dies für die Betrachtung der Ergonomie? Statt zu versuchen, den gesamten Lernprozess zu fassen, kann der Bewertungsgegenstand der Ergonomie auf die Unterstützung der im Lernprozess notwendigen externen Handlungen eingeschränkt werden. Die Auswahl und Anordnung der dafür notwendigen und nützlichen Aufgabenstellungen werden der Pädagogik und Didaktik überlassen, die ein Konzept liefern, welches dem Lernmedium oder Lernsystem Teilaufgaben zuweist. Der ergonomische Anspruch ist dann, dass die Abarbeitung der Teilaufgaben menschen- und aufgabengerecht gestaltet ist.

Grundsatz 3

Ergonomische Qualität und Gesamtqualität: Die Ergonomie, beschränkt auf die Teilaufgaben in einem Lernprozess, stellt ein notwendiges aber nicht hinreichendes Kriterium für die Gesamtqualität dar.

Soll beispielsweise der Lernende eine Entscheidungstransaktion durchführen, so ist es Aufgabe der Didaktik zu begründen, inwiefern dies dem Lernprozess nützt und wie eine solche Entscheidungstransaktion durch eine entsprechende Teilaufgabe initiiert werden kann. Es ist Aufgabe der Ergonomie, dafür zu sorgen, dass tatsächlich die Entscheidung zwischen zwei Lernentitäten den kognitiven Prozess bestimmt und nicht die Überlegung, wie diese Entscheidung dem System mitzuteilen ist. Ob die Entscheidungstransaktion selbst den Gesamtlernerfolg positiv beeinflusst, kann durch die ergonomische Betrachtung nicht beurteilt werden. Umgekehrt kann aber analytisch unter Berücksichtigung der bisherigen Betrachtungen davon ausgegangen werden, dass Handlungshemmnisse den kognitiven Aufwand zu Ungunsten des Lernprozesses beeinträchtigen werden. Die Umgehung der Hemmnisse erfordert selbst wieder kognitive Ressourcen, die dann dem Lernprozess nicht mehr zur Verfügung stehen oder aber zumindest davon ablenken. Es muss somit von einer Senkung der Gesamteffektivität und -effizienz bezogen auf die eigentliche Lernaufgabe ausgegangen werden.

6.4.3   Typische Teilaufgaben

Um die Prinzipien leichter einordnen zu können und ihre Relevanz für eine *ergonomische* Qualitätssicht zu prüfen, ist es hilfreich, zunächst typische Teilhandlungen zu identifizieren, die bei den Transaktionen des Lernvorgangs auftreten. Sofern die dabei zugrunde gelegten Transaktionen Merrills nicht vollständig sein sollten und Teilaufgaben übersehen worden sind, so können hinzukommende neue Aufgaben dann prinzipiell analog dazu behandelt werden.

Fasst man die im Kapitel 5 beschriebenen Modelle zu einer Vereinigungsmenge zusammen, so kristallisieren sich sechs Haupt-Handlungsmuster mit multimedialen Lernmedien heraus. Aus Gründen der Lernförderlichkeit dieses Buches sind diese einmal mit dem Akronym *MARKER*[43] verbunden:

M - Markieren Angebotener Stoff wird von den Lernenden *markiert*, z.B. durch farbliche Hinterlegung, um Einschätzungen über die Wichtigkeit des markierten Abschnitts auszudrücken. Häufige Formen sind „Farbig hinterlegt = Wieder lesen" oder aber „Durchkreuzt = Unwichtig".

A - Annotieren Neben der reinen Markierung sind auch Ergänzungen durch den Lerner für viele Modelle essentiell. Neben rein textuellen Ergänzungen können dies auch Formeln, Zeichnungen oder andere Formen sein.

R - Rezipieren Die eigentliche Aufnahme des Lernstoffs, sei es durch Lesen von Texten, sei es das Betrachten von Abbildungen und Filmen aber auch die Aufnahme mittels anderer Sinnesmodalitäten. Auch die Wahrnehmung der gesamten (technischen) Lernumgebung ist mit zu berücksichtigen.

K - Kommunizieren Der Austausch zwischen den Lernenden nimmt in vielen Modellen eine zentrale Rolle ein. Gemeint ist neben der Kommunikation über die Inhalte auch die Kommunikation der Inhalte selbst (z.B. durch Versenden von mit eigenen Annotationen angereicherten Versionen), sowie die sonstige (teilweise informelle) Kommunikation zwischen den Studierenden.

E - Elaborieren Das eigentliche Arbeiten mit den Inhalten, beispielsweise in Form eigener Zusammenfassungen, Aufgabenlösungen, Experimente, Projekte etc.

---

[43]Die Reihenfolge der einzelnen Teilhandlungen bildet *nicht* die Reihenfolge im eigentlichen Lernprozess ab, die nicht einheitlich, sondern dem Akronym geschuldet ist.

R - Recycle Gemeint ist die Wieder- und Weiterverwendung der Inhalte in anderen Kontexten, z.B. bei anderen Wissensgebieten oder nach dem Transfer in die eigentliche Nutzungsdomäne des Lerners.

Diese Liste erhebt keinen Anspruch auf Vollständigkeit und dient nur der Orientierung. Die Teilaufgaben sind abhängig vom didaktischen Modell von verschiedener Gewichtung, denn ein auf Nachahmung und gemeinsame Entwicklung spezialisiertes Modell, wie das vorgestellte ARCS-Modell, stellt z.B. andere (höhere) Ansprüche an die Unterstützung der Kommunikation, als die programmierte Instruktion.

6.5 Anforderungen und Dialogebenen am Beispiel Motivation

Neben den typischen Teilaufgaben sind auch die Ebenen innerhalb des Dialogmodells (siehe Kapitel 4.7 auf S. 52) von der Art des Qualitätsziels abhängig. Diese Ebenen definieren Erfordernisse an Merkmale und Anforderungen. So weist z.B. das didaktische Modell des konstruktivistischen Instruktionsdesigns das Erfordernis auf, dass die Lernenden *motiviert* werden müssen, um so einen selbstgesteuerten Lernprozess in Gang zu bringen. Die für dieses Erfordernis relevanten Anforderungen und Merkmale wären dann auf verschiedenen Ebenen zu finden:

- Auf der *intentionalen Ebene* würde das Merkmal im Motiv des Lerners zu finden sein: „Warum wird der Lerner sich mit diesem Lerngebiet auseinandersetzen?". Die Anforderung wäre dazu, dass bereits das Motiv den Lerner dazu bringt, sich mit dem Angebot zu beschäftigen. Das Merkmal ist dann der Inhalt und seine Verknüpfung zum Kontext des Lerners. Ein Mangel wäre dadurch zu erhärten, dass bereits der angebotene Inhalt keinen ausreichend motivierenden Bezug zum Lerner hat. Dies fiele nicht in den Zuständigkeitsbereich der Ergonomie, sondern in den der Pädagogik und Didaktik.

- Die *pragmatische Ebene* beschreibt die einzelnen Tätigkeiten des Lerners, innerhalb der zur Verfügung stehenden Prozeduren, bei der Arbeit mit dem Lernsystem. Eine mögliche Anforderung wäre, dass diese Verfahren bereits eine intrinsische Motivation besitzen sollten, indem sie bspw. spielerische Elemente enthalten, die zum Lerner passen. Merkmale wären dann in der Umsetzung des didaktischen Konzeptes in eine multimediale Umsetzung zu suchen: „Werden didaktisch-methodische Elemente verwendet, die bereits eine intrinsische Motivation bei der betrachteten Lernergruppe besitzen?".

- Auf den darunter liegenden Ebenen finden sich keine Merkmale mehr, die unmittelbar die Motivation beeinflussen. Doch mittelbar gilt, dass Probleme der unteren Ebenen die Motivation negativ beeinflussen können. D.h. dass ein System, das auf der *semantischen Ebene* Mängel hat und dem Lernenden damit die Interpretation der dargebotenen Informationen und die Aufgabenlösung erschwert, und so, eine durch Merkmale auf den oberen Ebenen determinierte, Motivation beeinträchtigen kann.

An diesem Beispiel wird deutlich, dass Anforderungen und Merkmale sich gleichzeitig auf verschiedenen Ebenen der Mensch-Maschine-Kommunikation beziehen können und dabei zusätzlich von den darunter liegenden Ebenen zumindest mittelbar beeinträchtigt werden können. Diese Beeinträchtigung kommt aber dann durch die Verletzung anderer Anforderungen aus den unteren Ebenen zustande. Z.B. Bedienprobleme, die die Motivation im o.a. Beispiel beeinträchtigen, werden bereits durch die Detailanforderungen der Ergonomie abgedeckt, sofern die dafür relevante Teilaufgabe bekannt ist. Andere Faktoren, die die Motivation beeinträchtigen, sind z.b. in den ästhetischen Anforderungen aus dem Bereich des Designs begründet.

Um in diesem Geflecht von Abhängigkeiten die Zuständigkeiten für die Ergonomie identifizieren zu können, müssten den verschiedenen Disziplinen jeweils Merkmale und Anforderungen zugeordnet werden, die dann in die Ebenen des Dialogmodells eingeordnet und dem Fachgebiet einer der beteiligten wissenschaftlichen Disziplinen zugewiesen werden könnten.

Dem steht entgegen, dass die Anforderungen kontextabhängig sind und somit nicht an dieser Stelle universal vorbestimmt werden können. Außerdem würde eine solche Aufstellung zu umfangreich werden. Im Bereich der Ergonomie war im Projekt „EVADIS" (Oppermann et al., 1992) einmal der Versuch unternommen worden, die ergonomischen Anorderungen allein für den Bereich typischer Büroteilaufgaben vorzudefinieren und damit prüfbar zu machen. Daraus entstand ein sehr umfangreiches Verfahren, das in der Praxis nur ein ungünstiges Kosten-/Nutzen-Verhältnis aufwies (vgl. Hartwig, 1997).

Stattdessen wird im folgenden Kapitel diese Zuordnung auf einer höheren Abstraktionsebene, nämlich die der jeweiligen *Prinzipien*, vorgenommen. Statt konkreter Merkmale kann dann nur ein Merkmals*bereich* angegeben werden, in dem die Merkmale zu finden sind. Doch auch daraus lässt sich dann der Aufgabenbereich der Ergonomie herausarbeiten. Konkrete Anforderungen sind dann allgemein im Kapitel A (S. 153) und exemplarisch am Beispiel des Projektes VFH im Anhang B (S. 159) im „VFH-Styleguide" beschrieben.

6.6   Prinzipien und Merkmalsbereiche

Als *Merkmalsbereiche* sind Kategorien gewählt worden, die ursprünglich aus dem Modell von Heinecke (vgl. Abbildung 15 auf Seite 85) abgeleitet wurden und sich in ähnlicher Form auch im bekannten IFIP-Modell (Dzida, 1983) finden. Zu jedem Merkmalsbereich gibt es *Leitfragen*. Anders als ein *Erfordernis* („Implied need"), wie es im DATech-Verfahren als Ausgangspunkt für einen Ableitungsprozess festgelegt wird (vgl. DEKITZ, 2000, S. 33), ist die Leitfrage noch nicht auf den Nutzungskontext festgelegt, da er erst im konkreten Projekt vorgefunden wird. Stattdessen beschreibt die Leitfrage eine Kategorie, in der dann im Projekt auf Basis der Nutzungskontextanalyse Erfordernisse entstehen. Zu den Merkmalsbereichen gibt es *Prinzipien*, die für die Erfüllung der Erfordernisse, bzw. dem aus der Leitfrage ersichtlichen Qualitätsziel, konstruktive Hinweise geben. Im Detail sind diese Prinzipien bereits im Kapitel 1.5 vorgestellt worden. Zu jedem Merkmalsbereich können Zuständigkeiten festgelegt werden, denen die Optimierung mit Blick auf das jeweilige Prinzip obliegt. Diese Zuständigkeiten ergeben sich aus dem Selbstverständnis der ebenfalls in Kapitel 1.5 vorgestellten Disziplinen und deren Spezialisierungen.

6.6.1 Inhalt und Konzept

Der erste Merkmalsbereich von „Inhalt und Konzept" fällt in den Bereich der Pädagogik. Er befindet sich analog zum Bereich der „Organisationsergonomie" in Abbildung 15 auf der obersten Ebene der Ableitungshierarchie. Darin werden die zu berücksichtigenden Inhalte und das Vermittlungskonzept[44] festgelegt. Dies ist Aufgabe der Didaktik und vor allem des Instruktionsdesigns. Dabei wird der Lernprozess, bestehend aus Teil-Lehr-/Lernaufgaben[45] definiert.

Auch wenn konstruktivistische Ansätze hier viele Freiheiten lassen und dem Lerner nicht explizit vorschreiben, welche Lernhandlungen er vornehmen soll, so implizieren sie trotzdem einen Satz von Lernhandlungen, die der Lerner durchführen *kann* (bzw. „können soll"). Diese potenziellen Lernhandlungen sind dann für die weitere Planung gleichzusetzen mit solchen, die durch ein starres Lehrkonzept vorgegeben würden.

In einem *integrierenden Systemkonzept* wird festgelegt, wie das Werkzeug bzw. Medium Computer im Rahmen des Gesamtkonzeptes eingesetzt werden soll. Im Gegensatz zum abstrakten Vermittlungskonzept wird hier konkret auf die zur Verfügung stehende Technik Bezug genommen, aber noch nicht die Umsetzung selbst beschrieben.

- **Merkmalsbereich**
  Inhalt und Konzept

- **Leitfragen**
  Wirksamkeit Ist das gewählte didaktische Konzept gemäß seiner pädagogischen Ziele wirksam?
  Förderlichkeit Unterstützen die vorgesehenen Teilaufgaben das Konzept und die darin enthaltenen Transaktionen?

- **Prinzipien**
  Prinzipien des Instruktionsdesigns (vgl. Kapitel 5.6) und allgemeinere Prinzipien der Pädagogik und Didaktik

- **Zuständigkeit**
  Fachdidaktik, Instruktionsdesign

6.6.2 Medium und Werkzeug

Auf der Ebene der Werkzeugschnittstelle wird die Unterstützung der auf inhaltlich-konzeptueller Ebene definierten Teilaufgaben beschrieben. Dabei steht beim Werkzeug der interaktive Aspekt von Gebrauchstauglichkeit im Vordergrund, wohingegen beim Medium die dialogische Sicht gemeint ist.

- **Merkmalsbereich**
  Medium und Werkzeug

---

[44] Wobei ein „Vermittlungskonzept" nicht als Vorwegnahme einer Entscheidung gegen ein konstruktivistisches Lehrmodell missverstanden werden soll.

[45] „Aufgaben" im Sinne von „Tasks" sind nicht mit dem engeren Begriff „Aufgaben" aus schulischen Kontexten zu verwechseln. Aufgaben können völlig abstrakt sein und sind dadurch gekennzeichnet, dass sie implizit oder explizit (kognitive) Handlungen beim Lerner bedingen.

- **Leitfrage**
  Eignung Ist das vorgesehene Medium oder Werkzeug geeignet, um die Teilaufgaben zu unterstützen?

- **Prinzip**
  Aufgabenangemessenheit

- **Zuständigkeit**
  Ergonomie

Das Dialogprinzip der *Aufgabenangemessenheit* deckt dabei den Bereich der „Eignung" mit ab. Die *Eignung* beschränkt sich dabei auf die Betrachtung, ob eine gebrauchstaugliche Unterstützung mit den vorgesehenen Werkzeugen und Medien überhaupt prinzipiell möglich wäre. Die Umsetzung selbst ist dann Teil des nächsten Bereiches „Dialog".

6.6.3   Dialog

Die Dialogschnittstelle beschreibt das „Feel", d.h. den interaktiven Anteil in der gewählten Technologie. Auf der Nutzerseite werden nun die Teilaufgaben des Lernprozesses mittels Verfahren und Handlungsmustern in eine Interaktion mit dem Medium oder Werkzeug umgesetzt. An dieser Stelle ist der zentrale Ansatzpunkt der Ergonomie und der Dialogprinzipien.

- **Merkmalsbereich**
  Dialog

- **Leitfrage**
  Nutzbarkeit Wird die Bildung und Anwendung von Handlungsmustern für eine möglichst effiziente, effektive und zufriedenstellende Kommunikation und Kooperation zwischen Nutzer und Medium unterstützt?

- **Prinzipien**
  Dialogprinzipien

- **Zuständigkeit**
  Ergonomie

6.6.4   Ein-/Ausgabe

Der Dialog setzt sich aus Dialogelementen zusammen. Diese sind an der Ein-/Ausgabeschnittstelle für den Nutzer zugänglich. Dabei treffen zwei Gruppen von Prinzipien zusammen:

1. *Pragmatische Ebene:* Die Darstellungsprinzipien, die im Sinne einer Optimierung der „Wahrnehmungsarbeit" (nach Moles, 1989) bzw. einer pragmatischen Betrachtung (nach Hassenzahl et al., 2003) für den möglichst verlustarmen Transport von Informationen zwischen Nutzer und Medium sorgen sollen.

- **Merkmalsbereich**
  Ein-/Ausgabeschnittstelle

- **Leitfrage**
  Wahrnehmungs-/Handlungsökonomie Werden die Wahrnehmung der Dialogelemente und deren Bedienung möglichst effizient unterstützt?

- **Prinzipien**
  Darstellungsprinzipien

- **Zuständigkeit**
  Ergonomie oder Design[46]

2. *Konnotation*: Die Prinzipien der Ästhetik, der Stimulanz, der Identitätsförderung und andere Aspekte, die die „Konnotation" (vgl. Modell der Wirkebenen von Henseler, 2003, S. 35, Abb. 2) der Ein-/Ausgabeelemente ansprechen[47].

- **Merkmalsbereich**
  Ein-/Ausgabeschnittstelle

- **Leitfrage**
  Konnotation Werden auch die nicht direkt für die Dialogausführung notwendigen, aber im Gesamtkonzept erwünschten, beiläufigen Informationen übertragen?

- **Prinzipien**
  Ästhetik, Stimulanz, Identitätsförderlichkeit[48]

- **Zuständigkeit**
  Design

Sinngemäß gilt dies (im Rahmen des Industriedesigns) auch für die hier vernachlässigte Ebene der Hardwareschnittstelle.

6.6.5 Implementierung

Die technische Umsetzung geschieht mithilfe des Wissens und entlang der Prinzipien des Software-Engineerings (vgl. Kapitel 3, S. 27).

- **Merkmalsbereich**
  Implementierung

- **Leitfrage**
  Umsetzung Werden alle organisatorischen, konzeptionellen und gestalterischen Entscheidungen der anderen Ebenen realisiert?

---

[46]Das Selbstverständnis eines Designers sollte die Darstellungsprinzipien bereits berücksichtigen.
[47]Bei Hassenzahl (2003) wird dieser Bereich „hedonische Qualität" genannt.
[48]Diese Liste ist sicher nicht vollständig.

- **Prinzipien**
  Softwaretechnische Qualitätsprinzipien: Korrektheit, Robustheit, Verfügbarkeit, Zuverlässigkeit, Datensicherheit, Verständlichkeit, Wartbarkeit, Wiederverwendbarkeit etc.

- **Zuständigkeit**
  Software-Technik

In diesem Bereich spielen auch für den Nutzer nicht unmittelbar sichtbare Eigenschaften, die bspw. die Pflege und Wartung des Systems betreffen, eine entscheidende Rolle. Mittelbar ist der Nutzer auch von solchen Eigenschaften betroffen, da sie die Nachhaltigkeit eines Lernarrangements betreffen. Direkt betroffen sind die Lerner von Mängeln in der Korrektheit, Zuverlässigkeit, Robustheit und Verfügbarkeit, da sie die Verwendung des Systems derart behindern können, dass sie durch gute Lösungen auf anderen Ebenen nicht mehr ausgeglichen werden können.

6.7   Potenzielle Konflikte

Zunächst einmal besteht zwischen allen Merkmalsbereichen der Zusammenhang des „schwächsten Glieds", d.h. Fehler und Defizite in einem der Merkmalsbereiche können nur zum Teil durch Eigenschaften in anderen Bereichen aufgewogen werden. Eine softwaretechnisch unzureichende Lösung wird auch durch gute Konzepte nicht wertvoller für den Gesamterfolg. Eine unakzeptable Lösung im Bereich Desing wird umgekehrt auch durch eine tadellose technische Plattform nicht verbessert.

Doch in manchen Bereichen widersprechen sich die Prinzipien bzw. fordern auf den ersten Blick unterschiedliche Lösungsansätze. Diese Ansprüche müssen dann im Rahmen einer so genannten „Claims"-Analyse (vgl. Carroll, 2000, S. 255ff.) gelöst werden. Dabei werden die sich eventuell widersprechenden Anforderungen gegenübergestellt und ihre Wirkung mit Blick auf das *Gesamtziel* (beispielsweise anhand der Leitfragen) verglichen. Die Beurteilung der Auswirkung aus ganzheitlicher Sicht, also auf der obersten Dialogebene, ergibt dann die Entscheidung, wie im Detail verfahren werden soll. Dabei gilt im Zweifelsfall immer das „Primat der Didaktik" (Peters, 1999, S. 243), d.h. am Ende entscheidet immer die Wirksamkeit als Lernmedium.

6.7.1   Ästhetik

Eines der größten Spannungspotenziale in der Entwicklung multimedialer Anwendungen liegt in teilweise widersprechenenden Anforderungen, die aus den Darstellungsprinzipien auf der einen und Ansprüchen an die Ästhetik auf der anderen Seite entstehen können.

Betrachtet man die bisherigen Ausführungen, so wird klar, dass Ästhetik gegen die anderen Prinzipien abgewogen werden muss. Wo zugunsten dieses Prinzips die Durchführung von Handlungen, z.B. innerhalb des beispielhaft angeführten MARKER-Komplexes, erschwert werden, muss ein Nutzen auf einer der höheren Dialogebenen (z.B. bei der Motivation) *trotz* eventueller Einschränkungen auf den unteren Dialogebenen belegbar sein.

Soll beispielsweise eine Schaltfläche aus Gründen der Ästhetik deutlich anders aussehen als alle anderen Schaltflächen, die der Nutzer bisher kennengelernt hat, so ist schlüssig darzulegen, worin der didaktische Nutzen trotz des dadurch implizierten zusätzlichen kognitiven Aufwands liegt. Eine mögliche Begründung könnte eine erwartete Steigerung der Motivation sein, von der ein insgesamt positiver Einfluss auf die Gesamtleistung erwartet wird. Ein Ansatzpunkt sind Betrachtungen zum Einfluss von Ästhetik auf Entscheidungsprozesse und den Zusammenhang zur Gebrauchstauglichkeit, wie z.B. bei Kallio (2003). Auch Damasio (1997) betont die Rolle von Emotionen, die von der Ästhetik angesprochen werden, bei vorgeblich rationalen Prozessen. Es kann also sehr wohl auch rationale Entscheidungen für die Ästhetik und gegen eine oberflächlich konsistentere Lösung geben. So kann dann mittels der Claims-Analyse ein Kompromiss gefunden werden, der ausreichend gebrauchstauglich *und* ästhetisch ist. Beispielsweise kann eine weitere Designalternative entwickelt werden, die beiden Prinzipien gerecht wird.

6.7.2 Authentizität

Bei diesem didaktischen Prinzip sind dann Kollisionen mit ergonomischen Forderungen zu erwarten, wenn beispielsweise auf der pragmatischen oder syntaktischen Ebene eine widersprüchliche Metaphern-Bildung entsteht. Wird beispielsweise ein interaktiver Gegenstand abgebildet, so stimmen häufig die Bedienkonzepte vom Original (bspw. ein Drehknopf) mit seiner Nachbildung auf dem Bildschirm (dort muss der gleiche Knopf vielleicht mit einer Mausgeste bedient werden) nicht überein. Dadurch können kognitive Mehraufwände entstehen (Umlernen), die den Vorteil eines authentischen Eindrucks konterkarieren und den Gesamtnutzen einer solchen naturalistischen Darstellung erheblich mindern.

Ein anderes häufig anzutreffendes Beispiel ist ein Avatar, also ein virtuelles menschliches Gegenüber in einem Lernsystem. Im Gegensatz zum menschlichen „Original" lassen sich dann in der Regel nur per Mausklick vorgefertigte Antworten innerhalb eines „Dialogs" zwischen Lerner und Avatar realisieren. Auch hier muss im Einzelfall sorgfältig der kognitive Aufwand beim Lerner („Wie drücke ich mich mit den vorgegeben Bausteinen aus?") bzw. seine Einschränkung auf „vorgedachte" Dialoge gegen den möglichen Nutzen der Authentizität abgewogen werden.

6.8 Zusammenfassung

In diesem Kapitel wurden die verschiedenen Qualitätsaspekte beleuchtet. Einerseits wurden bereits bekannte Ansprüche aus den Bereichen E-Learning und Multimedia der Vollständigkeit halber aufgeführt, andererseits wurde der Qualitätsbegriff als solcher noch einmal im Detail aufgebaut. Dieses Verständnis von Qualität als eine vom Beobachter zunächst festzulegende Menge von Merkmalen und daran zu stellenden Anforderungen, stellt die Basis für einen übergreifenden und ganzheitlichen Denkansatz dar.

Erst wenn Informatiker, Designer, Pädagogen und Usability-Experten gleichermaßen ein exaktes und strukturiertes Qualitätsbewusstsein, im Sinne von Nachvollziehbarkeit und Nachhaltigkeit haben, können Lösungen entstehen, die vor allem in der Summe aller Qualitätsfaktoren ein Optimum erreichen.

Wichtige Begriffe dazu sind:

- ISO 9000 und ihre allgemein anerkannten Definitionen von Qualität und Mangel.

- Gestaltungsebenen, zu denen die Anforderungen zugeordnet werden können, um so handhabbarer zu werden.

- Die Unterschiede und Gemeinsamkeiten zwischen Arbeitskontexten und Lernkontexten, um so bestehendes Usability- und Entwicklungsprozesswissen besser einzuordnen zu können.

- Eine Beschränkung der weiteren Betrachtung auf den Bereich außerhalb des Instruktionsdesigns (als rein didaktische Aufgabe).

- Das Konzept von Transaktionen und Handlungen, das den Lernprozess mit den Mitteln des Usability-Engineerings in fassbare Teilschritte zerlegt.

- Typische Teilaufgaben, als MARKER-Gruppe bezeichnet, die relativ unabhängig von den gewählten Instruktions- und Lernformen immer wieder auftreten.

- Prinzipien und Merkmalsbereiche als Unterscheidung von Anspruch und Betrachtungsgegenstand auf verschiedenen Dialogebenen.

- Potenzielle Konflikte, d.h. Widersprüche, die typischerweise relativ schnell zutage treten, wenn verschiedene Qualitätsanforderungen zusammentreffen (zum Beispiel die marktgetriebene und motivatorisch begründete Forderung nach Neuartigkeit versus der ergonomischen Forderung nach Konsistenz mit bekannten Interaktionsformen)

Dieses Kapitel soll die zentrale Idee der Qualitätszentrierung vermitteln, die die Grundlage für das Vorgehen im nächsten Kapitel darstellt.

7 Prozesse zur Entwicklung von Lernmedien

Im vorherigen Kapitel wurde der Qualitätsbegriff und der ergonomische Anteil daran festgelegt. Es bleibt die Frage: „Wie ist diese Qualität nun zu erreichen?" und die Folgefrage „Wie kann diese Qualität planbar und zuverlässig erreicht werden?". Mögliche Antworten finden sich in den einschlägigen Werken zur Qualitätssicherung und zum Qualitätsmanagement im Umfeld der ISO 9000/9001 (vgl. Kapitel 3.4 Seite 34ff.) und den Erkenntnissen des Software-Engineerings. Im Folgenden soll ein Prozess vorgestellt werden, der die Vorteile verschiedener Prozessbausteine vereint und einen für die besonderen Bedürfnisse eines kreativen und offenen Entwicklungsprozesses angepassten Qualitätssicherungsaspekt berücksichtigt.

Im Mittelpunkt steht die *operative* Ebene des Prozesses, also die Entwicklung des Produktes „Lernmedium" und weniger die *strategische* Ebene, in der die Rahmenbedingungen der entwickelnden Organisation betrachtet werden. Letzteres würde den Rahmen dieses Buches sprengen. Außerdem kann dort auf die existierenden Leitfäden (z.B. Thaller, 2001, DGQ12-51, 1995, DGQ12-52, 1995 und andere) zurückgegriffen werden. Im Abschnitt 8.2 werden einige der strategischen Anforderungen deshalb nur kurz aufgegriffen.

7.1 Phasen und Rollen im Entwicklungsprozess

Um eine Auswahl von Prozessbausteinen treffen zu können, müssen zunächst die Zielsetzungen, also die Metaanforderungen an den Prozess selbst, definiert werden. Als Grundlage dienen die Erfahrungen aus Projekten in der Tabelle 2 sowie die sehr umfassende Aufstellung von Schulmeister (2001).

Die Prozesse sind in Phasen, ähnlich denen des Software-Engineerings, aufgeteilt. Unter dem Akronym ADDIE „Analyze, Design, Develop, Implement, Evaluate" sind diese Phasen in der Literatur zur Lernmediengestaltung enthalten. Viele Ansätze in der Lernmediengestaltung folgen dabei einem linearen, Wasserfall-ähnlichen Ansatz (vgl. Peters, 1999, Merx, 1999, Schulmeister, 2001, Issing & Klimsa, 2002) und ähneln damit den Ansätzen aus dem Medien-Engineering (vgl. Dumke et al., 2003, Yass, 2000, Preim, 1999, Lankau, 2000 und andere). Wenn Qualitätssicherungsmaßnahmen angesprochen werden, beschränken sich diese, wie in Kapitel 6 beschrieben, zumeist auf einzelne Aspekte und behandeln die Ergonomie bestenfalls am Rande.

Betrachtet man den Gesamtherstellungsprozess inklusive Einsatz, so gibt es verschiedene Rollen. Dabei können Personen mehrere Rollen gleichzeitig wahrnehmen. Bei sehr großen Projekten können Rollen aber auch weiter untergliedert werden. Die Klassifizierung der Rollen orientiert sich an den Beobachtungen aus den Projekten und den Überlegungen zu den am Ent-

Projektname	Dauer	Personen im Projekt	Ergebnis-medium	Team-größe(n)	Bemerkungen
VFH – Virtuelle FachHochschule	1999 – 2003	ca. 150	Module	2 – 7	sehr heterogen, je nach Standort
Fernstudienprojekt – Nebenfach Medizinische Informatik im Informatikstudium der Fernuniversität	1999 – 2001	10	Module	3	
medin – Multimediales Fernstudium Medizinische Informatik	2001 – 2004	ca. 40	Module	2 – 5	Nachfolger zum vorherigen Fernstudienprojekt
WissPro – Wissensprojekt Informatiksysteme im Kontext	2001 – 2004	ca. 50	Einzel-vorlesungen (Micro-module)	1 – 2	Schwerpunkt Infrastruktur für Lehrmedien und Lehre/Lernen statt Contententwicklung. Teamgröße bezieht sich auf Micromodul-entwicklung.
AG Trainerqualifizierung	2002 – 2003	ca. 20	Einzelne Veranstal-tungen (ähnlich Micro-module)	1	Kommerzielles Projekt. Die Contententwicklung blieb den Trainern überlassen.
Studiengang Medien und Bildung	2002 – 2005	ca. 50	Module	ca. 5	
Portal nach vorn	2003 – 2008	ca. 50	Module	5 – 7	Nachfolger zum Projekt VFH. Teamgrößen geschätzt.

Tabelle 2: Projektgrößen und Organisationsformen im Vergleich

wicklungsprozess beteiligten Kompetenzen. Nicht alle Rollen sind in allen Lernarrangements enthalten.

Auffällig ist dabei, dass die Anzahl der an der Entwicklung eines Lernmediums Beteiligten sehr stark schwankt. In den Projeken aus der Tabelle 2 waren nur selten alle Rollen mit jeweils eigenen Personen besetzt. In der Regel werden viele Rollen, oft aufgrund des Ressourcen-Mangels, zusammengefasst. Eine minimale Team-Zusammensetzung besteht dann nur aus zwei Personen: Dem Autor, der die Fachdidaktik und die Konzeption übernimmt und häufig auch der Lehrende ist und dem Producer, der alle weiteren Aufgaben übernehmen muss. Es ist leicht einzusehen, dass dies zu Einschränkungen in manchen Teilbereichen führen kann. Andererseits sind manche Entwicklungsaufgaben nicht sehr komplex, so dass solche Einsparungen möglich sind. Abbildung 18 zeigt, wie einzelne Rollen auf die typischen Prozessphasen aufgeteilt sein können.

Es ist für den späteren Prozess weniger wichtig, wie die einzelnen Komponenten auf die Personen verteilt sind. Vielmehr ist es essentiell, dass aus der Perspektive jeder dieser Rollen die Qualität des Ergebnisses betrachtet wird. Man spricht dabei von so genannten *Stakeholdern* (Interessenvertretern), die im Prozess der Anforderungsentwicklung eine entscheidende Rolle spielen, wenn es darum geht, die Ansprüche verschiedener Seiten gegeneinander abzuwägen („Claims Analysis" nach Carroll, 2000). In neueren Standardisierungsansätzen wie LTSA (2001) für E-Learning Architekturen und ihre Entwicklung sind solche Stakeholder zentraler Bestandteil des Entwicklungsprozesses, enthalten aber bedauerlicherweise bisher keine Stakeholder für die Ergonomie.

Grundsatz 4

Stakeholder: Für alle Qualitätsaspekte des Lernmediums (Didaktik, Instruktionsdesign, Gestaltung, Ergonomie, Softwaretechnik), aber auch der späteren Anwendung (Lerner, Lehrer, Tutor) müssen Verantwortlichkeiten festgelegt werden, so dass deren Ansprüche an das Produkt vertreten sind.

7.2   Anforderungen an den Entwicklungsprozess

Ausgehend von den beschriebenen Erfahrungen aus den Projekten ergeben sich Erfordernisse für den Prozess selbst, die für einen Erfolg eines Prozessmodells ausschlaggebend sind:

- **Zuverlässigkeit**
  Wichtigstes Ziel einer Optimierung eines Entwicklungsprozesses ist die Erreichung eines *planbaren*, also vorhersagbaren und zuverlässigen, Prozessergebnisses in den Produkten. Dabei sollte der Prozess sicherstellen, dass Qualitätskriterien auch tatsächlich valide, objektiv und reliabel gemessen und erfüllt werden.

- **Entwicklungsvalidität**
  Aus der ISO 9001 stammt die Forderung, dass sichergestellt werden muss, „dass das resultierende Produkt in der Lage ist, die Anforderungen für die festgelegte Anwendung oder den beabsichtigten Gebrauch, soweit bekannt, zu erfüllen." (ISO 9001, 2000, S. 27)[49]. Dieser Punkt ist deshalb kritisch, weil beim Übergang zwischen den verschiedenen Entwicklungsphasen systematische Brüche entstehen können. Insbesondere bei der Umsetzung als technische Lösung „besteht die Gefahr einer software-technischen Verfremdung der Lösungsbeschreibung, so daß ein Artefakt [...] entsteht, das für den Problembereich nicht hinreichend valide ist." (aus Konradt, 1995, S. 184).

  Wichtig ist auch der Zeitpunkt *vor* dem Einsatz beim Lerner und die nachvollziehbare Dokumentation: „Wenn möglich, muss die Validierung vor Auslieferung oder Einführung des Produkts abgeschlossen werden. Aufzeichnungen über die Ergebnisse der Validierung und über notwendige Maßnahmen müssen geführt werden [...]." (ISO 9001, 2000,

---

[49]Dies entspricht sinngemäß der Definition von Aufgabenangemessenheit, die damit als wesentliches Qualitätsmerkmal bestätigt wird.

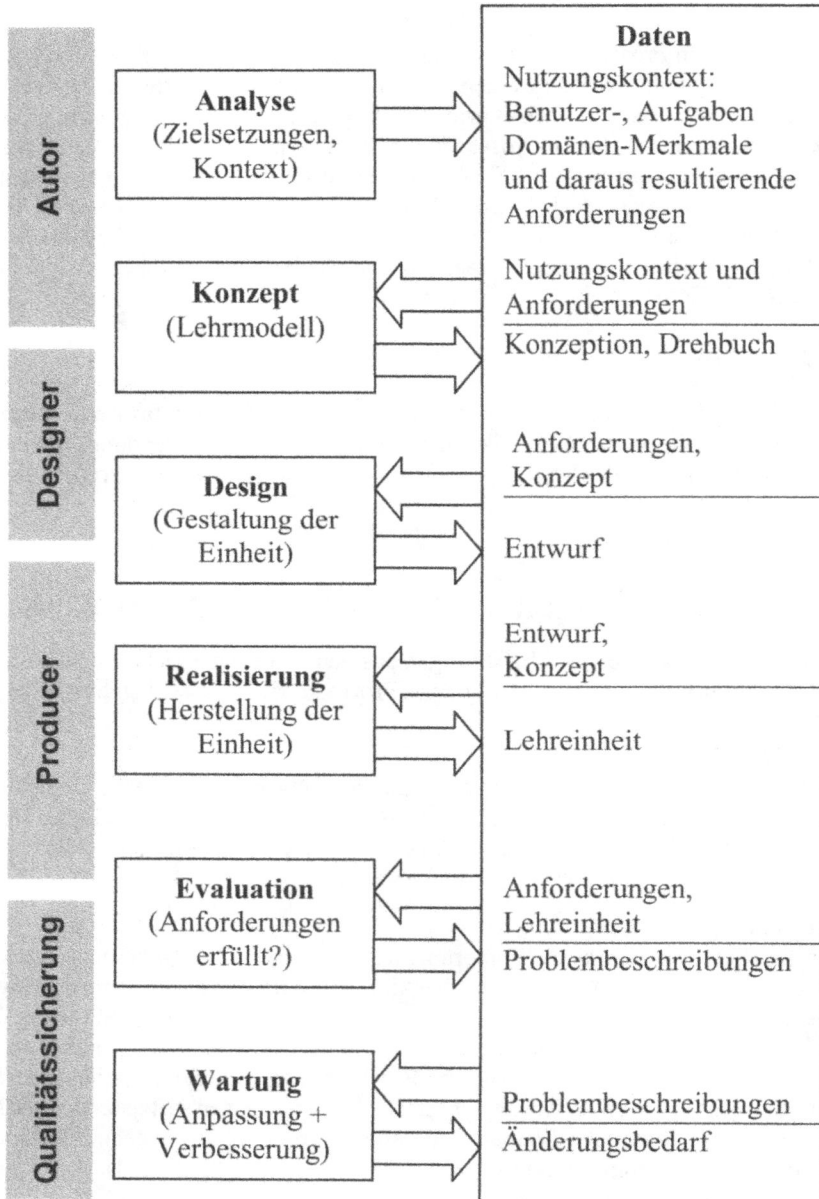

Abbildung 18: *Typische Rollen im Entwicklungsprozess, ihre Aufgaben und die von ihnen bearbeiteten/gelieferten Daten (aus Hartwig et al., 2002a, S. 19)*

Forderung 7.3.6, S. 26-27). Wäre ein solches Vorgehen die Regel, könnten potenzielle Anwenderorganisationen bereits vor dem Einsatz prüfen, für welche Kontexte das angebotene Produkt überhaupt geeignet ist und wie zuverlässig dies geprüft wurde. In Kapitel 8.2 (S. 147) wird die Option einer diesbezüglichen *Zertifizierung* diskutiert.

- **Skalierbarkeit**
Betrachtet man die Projektbeschreibungen, so fällt auf, dass die Rahmenbedingungen sehr heterogen sind. Manche Lernmedien sollen nur Inhalte für einen zweistündigen Vortrag beinhalten (Bsp. „Micromodule" aus dem Projekt „WissPro"), andere das Curriculum eines gesamten Studienganges (Einheitlicher Gesamtlernraum aus dem Projekt „Portal nach vorn") abbilden. Ein Prozess sollte diese verschiedenen Einsatzszenarien abdecken, indem die enthaltenen Maßnahmen auf die vorhandenen Ressourcen und Erfordernisse des Projektes angepasst werden können.

- **Sparsamkeit**
Natürlich gibt es in allen Projekten, unabhängig vom Thema E-Learning, den Wunsch, möglichst geringe Kosten zu verursachen. Darüber hinaus sind viele dieser Projekte zeitlich, und damit auch mit Bezug auf die Ressourcen, von vornherein stark begrenzt. Hinzu kommt, dass in vielen Projekten die Qualitätssicherung und die Metaebene der Prozessplanung nicht als Projektaufgabe mit vorgesehen werden. Aus dieser Erfahrung heraus ist es ein Erfordernis, *trotzdem* die Qualität so weit wie möglich zu sichern. Ein Prozessmodell sollte „sparsam" sein, indem es möglichst geringe zusätzliche Aufwände erfordert.

- **Kompatibilität**
Eng verwandt mit dem Ziel der sparsamen Verwendung von Projektressourcen ist die Forderung nach Kompatibilität der Einzelprozesse aus den Bereichen Instruktionsdesign, Mediendesign, Usability-Engineering und Software-Engineering. Das Kapitel 1.5 hat gezeigt, wie unterschiedlich die Begriffswelten und Vorgehensweisen der einzelnen Disziplinen sind. Nur wenn diese eng miteinander und auf einer gemeinsamen Begriffsgrundlage arbeiten, kann die Qualität tatsächlich verbessert werden.

- **Innovationsförderlichkeit**
Ganz entscheidend für die Akzeptanz und den Erfolg eines Prozessmodells in einem solchen, relativ jungen Umfeld ist dessen Offenheit für neue, bisher nicht bekannte Ansätze. Die Mediendidaktik, aber auch der Umgang mit interaktiven Medien und dessen effizientes Zusammenspiel, sind noch lange nicht so etabliert, dass man davon ausgehen könnte, alle Lösungsmöglichkeiten antizipieren zu können. Verglichen mit Kontexten, in denen Werkzeuge für weniger komplexe Aufgaben entwickelt werden sollen, sind im Bereich des Instruktionsdesigns noch viele Fragen nach der richtigen Methode und den richtigen Bausteinen offen. Auch der Bereich Ästhetik entzieht sich in gewisser Weise der Planbarkeit im Sinne der Ingenieurwissenschaften. Hier müssen im Prozess Freiräume bleiben, ohne dass Beliebigkeit entsteht.

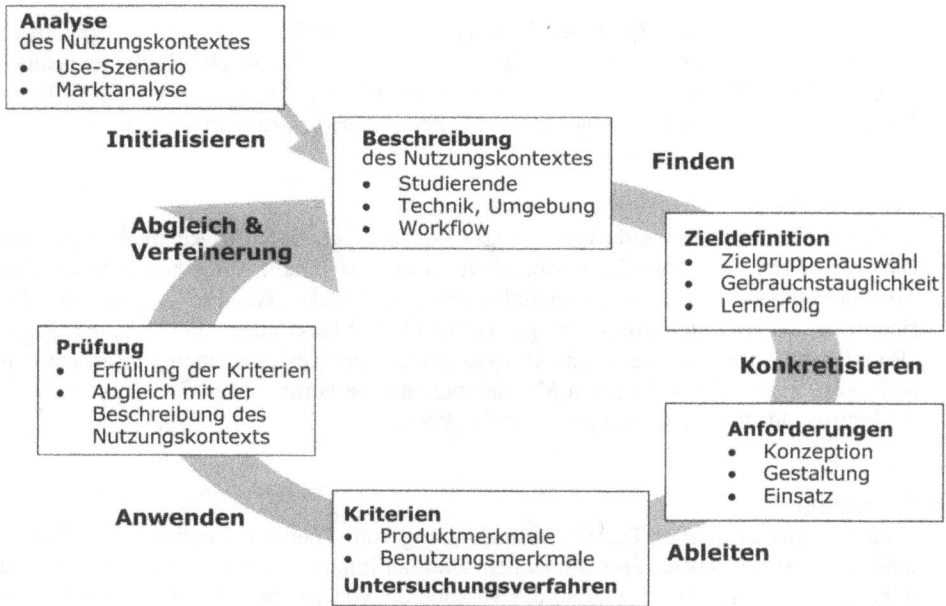

Abbildung 19: *Allgemeine Umsetzung des ISO 13407-Prozessmodells (nach ISO 13407, 1999; vgl. Abbildung 9, S. 37) in den Entwicklungsprozess interaktiver multimedialer Lernmedien (aus Hartwig et al., 2002b, S. 316)*

7.3   Iterative Prozessmodelle

Um die genannten Anforderungen an den Prozess zu erfüllen, wird ein iteratives Prozessmodell vorgeschlagen (siehe Abbildung 19). Es basiert auf einer Erweiterung des Spiral-Modells bzw. dessen Weiterführung als „WinWin-Modell" (Boehm et al., 1998) und dem „benutzer- und aufgabenzentrierten Herstellungsprozess" der ISO 13407. Dieses Modell entwickelt, integriert und validiert iterativ die Anforderungen der verschiedenen Merkmalsbereiche in einem Ableitungsprozess und kann auf verschiedene Ressourcen skaliert werden.

7.3.1   Iteration in Prozessen

Ausgehend von den Erfahrungen aus dem Bereich der Softwaretechnik ist eine zentrale Anforderung an einen zuverlässigen Prozess, dass nicht angenommen wird, dass man alle produktinhärenten Problemkomplexe im ersten Schritt bereits antizipieren und vermeiden könnte, sondern dass sich viele Anforderungen erst ergeben, wenn mit Teilen des Produktes entsprechende Versuche vorgenommen wurden. Erfahrungsberichte aus dem Bereich des Medienengineerings in Bezug auf E-Learning wie bspw. Kunz (2002) zeigen, dass lineare Modelle in der Praxis deshalb ohnehin (teilweise unfreiwillig) durch Rückschritte in frühere Phasen durchbrochen werden.

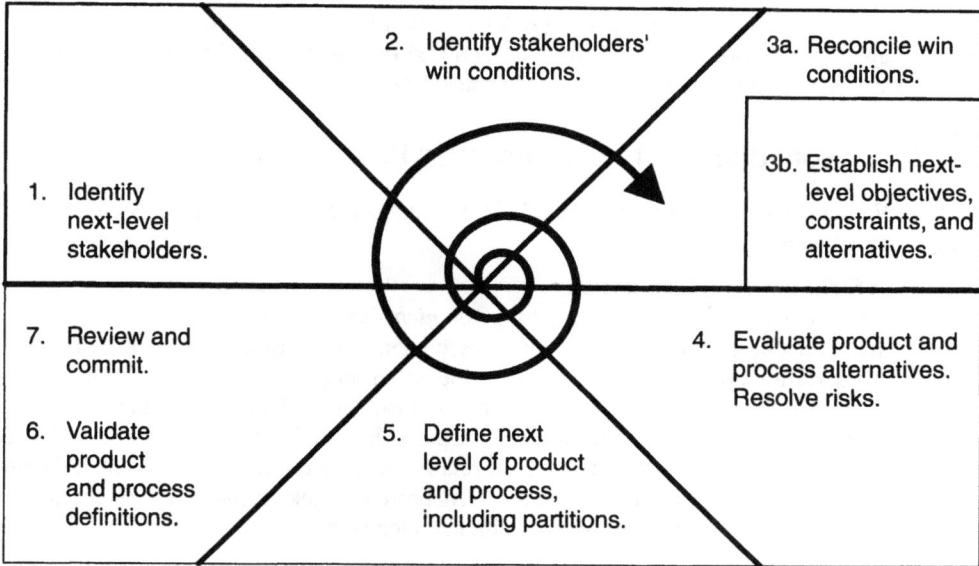

Abbildung 20: Das WinWin-Spiralmodell nach Boehm et al., 1998, S. 34

Kernstück des in Abbildung 19 dargestellten Prozessmodells ist deshalb, dass Phasen *geplant* mehrfach durchlaufen werden. Nach jedem Durchlauf werden die bisherigen Annahmen anhand der neuen Ergebnisse *validiert* und die darauf basierenden Anforderungen ggf. überarbeitet. Anders als in den wasserfallartigen Prozesstypen, wie sie in der Literatur zum Medien- und Web-Engineering vorgeschlagen werden, können Probleme so rechtzeitig entdeckt und behoben werden.

Die praktischen Erfahrungen in Entwicklungsprojekten führten bei Boehm dazu, dass er sein Spiralmodell um Komponenten aus der Managementtheorie erweiterte, um Flexibilität und Vertrauen in das Modell bei den beteiligten Entwicklern sicherzustellen. Das WinWin-Modell entspricht weitgehend dem ISO 13407-Prozess aus Abbildung 19, sieht aber explizit vor, dass bei der Bewertung der Evaluationsergebnisse die beteiligten Stakeholders die Entscheidungen treffen. Für die Entwicklung multimedialer und interaktiver Lehr- und Lernsysteme bedeutet dies, dass jede der beschriebenen Kompetenzen ihre Ansprüche im Prozess mit denen der anderen Bereiche vergleichen und ggf. verteidigen muss. Dabei muss die in Kapitel 6 beschriebene Hierarchisierung der einzelnen Disziplinen berücksichtigt werden. Die Anforderungen der höheren Ebenen des Dialogmodells, also insbesondere grundsätzliche Überlegungen des Stakeholders „Didaktik", wiegen am Ende schwerer, als diejenigen der Softwaretechnik. Dabei gilt aber umgekehrt auch, dass das schwächste Glied die Gesamtqualität bestimmt und die Anforderungen der Didaktik immer nur im Rahmen der darunter liegenden (technischen) Möglichkeiten realisiert werden können.

Für den erfolgreichen Einsatz ist in der Praxis auch die richtige Aufteilung der Iterationen entscheidend. Am Ende einer Iteration müssen noch Ressourcen für die sich aus der Evaluation eventuell ergebenden Konsequenzen vorhanden sein. Außerdem sehen Modelle wie das Spiralmodell von Boehm auch explizit nach jeder Iteration eine Abschätzung des Projektrisikos vor, d.h. anhand der vorliegenden Anforderungen und dem bisherigen Prozessfortschritt wird entschieden, ob und in welchem Umfang das Projekt überhaupt wie geplant weitergeführt wird.

7.3.2   Vor- und Nachteile iterativer Prozesse

Iterative Vorgehensweisen haben prinzipielle Vor- und Nachteile, die an dieser Stelle kurz diskutiert werden sollen:

Dauer aus Sicht der einzelnen Rollen
Ein Grund für die weiterhin große Verbreitung von *nicht*-iterativen Prozessen ist, dass iterative Prozesse häufiger und zeitlich verteilter auf verschiedene Stakeholder zurückgreifen. Anders als beim Wasserfallmodell, bei dem jede Rolle seine Arbeitsergebnisse abliefert und damit auch nicht weiter in den Entwicklungsprozess eingebunden ist, dauert die Zusammenarbeit über die gesamte Entwicklungszeit an. Dieser Nachteil wird durch seine Vorteile, insbesondere bei der Sparsamkeit, Validität und der Zuverlässigkeit relativiert. Er kann in der Praxis auch dadurch abgemildert werden, dass einzelne Rollen so an mehreren Projekten parallel arbeiten können, da sie zwar länger, dafür aber nicht exklusiv eingebunden sind.

Planbarkeit
Ein weiteres Argument gegen iterative Prozesse ist deren auf den ersten Blick geringere *Planbarkeit*. Schließlich steht am Projektanfang noch nicht zuverlässig fest, wieviel Aufwand nach einer Iteration verbleibt oder gar entsteht. Doch auch lineare Prozesse bieten hier nur eine Scheinsicherheit. Sobald keine weitere Iteration zur Behebung von Mängeln, die aus fehlerhaften und unvollständigen Ergebnissen der Spezifikation fast zwangsläufig entstehen, vorgesehen ist, bleibt nur, diese vorerst im Produkt zu belassen, was dessen Qualität entscheidend verschlechtern kann. Betrachtet man die Gesamtlebensdauer des Produktes, also bis zum Ende seines Einsatzes („*Software Lifecycle*") so stellt dieses Verschieben auf eine eventuelle Wartung bestenfalls eine ungünstig verschobene Iteration dar.

7.4   Entwicklung von Kriterien

Zentraler Bestandteil dieses Modells ist der Prozess der *Kriterienentwicklung*. Anstatt Kriterien als gegeben zu postulieren, werden nur solche tatsächlich gegen das Produkt geprüft, die sich bis zum Nutzungskontext zurück verfolgen lassen. Im Kapitel 3.6 (S. 38) wird diese ursprünglich aus dem DATech-Prüfhandbuch für Gebrauchstauglichkeit von Produkten (Dzida et al., 2001) stammende Methode erläutert (vgl. auch Hartwig et al., 2002b). Dabei wird die Relevanz von Mängeln durch eine stringente Verfolgung der Begründungskette zurück zur Analyse nachgewiesen. Umgekehrt beschreibt diese Kette aber auch den Prozess des Requirement-Engineerings im Kontext der multimedialen Lernmedien.

Die Feststellung des Nutzungskontextes kann im Rahmen des Scenario-Based Designs, wie beispielsweise von Rosson (2002) (vgl. auch DATech, 2001 und DEKITZ, 2000) vorgeschlagen, erfolgen. Dabei ist im Vergleich zur klassischen Softwareentwicklung zu berücksichtigen, dass es im Lehr-/Lernkontext in der Regel hauptsächlich um interne, kognitive Prozesse geht (vgl. Kapitel 6.4.1 S. 87ff.), die bei der reinen Beobachtung von Szenarien nur ungenügend erfasst werden. Die Szenarien müssen deshalb aufgrund von Annahmen und Grundwissen über Lehr- und Lernprozesse entsprechend angereichert werden. Beispielsweise Jonassen et al. (2002) beschreiben ein umfassendes Vorgehen, wie die Lernaufgaben als Ganzes erhoben werden können. Der hier vorgestellte Prozess geht aber insofern weiter, als dass nicht nur das Lernen als Ganzes betrachtet wird, sondern auch der Zusammenhang von Analyseergebnis, Anforderung und dem resultierenden Produktmerkmal. Insofern sind solche ganzheitlichen Lernbetrachtungen dann wieder Teil einer ganzheitlichen Qualitätsbetrachtung.

Die Tabelle 3 zeigt einen Überblick über die Hauptfragestellungen, Zuständigkeiten und Anforderungen, die daraus für Effektivität, Effizienz und Zufriedenheit sowie für die darunter liegenden Ebenen des Dialogmodells folgen. Sie ist dazu gedacht, die Beiträge der verschiedenen Stakeholder auf eine gemeinsame Basis zu stellen und so eine Verständigung und Abwägung der verschiedenen Interessen zu erlauben.

7.4.1 Top-Down-Vorgehen

Um die Tabelle anzuwenden, können verschiedene Herangehensweisen gewählt werden. Am naheliegensten ist dabei ein *Top-Down*-Ansatz. Jeder der einzelnen Merkmalsbereiche wird dabei zunächst einzeln betrachtet und (in der Tabelle von links nach rechts) Ebene für Ebene bearbeitet.

Das *Anforderungsziel* gibt dabei eine abstrakte Vorstellung, welches Qualitätsmerkmal am Ende für diesen Bereich entscheidend sein wird. Die in der Tabelle angegebenen Ziele erheben dabei keinen Anspruch auf Universalität oder Vollständigkeit, aber liefern einen ersten Eindruck. Die *Zuständigkeit* ist dabei ein Anhaltspunkt, welche Kompetenz für die Betrachtung dieses Bereiches besonders geeignet erscheint.

In beinahe allen Merkmalsbereichen können mögliche Anforderungen in die Kategorien *Effektivität*, *Effizienz* und *Zufriedenheit* eingeordnet werden. Diese Kategorisierung soll helfen, die verschiedenen Begriffswelten auf eine gemeinsame, zugegeben Usability-lastige, Basis zu stellen. Andere Kategorien sind dabei sicher denkbar. Wichtig ist in diesem Zusammenhang nur, dass auch benachbarte Kompetenzen die Anforderungen verstehen und nachvollziehen können, um sie bei den eigenen Überlegungen sinnvoll berücksichtigen zu können.

Der *Nachweis* kann dann empirisch oder analytisch geführt werden. Dazu sind empfehlenswerte Methoden angegeben. Die Kriterien, mit denen diese Überprüfungen stattfinden bzw. nach denen sie ausgewertet werden, sind die Konkretisierung der übergeordneten Anforderungen und somit im Einzelfall kontextabhängig zu entwickeln.

Die *resultierenden Anforderungen* und die *Folge* geben schließlich an, wie und wo sich Anforderungen auf die anderen Merkmalsbereiche auswirken. So wirken sich beispielsweise konzeptuelle didaktische Anforderungen auf beinahe alle Bereiche direkt aus.

Beispiele
Die Anforderungen sind untereinander abhängig. Beispielsweise würde ein behavioristischer „drill-and-practice"-Ansatz besondere Anforderungen an die Darstellung der Stimuli und die Gestaltung der Interaktion stellen. Ein kognitivistischer Ansatz würde stattdessen Anforderungen an die Struktur und die Präsentation der Inhalte formulieren. In einem konstruktivistischen Ansatz schließlich ständen Merkmale und Anforderungen im Vordergrund, die sich auf die Aktivierung des Lerners beziehen. Doch bei all diesen Modellen ständen am Ende Anforderungen, die dann als Ausgangsbasis für die nächste Ebene dienen oder sich bereits direkt auf deren

Merkmalsbe-reich	Inhalt / Konzept	Medium / Werkzeug	Dialog	Ein/Ausgabe	Implementie-rung
Anforderungs-ziel	**Förderlichkeit:** Unterstützt das Konzept den Lernprozess und die vorgesehenen Teilaufgaben das Konzept und die darin enthaltenen Transaktionen?	**Eignung:** Kann das Konzept möglichst verlustfrei im Medium umgesetzt werden?	**Nutzbarkeit:** Sind die Interaktionsmöglichkeiten menschen- und aufgabengerecht?	**Wahrnehmungs- / Handlungsökonomie und Konnotation:** Werden alle Informationen (auch konnotierte) effektiv und effizient übertragen?	**Umsetzungsqualität:** Erfüllt die Realisierung die Ansprüche der Softwaretechnik?
Zuständigkeit	Didaktik	Instruktionsdesign	Ergonomie	Ergonomie / Design	Softwaretechnik
Effektivität	**Wirksamkeit:** Werden die pädagogischen Ziele wirksam erreicht?	Werden alle Teilaufgaben des Konzeptes vollständig abgebildet?	Können alle Teilaufgaben mit dem Medium/Werkzeug bearbeitet und gelöst werden?	Sind alle Elemente sicher wahrnehmbar / nutzbar? Wird der Lerner wie geplant stimuliert?	Sind Korrektheit, Verfügbarkeit und Robustheit der Lösung sichergestellt?
Effizienz	Ist das gewählte Konzept weniger aufwändig für den Lerner?	Ist der Aufwand, der durch die mediale Umsetzung entsteht so gering, dass die Gesamteffizienz gewährleistet bleibt?	Entstehen vermeidbare Aufwände im Dialog? Wird die Gesamteffizienz beeinträchtigt?	Entstehen Aufwände, die in der Gesamteffizienz durchschlagen?	Ist der Entwicklungs- und Wartungsaufwand angemessen?
Zufriedenheit	Wird das Konzept vom Lerner akzeptiert?	Werden Medien und Werkzeuge akzeptiert?	Sind Interaktionsformen besonders beliebt / unbeliebt?	Wird die gewünschte Ästhetik erreicht und wirkt im Sinne des Gesamterfolges?	-
Nachweis	• Analytisch (Review) • Empirisch (Erfolgsstudien)	• Analytisch (Review, cognitive Walkthrough) • Empirisch (Usability-Tests)	• Analytisch (Review, cognitive Walkthrough, Modellierung) • Empirisch (Usability-Tests)	• Analytisch (Review, Messung) • Empirisch (Laborversuche, Befragung)	• Analytisch (Review, Messung, Verifikation) • Tests
resultierende Anforderungen	• Kriterien für die Wirksamkeit (→ Konzept) • Mindestanforderungen an die Gesamteffizienz (→ Werkzeug, Medium, Dialog, E/A) • Anforderungen an die Attraktivität und andere konnotative Aspekte (→ E/A)	• Anforderungen bzgl. der tolerablen Mehrbelastungen durch die Umsetzung (→ Dialog, E/A)	• Konsistenzforderungen • Anforderungen an die Darstellung und das Verhalten der Dialogelemente (→ E/A, Implementierung)	• Kriterien für Größen, Farben, Reaktionen auf Interaktionen • Gestaltungsrichtlinien, Farbkanon, • Typografie, Raster, ... (→ Styleguide)	• Entwicklungsrichtlinien für die Programmierung und Dokumentation
Folge	Umsetzung des Konzeptes	Entwurf der Interaktion	Gestaltung der Dialogelemente	Implementierung	Implementierung

Tabelle 3: Ableitung und Überprüfung der Anforderungen bezogen auf die Merkmalsbereiche

Merkmalsbereiche beziehen. So können *Top-Down* Anforderungen entstehen, die aufeinander aufbauen.

Ein anderes Beispiel: Eine Anforderung an die Stimulanz einer Lernmedienpräsentation, wie sie typisch für selbstgesteuerte Lernmodelle (kognitivistisch oder konstruktivistisch) ist, zielt direkt auf die Ästhetik und die Konnotation der Medienelemente. Eine konzeptuelle Anforderung an die Freiheitsgrade bei der Lernmedienbearbeitung, die sich ebenfalls auf die inhaltliche Ebene bezieht, impliziert Anforderungen an die Gebrauchstauglichkeit des Lernmediums, um das selbstgesteuerte Vorgehen überhaupt erst zu ermöglichen. Anforderungen auf der Medien- und Werkzeugebene bedingen immer auch eine entsprechende Dialoggestaltung, die wiederum das Design der Dialogelemente determiniert.

7.4.2 Iterative Ableitung

Der iterative Prozess der Ableitung (vgl. Abbildung 21) basiert darauf, das in Abbildung 19 (S. 106) gezeigte Vorgehen auf die verschiedenen Merkmalsbereiche unter Verwendung der Ableitungstabelle anzuwenden. Dabei werden in einer ersten Interation aus den *Beschreibungen* der Nutzungskontextmerkmale *Ziele* abgeleitet, wie sie beispielhaft in der Ableitungstabelle genannt sind. Dabei wird im Sinne des Spiralmodells (Abbildung 21) von innen nach außen (bzw. im Sinne der Hierarchie der Merkmalsbereiche oder Dialogebenen Top-Down) vorgegangen. Zunächst wird der Bereich Didaktik betrachtet, ohne den eine Planung der Interaktion, Gestaltung oder Umsetzung keinen Sinn macht. Dabei ist es prinzipiell unerheblich, ob das gewählte didaktische Modell behavioristisch, kognitivistisch oder konstruktivistisch ist. Entscheidend ist nur, dass die jeweiligen Merkmale des Modells auf zugehörige Anforderungen abgebildet werden.

Dann werden für jeden Bereich nacheinander *Anforderungen* an die Effektivität, Effizienz und Zufriedenheit abgeleitet. Diese werden dann zu *Kriterien* konkretisiert. Je nach Projektfortschritt wird anschließend auf dieser Basis ein Prototyp oder eine erste Version realisiert oder auch nur ein Konzeptvorschlag formuliert, der dann gegen diese Anforderungen geprüft wird. Sofern die Forderungen eines Merkmalsbereiches erfüllt werden, kann nun der darauf folgende Bereich bearbeitet werden.

Am Ende eines ersten kompletten Ableitungslaufes durch alle vier Merkmalsbereiche steht ein Prototyp zur Verfügung, der beispielsweise in einer Pilotphase zur Überprüfung verwendet werden kann. Die folgenden Iterationen können dann die verschiedenen Bereiche parallel betrachten, sofern nicht grundlegende Änderungen von übergeordneten Merkmalsbereichen notwendig werden.

Die Anzahl der Iterationen ist in der Praxis abhängig von der Güte der Analyse, bestehender Erfahrungswerte und der darauf basierendenen Entscheidungen. Je besser der Nutzungskontext verstanden und berücksichtigt wird, desto geringer kann die Abweichung bei der Überprüfung sein. Sofern ausreichend ähnliche Projekte bereits vorliegen, kann für einzelne Bereiche auch gar keine weitere Iteration mehr notwendig sein.

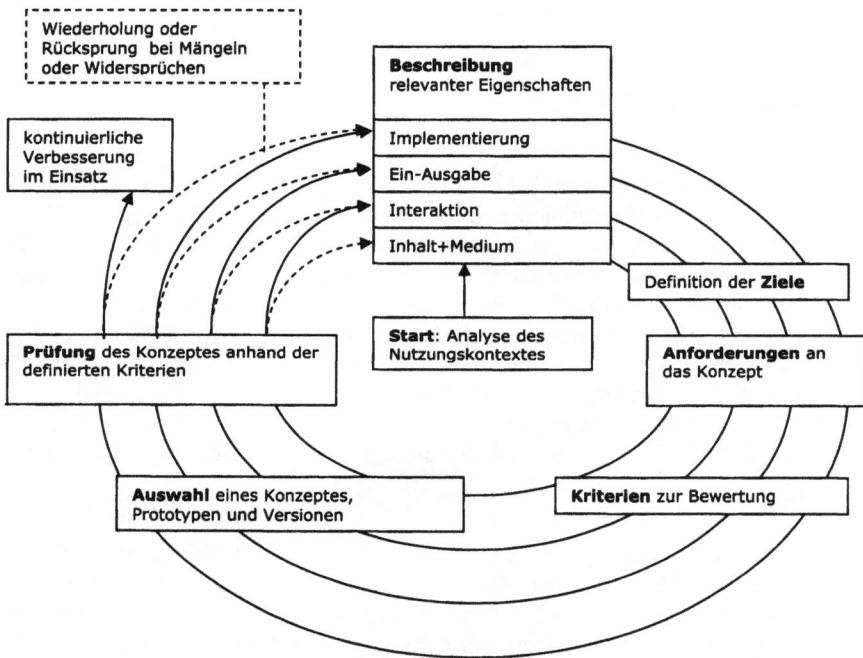

Abbildung 21: Berücksichtigung der verschiedenen Merkmalsbereiche bei der Iteration

7.4.3   Diskussion des Prozessmodells

Es stellt sich die Frage, ob mit diesem Ansatz die Qualitätsanforderungen an den Prozess erfüllt werden?

Kompatibilität, Skalierbarkeit und Sparsamkeit

Die *Skalierbarkeit* und *Sparsamkeit* dieses Ansatzes besteht darin, dass eine Konzentration auf die wesentlichsten Anforderungen der obersten Ebenen stattfinden kann, die dann, je nach Ressourcenlage, immer weiter in der Tiefe (bis auf die untersten Ebenen), aber auch in der Breite (durch Ausweitung des betrachteten Szenarios) erfolgen kann. Dabei wird durch das Ableitungsprinzip sichergestellt, dass irrelevante Anforderungen den Prozess nicht belasten. Die Verfeinerung selbst sollte die Iterationen des Prozesses nutzen, indem beispielsweise Evaluationsphasen als Gelegenheit zur Kontextanalyse mit verwendet werden. Mit zunehmender Gewissheit über den tatsächlichen Nutzungskontext können die Annahmen, die den Anforderungen zugrunde liegen, geprüft, überarbeitet und verbessert werden.

Die Skalierbarkeit und *Kompatibilität* mit bestehenden Prozessen entsteht daraus, dass dieses Modell auch dann bereits einen Nutzen hat, wenn nur Teile der Rollen tatsächlich besetzt sind oder das Prozessmodell nicht (ausreichend) iterativ ist. Dann kann zumindest im Rahmen der Möglichkeiten der vorhandenen Ressourcen ein Teil der relevanten Anforderungen dokumentiert werden, was gegenüber einem in diesem Punkt undefinierten Vorgehen Vorteile bei der Nachhaltigkeit und Nachvollziehbarkeit bringt.

Zuverlässigkeit und Entwicklungsvalidität

Die Kritik an bestehenden Qualitätsinstrumenten im Bereich der Lernmedienentwicklung besteht häufig darin, dass nur Teilbereiche und dann auch getrennt voneinander beurteilt werden. Bei dem vorgestellten Ansatz hingegen sind alle Anforderungen holistisch eng miteinander verzahnt und bauen aufeinander auf. So werden nicht nur *systematisch*, sondern *systemisch* die Gesamtqualität und ihre Merkmale fokussiert. Sofern dann im Prozess und insbesondere in der Analyse und Evaluation entsprechend valide, objektive und reliable Werkzeuge eingesetzt werden, ist durch die Hierarchisierung der Anforderungen davon auszugehen, dass am Ende die gewünschte Gesamtqualität (hier die Gesamtförderlichkeit und Eignung) bewertet wird.

Innovationsförderlichkeit

In der praktischen Anwendung von Qualitätssicherungsmaßnahmen (QS) im Allgemeinen und solchen Maßnahmen in so kreativen Bereichen wie der Lernmediengestaltung im Besonderen gibt es den häufigen Vorbehalt, dass Reglementierungen den kreativen und innovativen Prozess behindern würden. Solche Ängste rühren vermutlich daher, dass viele Entwickler, Designer und andere Beteiligte am Entwicklungsprozess starre Prüflisten und Modellvorgaben erwarten. In der Tat haben verbreitete Qualitätskriterienkataloge wie SODIS (vgl. Korbmacher, 2002) oder AKAB (vgl. Meier, 2000) naturgemäß das Ziel, ungeübten Anwenderorganisationen und Lehrern Hilfsmittel an die Hand zu geben, bei denen ohne größere Vorbereitung Einkaufs- und Einsatzentscheidungen getroffen werden können. Dies ist nicht das Ziel der vorgestellten Methode und es ist auch zumindest potenziell nicht ungefährlich, derart statisch Kriterien festzulegen, wenn der Nutzungskontext nicht in sehr engen Grenzen stabil festgelegt ist. Insbesondere ist es bei solchen Ansätzen fraglich, ob die fachliche Eignung tatsächlich auch inhaltsbezogen bewertet wird und ob es überhaupt eine Auswahl des didaktischen Modells gibt. Aus Sicht der Ergonomie bleibt zu bemängeln, dass sie faktisch nicht vorkommt. Freiere Ansätze wie MEDA (auch bei Meier, 2000) ähneln dem vorgestellten Verfahren, berücksichtigen aber die Ergonomie nicht ausreichend, da sie nicht die verschiedenen Merkmalsbereiche und Dialogebenen unterscheiden.

7.4.4   Hinweise zum Einsatz der Überprüfung

Bei der Evaluation ist zu beachten, dass die richtigen Methoden für den jeweiligen Merkmals-bereich eingesetzt werden, damit auch die gewünschte Prozessvalidität erreicht wird.

> *„Die vielfach beobachtbare Praxis, die Datenerhebung auf das Einholen von sub-jektiven Einschätzungen der Lernenden (Feedbackfragebogen) zu begrenzen, mag zwar bequem sein, wird jedoch der Komplexität netzbasierten, kooperativen Ler-nens nicht gerecht." (Lindner, 2004a, S. 335)*

In Abbildung 3 (S. 110) werden deshalb explizit unterschiedliche empirische und analytische vom Merkmalsbereich abhängige Methoden vorgeschlagen.

Die Auswirkung von im Sinne der Dialogebene tiefer liegenden Merkmalsbereichen dürfen da-bei nicht vernachlässigt werden. Ein didaktisches Merkmal kann beispielsweise innerhalb einer Wirksamkeitsbetrachtung nicht zuverlässig erhoben werden, solange (bekannte, aber auch un-erwartete) Mängel in der Ein-/Ausgabe oder der Interaktion bestehen. Hier müssen vorschnelle Urteile durch eine sorgsame Voranalyse der Auswirkungen der noch nicht bewerteten Anteile eines Angebotes vermieden werden. Andere Methoden, wie Expertenurteile hingegen, können und sollten sehr früh im Prozess erfolgen (Lindner, 2004a, S. 334ff. gibt dazu weitere praktische Hinweise).

7.4.5   Rück-Übertragung des ganzheitlichen Modells in die Software-Entwicklung

Der Auslöser dieses Buches war die Vorgehensweise in der Softwareentwicklung für „klassi-sche" softwaregestützte Arbeitssysteme, so wie sie in der ISO 9241 und den DATech-Prüfver-fahren (siehe DEKITZ, 2000 und DATech, 2001), aber auch in vielen anderen Verfahren opti-miert wurde und wird. Die Ausweitung der Vorgehensweise um eine Integration der Pädagogen und Designer kann aber vielleicht auch in die bisherige Softwareentwicklung zurückfließen. Dort ist es meist die Beteiligung von Design und Marketing nicht systematisch, sondern eher in gewachsenen Strukturen und Hierarchien begründet. Dort könnte die Ausweitung bestehen-der QS/QM-Prozesse auf bisher davon ausgenommene Bereiche wie Gestaltung und Marketing helfen, das Gesamtnutzungserlebnis, die „User Experience", zu optimieren.

7.4.6   Prozessdatenmodell

Fasst man das iterative Modell und den Kriterienableitungsprozess zusammen, so erhält man das in Abbildung 22 dargestellte Netz aus den Ergebnissen der Phasen und deren Ableitung in die nächste Phase (vgl. auch Hartwig & Herczeg, 2003a).

Im Uhrzeigersinn betrachtet, *bestimmen* die Ergebnisse jeder Phase (ausgehend von der Ana-lyse) die Basis für die darauf folgende Phase (vgl. die Beschreibung des Top-Down-Ansatzes).

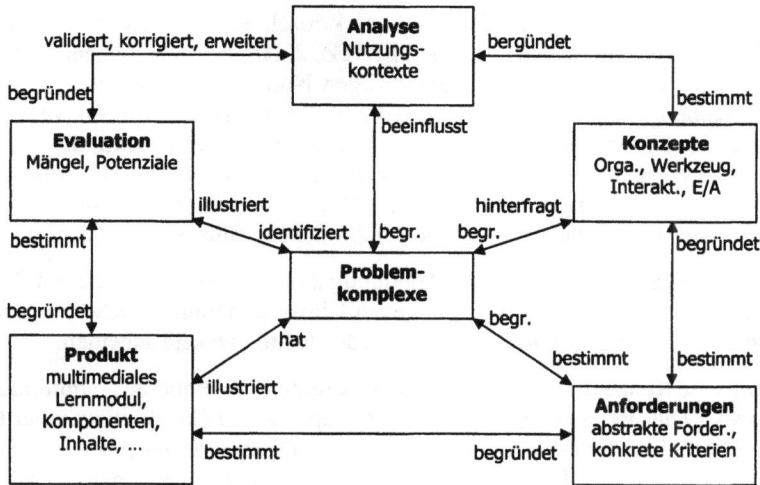

Abbildung 22: *Zusammenhang der Prozessdaten und deren semantische Vernetzung (übersetzt aus Hartwig et al., 2003)*

Umgekehrt *begründet* damit jede Vorgängerphase auch die Entscheidungen der gerade betrachteten Phase. Implizit ist dies das Wesen aller Phasenmodelle, aber erst wenn diese Begründungen *explizit* zugänglich sind, wird daraus ein Prozess, an dem von jeder Stelle aus weiter *entwickelt* (als die beschriebene „Ableitung") als auch *überprüft* werden kann (quasi als „Backtracking").

Neu im Zusammenhang mit der Entwicklung multimedialer und interaktiver Lernmedien ist dabei, dass nicht nur softwaretechnische und ergonomische, sondern auch didaktische und designerische Gesichtspunkte nach diesem Muster in einem gemeinsamen System verarbeitet werden können.

7.5 Pragmatische Anpassung

7.5.1 Problemzentrierung

Im Zentrum des Prozessdatenmodells steht eine Kategorie, die bisher noch nicht betrachtet wurde: „Problemkomplexe". Würde man versuchen, den Nutzungskontext *vollständig* in Anforderungen zu überführen, entstünde ein erheblicher Aufwand. Dabei ist zu prüfen, ob die so entstehenden Anforderungen und Kriterien überhaupt strittig sind, also überhaupt die Gefahr besteht, dass dort Fehler in der Entwicklung gemacht werden. Betrachtet man umfangreiche Anforderungskataloge, wie die ISO 9241 Teile 12 bis 17, so fällt auf, dass viele der Forderungen heute in den Bereich der Selbstverständlichkeiten fallen.

Hier soll die Definition von *Problemkomplexen* den Prozess vereinfachen: In diesen Komplexen werden Merkmalsbereiche und Anforderungen gesammelt, die aus Erfahrungen im speziellen

Projekt oder aber aus der Literatur als besonders kritisch angesehen werden. Eine mögliche Form sind *Critical Incident Scenarios* (vgl. DEKITZ, 2000), bei denen neben den Merkmalen auch die Beschreibung einer potenziell ungünstigen Nutzung enthalten ist. In Kapitel 7.6.3, 122ff. sind diese beispielhaft aus dem Projekt VFH und medin beschrieben. In der ersten Iteration wird man an dieser Stelle vornehmlich Fragestellungen aufnehmen, die sich aus Erfahrungen in anderen Projekten entwickelt haben (beispielsweise ergonomische Anforderungen an die „Entdeckbarkeit interaktiver Elemente" vgl. 7.6.3, 122). Im Prozess werden die Problemkomplexe dann entsprechend der Ergebnisse der Zwischenevaluationen ergänzt und korrigiert.

Im Sinne des vorgestellten Prozesses aus Abbildung 21 auf Seite 112 sind diese Problemkomplexe Teil der Nutzungskontextanalyse und geben Hinweise darauf, welche Eigenschaften des Nutzungskontextes aktuell noch nicht optimal berücksichtigt zu sein scheinen.

Diese pragmatische Konzentration auf tatsächlich strittige Problembereiche minimiert den Aufwand im Prozess. Dies ist insbesondere für die Akzeptanz und Nachhaltigkeit der Qualitätssicherung von entscheidender Bedeutung. Gerade in der Diskussion zwischen den Stakeholdern der verschiedenen beteiligten Fachrichtungen ist es hilfreich, wenn eine gemeinsame Basis von zu lösenden Problemen im Mittelpunkt steht. Der Bedarf für eine Verständigung ist dann offensichtlich.

Faktisch ähnelt diese Konstruktion dem Prinzip der *FAQ* („Frequently Asked Questions"), die im Bereich der technischen Unterstützung eine weite Verbreitung finden. Doch neu ist, dass diese weiterhin in den Ableitungsprozess eingebunden bleiben und so auch Auswirkungen auf die umliegenden Prozessdokumente haben. Tatsächlich wurde es aus der Beobachtung heraus entwickelt, dass es bei der parallelen Entwicklung von Modulen in verschiedenen Projekten immer wieder ähnliche Fragestellungen gab, die sich wieder zu größeren Komplexen abstrahieren ließen.

7.5.2   Reverse-Engineering

In der Praxis zeigte sich, dass es sehr aufwändig werden kann, wenn man versucht, das Modell Top-Down einzusetzen. Häufig steht am Anfang des Prozesses nicht eine Analyse ausreichender Güte, sondern eine bloße *Abschätzung*, die eher Marketingparameter erfasst. Es kommt auch vor, dass der QS-Prozess erst später in Projekte eingeführt wird, so dass vorhergehende Phasen nicht oder nicht in ausreichender Güte durchgeführt wurden.

Betrachtet man noch einmal das Datenmodell aus Abbildung 22 so ergibt sich auch, wie man aus der Mitte des Prozesses heraus oder mit unvollständigen Daten arbeiten kann.

Fall 1: Unvorbereitete Evaluation
Im schlimmsten Fall wurden gar keine vorbereitenden Maßnahmen getroffen und erst beim Einsatz der Module wird eine Evaluation begonnen. Die Lösung wäre mit diesem Modell, dass man zunächst die potenziellen Probleme, die die Evaluation zutage fördert, einerseits zu Problemkomplexen zusammenfasst, um sie besser handhaben zu können und andererseits nach ihren Ursachen im Produkt sucht (beispielsweise anhand der Frage: „Welches Produktmerkmal hat das Problem ausgelöst?"). Ab dann geht man schrittweise die einzelnen Phasen in umgekehrter Reihenfolge durch und ergründet analytisch, gegen welche Anforderung das Merkmal verstößt. Aus den Anforderungen wiederum schließt man, welches Konzept verwendet wurde und schließlich für welche Zielgruppen es ursprünglich gedacht war. Gerade letzteres lässt sich

häufig aus den Evaluationsergebnissen gewinnen. Daraus kann dann ein Abgleich zwischen dem tatsächlichen Nutzungskontext und den Annahmen des vorliegenden Produktes abgeleitet werden.

Diesen Prozess nennt man in Anlehung an die Arbeitsrichtung *Reverse Engineering*. Dieses Vorgehen ist aus dem Bereich der Softwaretechnik als suboptimale Lösung bekannt. Im Vergleich zur operativen Untätigkeit im Projekt stellt es mit Blick auf die möglichen Verbesserungen aber eine sinnvolle Alternative dar. Denn die Lücken, die dabei aufgedeckt werden und offenen Fragen, die unbeantwortet bleiben, sind so klar erkennbare Aufgaben der nächsten Iteration. Im schlimmsten Fall, dass keine weitere Iteration folgt, hat man zumindest aber für die rückverfolgbaren Mängel eine tragfähige summative Aussage gewonnen.

Fall 2: Unvollständige Anwendung

Im Abschnitt 18 wurde bereits die Zuordnung von Personen und Kompetenzen zu den einzelnen Aufgaben im Prozess diskutiert. In Projekten, in denen einzelne Rollen nicht oder nicht ausreichend besetzt sind, kann dieses Prozessmodell trotzdem zumindest in Teilen angewandt werden und für diese Teile dann die Qualität sichern.

Dabei gilt natürlich weiterhin, dass unerkannte Probleme der verschiedenen Merkmalsbereiche auf die Gesamtqualität durchschlagen. Doch zumindest verhindert der vorgestellte Prozess Beliebigkeit, da offene Fragen als solche erkannt werden. In dem Moment, wo eine Forderung sich *nicht* bis zum Nutzungskontext zurückverfolgen lässt, weil entscheidende Informationen und Entscheidungskompetenzen fehlen, wird diese Lücke offensichtlich. Davon ausgehend kann dann über die Hinzunahme externen Know-hows oder aber die Tolerierung der potenziellen Mängel entschieden werden. So wird zumindest vermieden, dass eine trügerische Sicherheit entsteht.

7.6   Evaluation

Die Bewertung (Evaluation, Evaluierung) des Erreichten ist ein zentrales Element jeden iterativen Vorgehens. Produkt und indirekt auch der Herstellungsprozess sollen iterativ dadurch verbessert werden, dass die Annahmen und daraus abgeleiteten Folgerungen in Form von Anforderungen und Kriterien in einer Evaluation überprüft werden. Wie bereits dargestellt, soll dabei der Schwerpunkt auf der Beseitigung von Handlungshemmnissen liegen. Im Gegensatz zu den von Schenkel (2002) vorgestellten Evaluationen, mit dem Ziel der Beurteilung der *Gesamtwirksamkeit*, beziehen sich die Bewertungsmaßnahmen hier allein auf die Kriterien der Gebrauchstauglichkeit.

Typischerweise stehen dazu drei Evaluationsinstrumente zur Verfügung:

- formative Evaluation durch Expertenreviews

- formative Evaluation durch teilnehmende Beobachtungen (Benutzertests)

- summative Evaluation durch den Teilnehmer

Die *Triangulierung* (vgl. Hamborg, 2002 und Abbildung 23) mittels dieser drei Methoden soll gewährleisten, dass eine möglichst große Abdeckung der eventuell enthaltenen ergonomischen

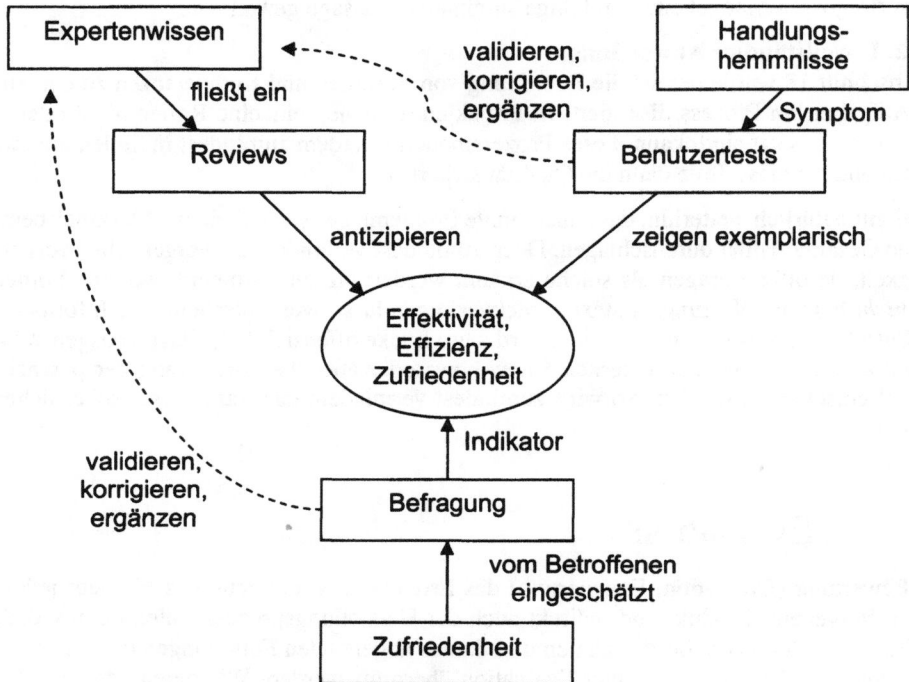

Abbildung 23: *Triangulation erwarteter oder festgestellter Gebrauchstauglichkeitsmängel mittels verschiedener Evaluationsverfahren*

Problemfelder erreicht wird. Außerdem liefert jede der Ergonomie-Evaluationsmethoden spezifische Informationen für den in Kapitel 3.6 (S. 38ff) dargestellten Prozess der *Erhärtungsprüfung*, der die kontextabhängige Bewertung und Beurteilung der Mängel erlaubt („Ist dieser Mangel ein relevanter Mangel bezogen auf die vorgesehenen Nutzer und deren Aufgaben?").

Die formativen und qualitativen Verfahren des Expertenreviews und Benutzertests zeigen auf, wo *Effektivität* und *Effizienz* möglicherweise beeinträchtigt werden (antizipiert durch den Experten im Review) oder in der Praxis bereits beeinträchtigt werden (sichtbar geworden durch Symptome von Gebrauchstauglichkeitsmängeln während der Benutzertests). Im Gegensatz dazu liefert eine Befragung vorrangig Informationen über die von der Testperson individuell wahrgenommene Beeinträchtigung der Handlungen oder des gesamten Handlungsprozesses (vgl. Hartwig et al., 2002b). Dabei ist allerdings immer zu berücksichtigen, dass Befragungen erheblich durch laienhafte Konstruktion und Durchführung in ihrem Ergebnis verfälscht werden können (vgl. Eilers et al., 1990).

Die Ergebnisse dieser Evaluationen fließen dann in den Prozess der Ableitung von Regeln und Kriterien. In diesem Buch ist das Expertenwissen dabei durch die entsprechenden Teile in den Kapiteln über Ergonomie (Kap. 2 S. 9) repräsentiert, die in der Praxis im Benutzertest festgestellten Problembereiche sind in Kapitel 7.6.3 beschrieben und die Auswertung der Befragungen wird dann in Kapitel 7.6.5 dargestellt.

Als Illustration und Beispiel sind im Folgenden konkrete Ergebnisse aus dem Projekt VFH beschrieben. Die Untersuchung hatte unter anderem den Anspruch, Indizien für die Wirksamkeit des hier vorgestellten Prozesses und der Kriterienableitung zu finden.

Denn wenn ein Prozessmodell entwickelt wird, so muss auch dessen Wirksamkeit nachgewiesen werden. In der Praxis realer Projekte ist es aber faktisch unmöglich, einen Entwicklungsgegenstand unter kontrollierten Experimentalbedingungen mehrfach zu entwickeln, um so nachher die Unterschiede zwischen den verschiedenen Vorgehensalternativen überprüfen zu können. Stattdessen werden in diesem Kapitel immerhin *Indizien* aufgeführt, dass das vorgeschlagene Vorgehen in einem realen Projekt einen positiven Einfluss auf die beobachteten Qualitätsmerkmale hatte. Das Projekt VFH (beschrieben in der Einleitung in Abschnitt 1.4.1 S. 5f.) bot dazu die Möglichkeit, da dort Teile des Prozesses und des daraus resultierenden Styleguides umgesetzt wurden.

Für andere Projekte sind die Erkenntnisse sicherlich trotzdem insofern interessant, als dass sie wahrscheinliche Stolpersteine und mögliche Problempotenziale markieren. Schließlich waren im fraglichen Projekt mehr als 15 Teams in unterschiedlichsten Konstellationen und Aufgabenstellungen eingesetzt, so dass sicherlich einige typische Problemkomplexe auftraten. Einschränkend ist zu sagen, dass immerhin ein einheitlicher Nutzungskontext betrachtet wurde, so dass die Übertragbarkeit in Bereiche mit deutlich anderen Anwendungsfeldern sicherlich nicht eins zu eins gegeben ist.

7.6.1 Klassifikation von Mängeln

Ziel der Benutzertests war eine qualitative Untersuchung der beobachtbaren Nutzungsmängel. Es sollte festgestellt werden, welche (externe) Teilaufgaben tatsächlich im Lernprozess vorkommen und welche Handlungshemmnisse und andere ergonomischen Mängel dabei auftreten. Im Gegensatz zu der parallel dazu stattfindenden Befragung (vgl. Kapitel 7.6.5 auf Seite 136ff.)

ist dies keine empirische Untersuchung. Hauptziel war *nicht* die summative Beanstandung von Mängeln in den einzelnen Modulen, sondern die *formative* Evaluation, d.h. die konstruktive Verbesserung aller Module durch eine entsprechende Anpassung des ergonomischen Teiles des Styleguides als zentraler Entwicklungsrichtlinie.

Wenn Symptome von ergonomischen Mängeln beobachtet wurden, so wurden diese in einem ersten Schritt zu so genannten *Problemkomplexen* kategorisiert und zusammengefasst, um so besser handhabbar zu sein. Die einzelnen Beobachtungen der Benutzertests wurden im Projekt zunächst als Text-Protokolle verfasst. Später dann wurde ein eigens dafür entwickeltes Tool[50] eingesetzt, das die Anforderungen mit den festgestellten Problemen verknüpfen konnte (eine detaillierte Beschreibung dieses Vorgehens und des Werkzeuges finden sie bei Hartwig, 2005, S. 118-127).

In einem zweiten Schritt wurden dann unter Zuhilfenahme der Ergebnisse der Befragungen und des allgemeinen ergonomischen Expertenwissens die gesammelten Beobachtungen zu einem (potenziellen) Mangel *erhärtet*.

Dann wurde zusätzlich überprüft, ob und wie schwer der Mangel umgehbar war. Dabei stellten sich drei Mängelkategorien heraus:

- **Leicht umgehbar** Es wurde zwar ein unter Umständen bedeutsamer Mangel festgestellt, aber dieser kann durch Nutzung einer alternativen Nutzungshandlung umgangen werden, *ohne dass* dabei ein erheblicher Aufwand entsteht.

  Beispiel: In manchen Modulen wurden den Nutzern beim Einstieg in das Modul immer wieder die Bedeutung der Bedienelemente erläutert. Kann der Nutzer diese für ihn nach einer gewissen Zeit überflüssige Erläuterung mit einem einzigen Mausklick überspringen, so wäre das Problem als *leicht umgehbar* klassifiziert worden.

  Ein Mangel wäre dann als nicht relevant bzw. minderschwer eingeschätzt worden.

- **Mit erheblichem Aufwand umgehbar** Das Problem kann zwar umgangen werden, aber dies bedeutet gegenüber dem problematischen Weg einen erheblichen Mehraufwand.

  Beispiel: Wenn das umgebende Lernraumsystem als Kommunikationsplattform für die Nutzer keine Unterstützung bietet, um neue Inhalte, z.B. in einer tief geschachtelten Diskussion, schnell zu entdecken, dann bedeutet dies praktisch, dass die Nutzer entweder ein anderes Kommunikationsmedium verwenden (ggf. erheblicher Aufwand, z.B. durch die dazu notwendige neue Koordination, mehrfaches Anmelden etc.) oder aber das bestehende Forum immer wieder komplett Schritt für Schritt durchgehen müssen, um dann Neuigkeiten im Detail zu entdecken. Beide Alternativen sind mit erheblichen Mehraufwänden verbunden und hätten den Mangel erhärtet.

- **Nicht umgehbar** Im schlimmsten Fall kann ein Mangel gar nicht umgangen werden. Entweder steht keinerlei Alternative bereit oder aber der Mangel ist konzeptionell dergestalt, dass der Nutzer gar nicht darauf käme, ihn zu umgehen. Solche Mängel gelten ebenfalls als erhärtet, sofern Effektivität, Effizienz oder Zufriedenheit erheblich beeinträchtigt werden.

---

[50]XMendeL, siehe dazu auch Hartwig et al., 2003

Beispiel: Wenn die Navigation eines Moduls ungünstig gestaltet ist oder technische Probleme die Navigation behindern, so stehen den Nutzern in der Regel keine Alternativen zur Navigation zur Verfügung.

Es kann dabei auch passieren, dass der Nutzer gar nicht bemerkt, dass er eigentlich noch auf weitere Inhalte zugreifen könnte, diese Wege bloß bisher übersehen hat.

Bei der Betrachtung der folgenden Liste der Problemkomplexe ist immer zu beachten, dass es sich um Problemkomplexe handelt, die im konkreten Fall der untersuchten Projekte (hauptsächlich im Projekt VFH) tatsächlich auftraten, und die so oder in ähnlicher Form in anderen Projekten auftreten *können* bzw. könnten. Ziel ist gerade, solche potenziellen Probleme zu antizipieren und bei eigenen Projekten zu vermeiden. Deshalb ist es auch nicht erheblich, ob diese Probleme nun tatsächlich in anderen Projekten immer auftreten oder ob es sich um spezielle Einzelfälle handelt. Eine qualitative Betrachtung der dargestellten Problemfelder lässt aber erahnen, dass diese Probleme nicht untypisch sind. Umgekehrt ist diese Liste auch keine vollständige Liste aller *möglichen* Probleme. Es war ja gerade das Ziel des dargestellten Prozesses, möglichst viele Probleme bereits aufgrund von Expertisen zu verhindern. Diese Liste ist also immer im Zusammenhang mit den bereits festgestellten Anforderungen bzw. den hier dargestellten allgemeinen Grundlagen zu sehen.

7.6.2 Durchführung von Benutzertests

Zentrales Anliegen der Benutzertests war, die Nutzungssituation besser kennen zu lernen und Symptome für Gebrauchstauglichkeitsmängel zu entdecken, die dann durch entsprechende Regeln vermieden werden konnten. Durch den qualitativen und formativen Charakter dieser Untersuchung ist es zunächst nicht wichtig, ob ein festgestellter einzelner Mangel tatsächlich bei allen Nutzern auftritt. Stattdessen wird der Einzelmangel als Hinweis auf einen möglichen Problemkomplex genommen, der dann in einem weiteren Schritt erst auf seine Verallgemeinerbarkeit hin untersucht wird.

Um ein möglichst authentisches Bild des Nutzungskontextes zu erhalten, wurden die Tests bei den Studierenden vor Ort in der tatsächlichen Lernsituation vorgenommen. Dadurch entstand zwar ein erheblicher administrativer Aufwand, da die Studierenden zunächst vorbereitet werden mussten und dann gefragt wurden, ob sie an einer solchen Untersuchung teilnehmen würden, doch es wurde erwartet und in den Tests dann auch bestätigt, dass gerade der Nutzungskontext Heimarbeitsplatz spezifische Anforderungen impliziert, die bei Laborversuchen nicht entdeckt werden konnten.

Im Labor wurden mittels Eye-Tracking dann noch einige Einzeluntersuchungen vorgenommen, bei denen insbesondere die ohnehin zu erwartende negative Auswirkung inkonsistenter Gestaltung zentraler Bedienelemente im Detail überprüft wurde.

Immerhin ca. 10% der angefragten Studierenden erklärten sich prinzipiell bereit, an einem solchen Test teilzunehmen, was im Vergleich zum typischen Rücklauf bei Fragebogenaktionen eine erstaunlich hohe Zahl ist. Ihnen wurde Anonymität, insbesondere gegenüber den im Kurs betreuenden Tutoren und Professoren zugesichert, um Bedenken bzgl. der Offenheit bei Aussagen über das eigene Lernverhalten zu verhindern. Den Studierenden wurde zugesichert, dass der Test insgesamt nicht mehr als 1,5 h ihrer Zeit in Anspruch nehmen würde. Der Testzeitpunkt konnte von den Studierenden frei gewählt werden und orientierte sich daran, wann normalerweise gelernt wurde (z.B. abends, nach Feierabend oder aber bei Vollzeitstudierenden auch vormittags), um möglichst realitätsnahe Ergebnisse zu bekommen.

Auf den Einsatz von Videotechnik oder anderen Hilfsmitteln wurde bewusst verzichtet, denn einerseits hätte allein die Installation und Einrichtung von Videokameras oder Zusatzsoftware auf dem Rechner der Studierenden die knappe Zeit gesprengt und andererseits wieder Datenschutzbedenken hervorgerufen. Stattdessen wurde konventionell mittels Stift und Papier ein Critical-Incident-Protokoll verfasst, in dem Nutzungskontextinformationen und Symptome möglicher Gebrauchstauglichkeitsmängel notiert wurden).

Der Test wurde mit einem einführenden Gespräch begonnen, in dem zunächst die Rahmenbedingungen (Rechnerausstattung, Netzanbindung, typischer Zeitaufwand, Ziele der Nutzung) abgefragt wurden. Dann wurden die Versuchspersonen (VP) gebeten, eine „Lernsitzung" zu beginnen, also anzunehmen, sie würden nun wie gewohnt „virtuell" studieren. In dieser Phase wurde soweit wie möglich auf Kommentare und Fragen verzichtet, wobei aber aufgrund der knappen Zeit gelegentlich in Form von Regieanweisungen vom Tester gebeten wurde, sich nun einem anderen Teilaspekt zuzuwenden (z.B. nun einmal nach Neuigkeiten zu suchen), sofern dieser vorher vom Studierenden genannt worden war. Diese eigentliche teilnehmende Beobachtung dauerte zwischen 45 und 90 Minuten. Am Ende (und *nur* dann), bekamen die Studierenden dann noch die Möglichkeit, sich allgemein zu den Modulen und dem virtuellen Studium zu äußern, um so bisher nicht aufgetretene Mängel zu identifizieren.

7.6.3   Beispiele für typische Problemkomplexe und potenzielle Mängel

Die folgenden Unterabschnitte beschreiben Bereiche, in denen Mängel beobachtet wurden. Die einzelnen Mängel wurden mit Aussagen aus den derzeitigen Befragungen und Verweisen zu den entsprechenden Prinzipien zu einem *Problemkomplex* zusammengefasst. Ziel dieser Identifikation von *potenziellen Mängeln* und Problembereichen ist die zukünftige Vermeidung solcher Probleme, nicht aber die summative Bewertung der geprüften Module. Sie sind deshalb sehr allgemein gehalten.

Diese Problemkomplexe stellten dann die Grundlage für die Weiterentwicklung der ergonomischen Anforderungen, z.B. im Styleguide dar. So wurde sichergestellt, dass der Styleguide einerseits sich nur mit Themen beschäftigt, die es auch tatsächlich wert sind, andererseits wird so erreicht, dass Probleme nachhaltig vermieden werden.

Entdeckbarkeit aktiver und interaktiver Elemente
Dieser Problemkomplex behandelt die Frage, ob die interaktiven Elemente (Schaltflächen, Verweise und andere GUI-Elemente) auch als solche zu erkennen sind oder ob Studierende erst danach suchen müssen. „Kann der Nutzer erkennen, wo er selbst etwas tun kann/soll?"

Zusätzlich zu den Ergebnissen des Nutzertests werden auch die Befragungsergebnisse hinzugezogen, um so die Einschätzungen der Nutzer insbesondere bzgl. der Wichtigkeit eines potenziellen Mangels zu berücksichtigen.

In der Befragung zu diesem Thema waren die dazugehörigen Items bereits als überdurchschnittlich wichtig beurteilt worden. Zur vorsichtigen Interpretation des Wertes der durchschnittlichen

#	Kurztitel	W
19	Konsistente Bedeutung von Farben/Auszeichnungen	1,86
31	Steuerung konsistent mit Browser/Betriebssystem	1,97
49	Leichte Bedienbarkeit (Konzentration auf Lernstoff)	1,51

Tabelle 4: *Ergebnisse der Befragung zur Wichtigkeitseinschätzung bei mit dem Komplex verwandten Bereichen. # = Nummer der Frage im Fragebogen; W = Durchschnitt der Wichtigkeitseinschätzung (vgl. Kapitel 7.6.5).*

Wichtigkeitseinschätzung sei an dieser Stelle auf das noch folgende Kapitel 7.6.5 hingewiesen. Sie wird hier nur als Indiz, nicht aber als Beweis verwendet.

Im Benutzertest zeigte sich dann, dass in diesem wichtigen Bereich viele Mängel festgestellt werden konnten, die zum Teil als nicht oder nur schwer umgehbar klassifiziert werden mussten. Typische Beobachtungen waren:

- Aktive und interaktive Inhalte wurden übersehen, d.h. Nutzer fanden ganze Teile von Modulen nicht, weil die dazu gehörigen Schaltflächen und Links in Grafiken versteckt oder im Text zu wenig hervorgehoben waren.

- Ähnliches passierte mit *Zusatzfunktionen*, die ungenutzt blieben, da sie weder gut auffindbar noch ihr Nutzen selbstbeschreibend war.

Dieser Komplex bezieht sich auf das Dialogprinzip der *Selbstbeschreibungsfähigkeit* (siehe 4.9) bzw. auf das Darstellungsprinzip der Entdeckbarkeit (siehe 4.3).

Das Problem ist analytisch als *nicht oder nur schwer umgehbar* einzustufen. Schließlich versucht der Studierende in den meisten Fällen gar nicht, die nicht gefundenen Interaktionselemente zu umgehen, sondern „verpasst" die dahinter verborgenen Inhalte gänzlich. Dies kann als schwerste Form der Beeinträchtigung der Effektivität beurteilt werden, auch wenn dann natürlich auf der darüber liegenden didaktischen Ebene geprüft werden muss, ob das Verpassen dieses Inhaltes tatsächlich eine negative Auswirkung hat. Andererseits ist es offensichtlich überflüssig, interaktive Elemente zu entwickeln und zu verwenden, die dann nicht zuverlässig entdeckt werden können. Hinzu kommt der nicht zu unterschätzende und zu erwartende verunsichernde Effekt, wenn die Studierenden dann später bemerken, dass sie nicht alle Inhalte gesehen haben.

Chatnutzung

Die Nutzung eines angebotenen synchronen Textdiskussionswerkzeuges „Chat" litt unter prinzipiellen und technischen Problemen, die seine Effizienz in Frage stellten.

- Technische Probleme überlagerten immer wieder die Nutzung dieser Werkzeuge. Gründe waren Firewalls, unfertige Lösungen und Probleme bei der Erreichbarkeit von dafür vorgesehenen Servern beim Lernmittelanbieter.

- Ein grundsätzliches konzeptionelles Problem hatte mit dem Platzbedarf der parallelen Nutzung eines Chatfensters zusammen mit der eigentlichen Lerneinheit zu tun. Selbst bei modernen Bildschirmen der üblichen 17 Zoll Klasse mit 1024 oder 1200 Punkten Breite, bleibt für die parallele Nutzung von Textpassagen, interaktiven Werkzeugen und einem Whiteboard/Chat-Werkzeug schlichtweg zu wenig Bildschirmplatz. Stattdessen werden die Nutzer zu dauernden Fensterwechseln bzw. Fokuswechseln gezwungen, die sie aus dem Arbeitsfluss bringen.

- Ein weiteres konzeptionelles Problem war die Awareness (das Wissen über die Verfügbarkeit anderer potenzieller Chatteilnehmer) und die Terminfindung („Wann kann ich mit anderen im Chat rechnen?"). Aufgrund der oben beschriebenen technischen Probleme und Platzmangels, wollten die Nutzer nur sehr gezielt die Chatfunktionen einsetzen. Dazu mussten sie aber wissen, wann mit anderen Teilnehmern zu rechnen sei. Dies haben die damals betrachteten Werkzeuge nur ungenügend geleistet.

  Dabei wurden im Projekt VFH nur eigens entwickelte Chat-Plattformen betrachtet. Für öffentliche Plattformen (wie ICQ, AIM etc.), die diese Fragestellung inzwischen sehr gut abdecken, sind z.T. andere Problemfelder wahrscheinlich (Stichwort Privacy und Trennung zwischen gerade erwünschten und unerwünschten Kontakten).

- Ein unerwartetes aber sehr schwer wiegendes Problem stellte die Kommunikation von nicht rein textbasierten Inhalten dar. Sowohl mathematische Formeln, als auch großvolumige Bilder und andere typische Arbeitsergebnisse in bestimmten Fachbereichen, waren mit den Chat-Tools nicht handhabbar. Formeln konnten entweder gar nicht oder aber mühsam in ein Whiteboard gezeichnet gemeinsam angesehen werden. Die Lernenden behalfen sich dann mit Fax-Geräten! Auch Bilder wurden später als Ausdruck versandt und verarbeitet und ansonsten wurden zusätzliche Präsenzphasen eingerichtet, um gemeinsam Inhalte besprechen zu können.

Die ergonomischen Hauptprobleme bei der Chatnutzung waren, dass viele Inhalte, z.B. Formeln, sich nicht damit kommunizieren ließen. Außerdem reichte der Platz auf dem Bildschirm eines typischen Lernerarbeitsplatzes schlichtweg nicht aus, um neben dem Chat auch noch die eigentlich zu diskutierenden Inhalte darzustellen. Die daraus folgenden Wechsel führten zu erheblichen Mehraufwänden und zu der Einschätzung als *schwer umgehbar*. An dieser Stelle können technische Fortschritte bei der Monitorentwicklung sowie den Eingabemedien später vielleicht Hilfe bringen. Dieser Komplex bezieht sich hauptsächlich auf die *Aufgabenangemessenheit* der virtuellen Kommunikationswerkzeuge.

Neben den rein ergonomischen Problemen fiel auf, dass *organisatorische* Probleme das effiziente Nutzen des Chats ebenfalls behinderten. Dazu gehörten Fragen der so genannten „Netiquette", d.h. Verhaltensregeln im Chat, als auch das Verabreden von gemeinsamen Terminen. Aus Sicht der Ergonomie ist das Fehlen entsprechender Hilfestellungen zur Terminvereinbarung und beim Awareness-Support („Wer ist gerade für mich ansprechbar?") zu bemängeln.

Eigene Bearbeitung der Modulinhalte
Zentrales Anliegen vieler didaktischer Modelle, insbesondere der konstruktivistischen Modelle (siehe 5.2), ist die Förderung des *selbstgesteuerten* Lernens und der tatsächlichen *aktiven* Nutzung der angebotenen Lerninhalte.

Den Studierenden fehlen aber häufig Möglichkeiten, die angebotenen Inhalte im Rahmen ihres Lernprozesses weiter zu verarbeiten. Die Beobachtungen zeigen, dass die Studierenden trotz der beschriebenen Probleme und Einschränkungen ihre aus dem Präsenzstudium und schulischen Erfahrungen gewohnten Arbeitsweisen des Abschreibens, Markierens, Annotierens und auch Austauschens auf Papier nutzen, obwohl ihnen dazu auch elektronische Entsprechungen zumindest teilweise bereit standen. Anscheinend sind diese aber nicht ausreichend gebrauchstauglich bzw. selbst der mühsamen Kopierarbeit immer noch unterlegen.

Das zentrale Prinzip, das an dieser Stelle verletzt wird, ist das der *Aufgabenangemessenheit* (vgl. 4.9) und der *Individualisierbarkeit* (siehe 4.9)

Beim Thema Annotationen fällt eine Diskrepanz zwischen der geringen Wichtigkeitseinschätzung des dazu gehörigen Fragebogenitems (ein unterdurchschnittlicher Wert von nur 2,35, also nur Rang 47 von 52[51]) durch die Studierenden und deren auffälligen Bemühungen am Text zu annotieren auf. Es wird deshalb davon ausgegangen, dass die Studierenden bei der Beantwortung der Frage keine Vorstellung davon hatten, ob und wie leistungsfähig eine elektronische Unterstützung von Annotationen sein kann. Außerdem ist es eine Warnung für die Interpretation der Wichtigkeitsabschätzung durch die Nutzer generell. In Abschnitt 7.6.5 wird dieser Punkt noch eingehender diskutiert.

Auffällig bei diesem Problemkomplex ist, dass er nicht direkt sichtbar wird, sondern erst indirekt durch die Beobachtung seiner (mühevollen) Umgehung im nachfolgenden Abschnitt (siehe S. 127ff.). An dieser Stelle sei darauf verwiesen, dass natürlich nicht sicher ausgesagt werden kann, dass die ergonomischen Mängel in diesem Bereich dafür verantwortlich sind, dass eine fehlerträchtigere und aufwändigere Art der Bearbeitung, nämlich auf Papier, gewählt wird. Doch eine analytische Betrachtung der Aufgaben, die dann tatsächlich auf Papier passieren, zeigt, dass diese zur Zeit in der Tat technisch am Rechner aus ergonomischer Sicht nur suboptimal unterstützt werden.

Der dargestellte MARKER-Komplex (vgl. Abschnitt 6.4.3) wird in vielen Bereichen durch papiergestützte Lösungen tatsächlich besser unterstützt:

M - Markieren Auf Papier mittels farbiger Stifte leicht zu realisieren, für HTML-Dokumente bis heute nur mit Insellösungen zu realisieren. Für andere Formate (z.B. Flash) müssen diese Lösungen individuell entwickelt werden. Auch bei Formaten, bei denen diese Möglichkeiten bereits eingebaut sind (z.B. PDF, Microsoft Word™) müssen zum einen teure Lizenzen der jeweiligen Programme erworben werden und zum anderen auch deren Bedienung erlernt werden. Auch bleibt die Frage der Persistenz dieser Markierungen.

A - Annotieren Bereits auf Papier abhängig von der Größe der Annotationen mühsam und fehlerträchtig, doch im Bereich der elektronischen Annotationen findet man, ähnlich wie im oben genannten Bereich der Markierungen, nur bestenfalls Insellösungen oder aber gar keine Möglichkeiten.

R - Rezipieren Auch wenn dieser Punkt streng genommen nicht unter Bearbeitung fallen würde, zeigt sich auch hier, dass nicht optimal gestaltete und/oder schlecht eingestellte und platzierte Monitore und systemimmanente Mängel (z.B. mobile Nutzung der Inhalte, d.h. Offline und ohne Rechner) allein schon die pure Aufnahme von Inhalten erschweren.

K - Kommunizieren Im Rahmen der Nutzertests war zu beobachten, dass Studierende sich mathematische Formeln per Fax zuschickten, weil sie nicht in der Lage waren, die For-

---

[51]In der abschließenden Untersuchung erhielt dieses Item sogar nur eine Wichtigkeitseinschätzung von 2,41, die nach Abzug eines positiven Bias als „weniger wichtig" zu interpretieren wäre.

meln elektronisch zu erstellen bzw. zu annotieren (s.o.). Ansonsten wurden nach Aussagen der Studierenden große Teile der Kommunikation per E-Mail abgewickelt, wohingegen Chat und Diskussionsforen, zumindest bei den beobachteten Versuchspersonen nur eine untergeordnete Rolle spielten. Vermutlich waren die Gründe wieder unter anderem bei der Handhabbarkeit und Effizienz zu suchen, d.h. es war einfach schneller, mit dem vertrauten Mailprogramm Informationen auszutauschen, als mit den lernraumspezifischen Diskussionsforen. Auch der Griff zum Telefon oder der Rückgriff auf Präsenzveranstaltungen zeigt, dass noch wesentliche Kommunikationsbereiche (-kanäle) nicht ausreichend (gebrauchstauglich?) abgedeckt wurden. Dieser Bereich der Gegenüberstellung elektronischer Kommunikation vs. Präsenzveranstaltung fällt aber hauptsächlich in den didaktischen Bereich, so dass an dieser (ergonomischen) Stelle nur darauf verwiesen sei, dass allein die im Vergleich zur direkten Kommunikation umständlichere Handhabung mancher elektronischer Medien, zumindest ein (weiterer) Hinderungsgrund für deren Nutzung sind.

E - Elaborieren Im Rahmen der Nutzertests fiel auf, dass nur einer der 15 beobachteten Studierenden den Computer nutzte, um weiter mit den Inhalten der Module zu arbeiten, sofern dies nicht sowieso Aufgaben waren (vor allem im Bereich Programmieren und Datenbanken), die ausschließlich computergestützt zu lösen waren. Der Rest hatte für alle weiteren Aufgaben mehr oder weniger umfangreiche Aktenordner, Mappen und Schreibblöcke genutzt oder sich gar keine weiteren Materialien zugelegt.

Die Möglichkeiten, z.B. in einer Textverarbeitung eigene Skripte anzulegen und dann mit den Inhalten der Module zu vernetzen, wurde, zumindest bei den hier beobachteten Personen, nur in Ausnahmefällen genutzt.

R - Recycle Analog zum vorherigen Punkt wurde auch nur in Ausnahmefällen tatsächlich Material elektronisch wieder- bzw. weiterverwendet. Wenn es elektronische Aufbereitung gab, dann beispielsweise, um aus einem Flashfilm, den man nicht drucken konnte, mittels einer Reihe von Screen-Shots dann eine druckbare Version herzustellen[52].

Zusammenfassend lässt sich feststellen, dass man die Beobachtung, dass für die meisten im Lernprozess relevanten Unteraufgaben immer noch auf „traditionelle" Mittel zurückgegriffen wird, so deuten kann, dass die elektronischen Pendants den potenziellen Nutzern zumindest weniger nützlich und/oder effizient *erscheinen*. Für viele Unteraufgaben ließ sich dann aber im Einzelfall zeigen, dass tatsächlich ein erheblicher Mehraufwand entsteht, will man die virtuellen Möglichkeiten nutzen. Hinzu kommen Vorurteile, die bei anderer Gelegenheit gesammelt wurden („Onlinezeiten sind so teuer"), die bei genauerer Betrachtung einer rationalen Überprüfung nicht immer standhalten (im Beispiel: Die Druckkosten übersteigen meist die Kosten der Online-Zeit).

Ein besonders interessantes Feld ist sicher der Aspekt der Lesbarkeit von Texten an Bildschirmen. Bei den Versuchspersonen wurde als Grund für die Nichtverwendung der Online-Versionen häufig auch genannt, dass man „Text auf Papier besser lesen" könne. An dieser Stelle wäre eine grundlegende Untersuchung unter Berücksichtigung aktueller Display-Technologien

---

[52]Interessant an diesem speziellen Vorgang war, dass die Modulersteller daraufhin mit rechtlichen Konsequenzen wegen Verletzung des Urheberrechts drohten.

(z.B. TFT-Bildschirme) notwendig, die zeigen könnte, ob dies bis heute so gilt. Es ist zu vermuten, dass die oben angeführten Detailprobleme beim Weiterverwenden und Annotieren wohl von vielen unbewusst mit in den Komplex „Lesen" projiziert werden.

Bedauerlich an dieser Feststellung ist, dass so viele *neue* Möglichkeiten des Arbeitens mit Inhalten noch ungenutzt bleiben oder nur am Rande verwendet werden. Sei es die Volltextsuche, das schnellere Navigieren durch Hyperlinks, die (eigentlich) bessere, weil verlustärmere, Kommunizierbarkeit digitaler Inhalte, aber auch deren Kompaktheit (im Vergleich zu einer äquivalenten privaten Bibliothek) und anderen ökonomischen und in letzter Konsequenz vermutlich auch ökologischen Vorteilen elektronischer Medien.

Aus Sicht der Ergonomie muss aber zunächst besonders die Eingabe und Speicherung auch und gerade von nichttextuellen Inhalten (Bilder, Formeln, Markierungen) durch entsprechende neue, aufgabenangemessenere Interfaces menschen- und aufgabengerechter gelöst werden.

Möglichkeiten zur Nachbearbeitung auf Papier
Aus den Beobachtungen des vorherigen Komplexes ist der konservative Schluss zu ziehen, dass bis zur grundlegenden Beseitigung von Handlungshemmnissen bei den elektronischen Medien eine Anbindung des traditionellen Mediums Papier zu unterstützen ist. Die Befragung zeigt, dass die Studierenden (zz.) Papier als Arbeitsmittel wünschen. Einigkeit herrscht darüber, dass der Studienaufwand nicht zu hoch werden soll und dass eigene Strategien (zu denen laut Beobachtungen häufig das Ergänzen der Unterlagen gehört) unterstützt werden sollen.

Die Frage ist also: Inwieweit werden die Studierenden dabei unterstützt, die Module auf Papier zu bringen und zu nutzen? Die Meinung zu konkreten technischen Hilfsmitteln, die dies erleichtern sollen (Bookmarks, Annotationsfunktionen) sind eher verhalten, was die Deutung zu den bisherigen Erfahrungen der Studierenden mit solchen Tools zulässt, dass diese (noch?) nicht wissen, was möglich wäre.

Aber neben der quantitativen Auswertung der Befragung zeigte im Projekt VFH damals auch eine qualitative Analyse der Beobachtungen, dass die Studierenden mehrheitlich zur Nachbearbeitung der Modulinhalte Papier bevorzugen, weil sie auf Papier gewohnte Arbeitsweisen (z.B. Markieren, Annotieren und Referenzieren) leicht einsetzen können.

Viele Studierende gaben an, das Abschreiben der Inhalte sei als Verstärkung ihres Memorierprozesses (vgl. auch 5.5 Anforderungen aus dem Lernprozess) notwendig. Ein Aspekt, der aus Sicht der Didaktik und Lernpsychologie weiter zu überprüfen wäre. Das genannte Prinzip der Interaktivität, also der *aktiven* Einbindung ist sicherlich hier beteiligt. Hinzu kommt die kognitive Komponente, dass kaum noch jemand darüber nachdenken muss, bestimmte Zeichen, Symbole und Grafiken mit einem Stift tatsächlich aufzumalen, wohingegen die Umsetzung mittels eines PCs z.B. bei mathematischen Formeln, Strukturgrafiken und anderen nichttextuellen Inhalten weiterer kognitiver Arbeit bedarf.

Teilweise wurden die Studierenden aber auch durch die Betreuung gezwungen, auf Papier zu arbeiten, was darauf hindeutet, dass auch für die Betreuer der Umgang mit den neuen Medien noch nicht zufriedenstellend gebrauchstauglich war. Daneben zeigt es aber auch, dass natürlich neben den technisch-ergonomischen Voraussetzungen auch die *organisatorischen Voraussetzungen* für den Medieneinsatz geschaffen werden müssen.

Die papiergestützte Arbeitsweise wird aber dann häufig durch technische und konzeptionelle Probleme behindert:

- Ausdrucke unvollständig: Durch teilweise mangelhafte Umsetzung in HTML mit festen Seitengrößen werden Inhalte erzeugt, bei denen dann beim Ausdruck am Rand Teile abgeschnitten werden oder andere (bspw. interaktive) Inhalte gar nicht erst abgedruckt werden.

- Seitenzahlen fehlen: Der kürzeste Weg, Referenzen zwischen einem Online-Dokument und einem Papierdokument herzustellen, führt über Seitenzahlen, auch und gerade, wenn das Online-Dokument nicht streng linear strukturiert ist. Wichtig ist die eindeutige Zuordnung und weniger die Reihenfolge. Bei den Tests war zu beobachten, wie Benutzer anhand von Überschriften zu referenzieren versuchten, dabei aber bei häufig wiederkehrenden Überschriften Probleme bekamen, oder aber nicht bemerkten, dass die Überschrift sich auf eine große Zahl von einzelnen Seiten bezog. Auch war das Wiederauffinden anhand solcher Referenzen noch schwieriger als sonst ohnehin schon.

- Eingabe von Formeln problematisch: Wie bereits beim Thema Chat beschrieben, ist auch die Eingabeseite problematisch und von zentraler Bedeutung. Wenn Lernende erst auf den unteren Ebenen des Dialogmodells überlegen müssen, wie sie etwas computergerecht kodieren können („Wie male ich ein Summenzeichen mit dem Index j bis unendlich darunter?"), geht dieser kognitive Aufwand zulasten der Ressourcen für den eigentlichen Lernprozess.

- Möglichkeit zum Ausdruck fehlt: Und wenn gar nicht erst eine Möglichkeit zum Ausdrucken vorgesehen wird, geht viel Aufwand für die Umgehung dieses Mangels verloren. Die Workarounds sind dann häufig fehlerbehaftet und können dazu führen, dass der Lerner sich ganz einem anderen Medium zuwendet.

In manchen Fällen wurden die Unterlagen auch genutzt, obwohl die Online-Lösung eigentlich effizienter sein müsste, dies aber durch technische und konzeptionelle Mängel behindert. So ist die Volltextsuche über ein Dokument gerade die Stärke einer computerbasierten Medienlösung, doch Beobachtungen zeigten, dass andere Nachteile diesen Vorteil zunichte machen. Im konkreten Beispiel war dem Nutzer auch gar nicht bewusst, welche weiteren Möglichkeiten bereit standen. Dies zeigt eine weitere Grundproblematik auf, nämlich dass für viele Nutzer die neuen Medien und ihre Möglichkeiten gar nicht ausreichend bekannt sind. Schließlich sind die meisten in ihren bisherigen Lernprozessen (Schule, Ausbildung, Beruf, Hobby) mit den traditionellen Mitteln vorgegangen und in diesen geübt. Es wird zu beobachten sein, wie neue Generationen von Lernern, die zunehmend intensiver mit neuen Medien in Kontakt kommen, diese dann auch mehr in ihre eigenen Prozesse einbinden werden.

Die ganze Problematik bezieht sich auf die Dialogprinzipien der Aufgabenangemessenheit (vgl. 4.9) und Individualisierbarkeit (vgl. 4.9).

Diese Mängel sind nur mit *erheblichem Aufwand* zu umgehen. Der zusätzliche Aufwand entsteht durch das manuelle und rein technische Aufbereiten der Inhalte für das Medium Papier oder aber durch kognitive Belastungen, um mittels ungewohnter, häufig uneinheitlicher und nicht immer zuverlässig funktionierender Mechanismen diese Unteraufgaben des Lernprozesses abzuarbeiten.

Neuigkeiten und Änderungen nicht direkt sichtbar

Aus dem Bereich der Kommunikation fiel bei den Beobachtungen auf, dass auch in der Nutzung der angebotenen Kommunikationsmittel, wie Diskussionsforen, ergonomische Probleme einen effektiven, effizienten und zufriedenstellenden Einsatz verhinderten.

Im konkreten Fall waren die neuen Beiträge in der gewählten Lernplattform erst dann sichtbar, wenn man in den hierarchisch strukturierten Foren jeweils bis zu deren untersten Ebene ging und dort nach als „Neu" markierten Beiträgen suchte. Wenn Studierende also die angebotenen Foren und Ankündigungen nutzen wollten, mussten sie mit erheblichem Navigationsaufwand diese einzeln durchsehen, auch wenn sich dort von einem zum anderen Tag zum großen Teil nichts geändert hatte. Dies führte dazu, dass Studierende die Foren nur noch sporadisch oder gar nicht nutzten. Dies wiederum verstärkte den Effekt, dass der ohnehin geringe Austausch in den Foren noch weiter abnahm.

Ankündigungen der Betreuer („Announcements") waren ebenfalls über mehrere Kurse verstreut und teilweise bereits wieder automatisch aus der Ansicht entfernt worden, bevor die Studierenden Gelegenheit hatten, darauf zuzugreifen. Auch hier entstand ein erheblicher Aufwand für die Studierenden, wenn sie nicht wichtige Ankündigungen verpassen wollten.

Dieser Komplex bezieht sich eindeutig auf das Dialogprinzip der Aufgabenangemessenheit (vgl. 4.9), denn die angebotene technische und organisatorische Struktur war nach den funktionalen und organisatorischen Vorgaben des Anbieters, nicht aber nach den Bedürfnissen des Nutzers und seiner Aufgaben gestaltet. Die Probleme waren nur *mit erheblichem Aufwand zu umgehen*.

Orientierung innerhalb der Module

Ein typisches Symptom eines Usability-Mangels ist die Nutzung von Umwegen, um zum Ziel zu kommen. Am Beispiel der Navigation durch die Module ist zu erkennen, wie die Nutzer angebotene Abkürzungen nicht erkannten oder nicht verstanden und stattdessen umständlich über den ihnen besser bekannten sicheren Weg, häufig immer wieder beginnend mit der Startseite, zu bereits besuchten oder folgenden Inhalten navigierten. Dies deutet auch darauf hin, dass die Studierenden sich ihrer Orientierung im Modul nicht sicher waren und auch deshalb immer wieder an einem „sicheren" Startpunkt begannen. In manchen Fällen war die Navigation zwar klar, zwang den Nutzer aber zu vermeidbaren Zwischenschritten.

Aus Sicht der Ergonomie gibt es im Bereich der Navigation und Orientierung potenzielle Defizite sowohl auf der pragmatischen und semantischen Ebene, d.h. beim Vermitteln und Darstellen der Struktur des Angebotes als auch bei der Erwartungskonformität (4.9) und Selbstbeschreibungsfähigkeit der Navigationselemente. Die Navigationsmöglichkeiten an sich wurden offenbar von den Nutzern nicht immer ausreichend verstanden, um dann in deren Lernprozessen effizient und effektiv einsetzbar zu sein.

Platzprobleme auf dem Bildschirm

Ein sehr konkretes, aber typisches Problem virtueller Lernumgebungen ist der beschränkte Platz auf dem Bildschirm. Es ist technisch einfach nachzuweisen, dass ein virtueller „Desktop" eines Rechners mit heutzutage zwischen 1024×768 bis hinauf zu hochauflösenden Displays mit bis zu 1600×1200 Bildpunkten nur einen Bruchteil eines tatsächlichen realen Schreibtisches abbilden kann.

Dazu ein naives Rechenbeispiel: Angenommen ein Schreibtisch habe eine Größe von ca. 35"×21"[53] dann entspräche dieser einem ca. 44"-Display mit 300 dpi. Üblich sind aber 15-19" Monitore mit 96 dpi Auflösung. Dies verdeutlicht bereits auf der technischen Ebene den enormen Unterschied, gerade wenn es um eine, für die Wahrnehmungsfähigkeiten des Menschen optimierte, wohlgruppierte und insgesamt nicht überladene, parallele Darstellung verschiedener Inhalte geht. Es müssen offensichtlich erhebliche Abstriche gemacht werden.

Es war dann in der Praxis auch tatsächlich zu beobachten, dass es für die Studierenden schwierig war, mit mehreren Fenstern gleichzeitig zu arbeiten, weil der Platz auf dem Bildschirm zu knapp war. So wurde das gleichzeitige Abarbeiten einer Aufgabe und Nachschlagen im Modul, sofern dies überhaupt möglich war, oder Chatten (siehe auch andere Probleme aus dem Bereich Chat 7.6.3 Chatnutzung) unter anderem durch diese Platzprobleme unterbunden oder zumindest stark erschwert. Und natürlich wurde so auch das parallele Arbeiten mit mehreren Quellen behindert.

Diese Problematik ist zum einen als Mangel an Steuerbarkeit (4.9) zu interpretieren, d.h. es gelingt den Nutzern nicht immer zuverlässig, verschiedene Inhalte nach ihren Wünschen anzuordnen. Hinzu kommen dann Probleme der Lesbarkeit (4.3), wenn die Inhalte zu stark verkleinert werden.

Dieses Problemfeld ist nur mit erheblichem Aufwand zu umgehen, denn entweder müssen die Inhalte zunächst ausgedruckt werden, um dann neben dem Rechner Platz zu finden, oder aber der Nutzer muss immer wieder (fehlerträchtig) zwischen verschiedenen Darstellungen und Fenstern wechseln, die jeweils nur exklusiv darstellbar sind.

Organisatorische Probleme

In diesem Abschnitt seien die beobachteten organisatorischen Probleme nur kurz beschrieben und aus Sicht der Ergonomie bewertet, sofern sie sich darauf auswirkten.

Am Beispiel des Chats wird der Zusammenhang zwischen organisatorischen und ergonomischen Problemen deutlich: Die Nutzung des Chats wurde erschwert, weil die Termine, zu denen andere Mitstudierende im Chat zu erwarten wären, nicht klar waren und die Studierenden so immer wieder vergeblich nachsahen und dann die Nutzung ganz einstellten. Dieser organisatorische Mangel (unklare Chat-Termine) hätte durch eine entsprechende aufgabenangemessene, technische Unterstützung (Awareness) gemildert, wenn nicht sogar vermieden werden können.

- Nicht nur die Gestaltung des Diskussionsforums an sich, sondern die für Studierende nicht transparente Untergliederung in verschiedene Arten von Kursen („Ortskurse" zu einem Thema gehörten dann wiederum zu einem übergeordneten „Gesamtkurs") führten zu einer erheblichen Beeinträchtigung der Nutzung der angebotenen Kommunikationswerkzeuge.

- *Unklare Rollen und Strukturen*: Solange den Studierenden keine Informationen zu den gezeigten Namen gegeben wurden, waren diese unsicher, ob es sich um einen zusätzlichen Betreuer oder aber andere Gäste handelte. Dies hemmte den freien Meinungsaustausch.

---

[53]Entspricht einem typischen 100×80 cm Standard-Schreibtisch. Da auch Bildschirme und die Auflösung in Inch (Zoll) gemessen werden, wird auch hier ausnahmsweise diese Maßeinheit verwendet.

- *Mitgelieferte Skripte nicht mit dem Modul verbunden*: Auch dieser Mangel aus dem Komplex „Möglichkeiten zur Nachbearbeitung auf Papier" hatte eine organisatorische Komponente. Es war bei der Planung der Kurse noch nicht berücksichtigt worden, ob und welche weiteren Materialien den Studierenden ausgehändigt werden sollten. Dies führte dazu, dass bereits bei der Planung der Online-Versionen eines Moduls unklar blieb, ob und wo weitere Medien referenziert werden müssten. Dies war dann nachträglich nicht mehr zufriedenstellend zu leisten.

- *Diskrepanz zwischen Autoren, Dozenten und Mentoren*: Diese Problematik war von zentraler Bedeutung, auch wenn sie streng genommen nicht in den Aufgabenbereich der Ergonomie fällt: Für Studierende war es problematisch, wenn die Inhalte der Module und die Aussagen im Lehrbetrieb sich widersprachen und wieder in Frage gestellt wurden.

Allgemein ist dazu anzumerken, dass solche konzeptionellen Probleme bereits in der Planungsphase zu berücksichtigen sind und dann auf eine konsequente Umsetzung von Qualitätsmanagementplänen zu achten ist.

- *Mentoren behindern Gruppenarbeit*: Ein ebenso unerwartetes wie schwerwiegendes Problem ergab sich dann, wenn die Studierenden die angebotenen Kommunikationswege doch nutzten. Dann wurden manche Betreuer skeptisch, ob denn nicht *zuviel* Informationen (verlustfrei) ausgetauscht würden, also die Zusammenarbeit zu sehr in ein gegenseitiges Kopieren abdriftete. In diesem ungewöhnlichen Fall ist die Gebrauchstauglichkeit aus Lernersicht gegeben, aber den *Lehrenden* fehlten nun (aufgabenangemessene) Kontrollmöglichkeiten über den Informationsfluss zwischen den Studierenden.

Ob eine Verbesserung der Gebrauchstauglichkeit aus Lehrersicht in Form von besseren Kontrollmöglichkeiten über den Informationsfluss und einer gezielten Einschränkung der Nutzungsmöglichkeiten nicht das Gesamtziel konterkarieren würde, müsste in einer eher didaktischen Gesamtbetrachtung erörtert werden. Aus Sicht der Ergonomie sollte dies nicht durch Einschränkungen der Nutzbarkeit, sondern durch geeignetere Fragestellungen gelöst werden, da sonst zu viele andere Nutzungsbereiche (insbesondere der Bereich der individuellen Anpassung und Nutzung) der Medien betroffen wären.

- *Unklarheit über die weitere Verarbeitung der Aufgaben*: Eine Besonderheit von virtuellen Studiengängen ist die Problematik, dass bei Formularen und interaktiven Übungen am Bildschirm nicht immer klar ist, wer den Inhalt bzw. die Ergebnisse dann tatsächlich zu Gesicht bekommt (und ob z.B. der Abgebende auch eine Kopie erhält). Hier ist aus Sicht der Ergonomie eine ausreichende Selbstbeschreibungsfähigkeit herzustellen, aus der hervorgeht, ob es sich gerade um einen lokalen Selbsttest, dessen Ergebnis den Rechner nie verlässt, oder aber um eine Einsendeaufgabe, die den Betreuern vorgelegt wird, handelt. Aus Sicht der Aufgabenangemessenheit muss sichergestellt werden, dass der Benutzer, gerade bei umfangreichen Aufgaben, auch selbst eine Kopie behalten kann, um sie später weiter zu verwenden.

- *Nicht alle Versionen werden berichtigt*: Ein grundsätzliches Problem bei der parallelen Verwendung verschiedener Lernmedien ist die parallele Aktualisierung. Im vorliegenden Fall wurden Korrekturen nur an der HTML-, nicht aber an der PDF-Version durchgeführt. *Konsistenz* ist hier natürlich auch auf die inhaltliche Ebene eines Moduls anzuwenden.

Diese organisatorischen Probleme sind durch eine entsprechend sorgfältige Planungsphase zu vermeiden aber sie können durch ergonomische Mängel auch noch verstärkt werden.

Technische Probleme
Ein weiterer Problemkomplex, der nicht direkt konzeptionell ergonomische Mängel zum Ausgangspunkt hat, aber zu erheblicher Minderung der Gebrauchstauglichkeit führt, sind technische Mängel, bei denen konzeptionell sinnvolle Elemente dann an ihrer technischen Umsetzung scheitern. D.h. Effektivität und/oder Effizienz werden durch softwaretechnische Mängel beeinträchtigt.

Solche Mängel sind natürlich sehr projektspezifisch. Allerdings besteht natürlich auch bei Folgeprojekten an diesen Stellen weiterhin ein etwas erhöhtes Fehlerrisiko, so dass sie hier kurz allgemein genannt seien. Die detaillierte Beschreibung des technischen Mangels ist dann an der referenzierten Stelle zu finden.

- *Technische Probleme behindern die Modulnutzung*: Beispielsweise sind Applets und Plug-Ins potenzielle Fehlerquellen, sowohl bei ihrer Installation als auch in ihrer Nutzung.

- *Wartezeiten*: Dieser Mangel ist hingegen von eher grundsätzlicher Natur. Je reichhaltiger ein interaktives Medium wird und je mehr Details in der Darstellung enthalten sind, desto höher werden die Anforderungen an die Übertragungsraten. Aus ergonomischer Sicht ist dabei der Nutzen durch eine fortgeschrittenere Technik gegen die Nachteile eventueller Wartezeiten (sei es durch Nachladen aus dem Internet oder dem Laden von einer CD/DVD) abzuwägen.

- *Unsicheres Antwortenverhalten und unklarer Systemstatus*: Aus ergonomischer Sicht besonders problematisch sind technische Mängel, bei denen dem Nutzer nicht klar ist, ob überhaupt ein Fehler vorliegt, ob er etwas falsch bedient hat oder aber die Technik nicht funktioniert. In diesem Zusammenhang war durch Nachfragen festzustellen, dass gelegentlich funktionierende interaktive Elemente deshalb übersehen oder ignoriert wurden, weil ähnliche Elemente in anderen Zusammenhängen nicht funktioniert hatten. Die Nutzer stellen dann ein fehlerhaftes mentales Modell des vor ihnen liegenden Moduls auf, das sie im schlimmsten Fall auch auf andere Module übertragen.

- *Lokale Suchfunktion arbeitet nicht zuverlässig*: Auch hier sind technische Mängel vermutlich zumindest *mit* dafür verantwortlich, dass die besonderen Stärken einer computerbasierten Version von (textuellen) Inhalten nicht gesehen und dann auch nicht genutzt wurden. Die Suchfunktion hatte in vorherigen und anderen Modulen nicht zuverlässig gearbeitet, so dass das Konzept der Volltextsuche gar nicht erst in das Handlungsrepertoire des Lerners aufgenommen wurde.

In diesem Komplex werden vor allem die Dialogprinzipien der Steuerbarkeit 4.9 und Erwartungskonformität 4.9 beeinträchtigt. Viele von den dargestellten Mängeln waren *Nicht umgehbar* oder nur schwer zu umgehen und gefährdeten teilweise sogar die Gesamtgebrauchstauglichkeit des Angebotes.

Natürlich ist dies nur ein kleiner Ausschnitt der möglichen technischen Mängel, doch er sollte helfen, die Auswirkungen auf die Gebrauchstauglichkeit besser einzuschätzen.

7.6.4   Beispiel einer Detailuntersuchung durch Blickverfolgung

Die bisherigen Beobachtungen zeigten potenzielle Schwachstellen auf, die dann durch Abgleich mit den Aussagen aus den Befragungen und allgemeinem ergonomischen Expertenwissen erhärtet wurden. Daraus folgten dann Anforderungen und Kriterien, die innerhalb des Entwicklungsprozesses einzuhalten waren sowie konkrete Veränderungsvorschläge für die Entwickler.

In der Regel wurden die so gewonnenen Anforderungen und daraus resultierenden Regeln auch von den Entwicklern akzeptiert und soweit möglich umgesetzt. Bei einem Punkt allerdings gab es erheblichen Widerstand, da die Entwickler den Eindruck hatten, dass eine Forderung nicht gerechtfertigt wäre: Der Forderungsbereich „Konsistenz" (siehe Anhang B Styleguideforderung 4.1.1) und dort besonders die Forderungen nach Konsistenz zum Browser-Bedienmodell (Styleguideforderung 4.1.1 [1]) und die Forderung, dass dessen Standardfunktionen (Styleguideforderung 4.1.1 [9]) immer sichtbar sein müssen.

Einige Entwickler bestanden darauf, so genannte „Frames", also Seiten innerhalb der Seiten, zu verwenden. Daraus entstand dort die Notwendigkeit, dass die Browserfunktionen, wie z.B. „Zurück zur zuletzt geöffneten Seite" (im Folgenden „History" genannt) in Funktion *und* Gestaltung möglichst exakt ihren Vorbildern gleichen *müssen*. Diese Forderung (Styleguideforderung 4.2.4 [10])) löste erheblichen Widerstand aus, da sie zu großen Mehraufwänden bei der Entwicklung der einzelnen Seiten führte.

An dieser Stelle entstand also ein Bedarf für eine weitere Erhärtungsprüfung, da tatsächlich die Einhaltung dieser Forderung zu erheblichen konzeptionellen Änderungen und damit erheblichen Aufwänden führte.[54]

In Abbildung 24 ist ein typischer Browser mit einem geöffneten Lernmodul gezeigt. Die Funktionen für History „Zurück" und „Vor" befinden sich in den Standardeinstellungen aller verbreiteten Browser links oben und werden durch Pfeile repräsentiert. In einigen Modulen wurde aber durch Einsatz des Framekonzeptes diese browsereigene Navigation faktisch außer Kraft gesetzt, weil sie dort nicht mehr zuverlässig funktionierte (Gründe dafür waren in den Frames enthaltene Java-Scripte). Stattdessen entstanden drei Varianten:

1. Die browsereigenen Funktionen wurden trotzdem weiter gezeigt und es wurden keine weiteren Werkzeuge für die Navigation durch die bereits besuchten Seiten angeboten.

2. Die browsereigenen Funktionen wurden zwar angezeigt, aber zusätzlich wurden eigene Implementierungen dieser Funktionen an anderer Stelle angeboten.

3. Die browsereigenen Funktionen wurden ausgeblendet und eigene Funktionen wurden an anderen Stellen angeboten.

4. Die browsereigenen Funktionen wurden ausgeblendet und eigene Funktionen wurden an die gleiche Stelle gesetzt und ähnlich gestaltet (konform mit der o.a. Forderung).

---

[54]Es sei an dieser Stelle aber erwähnt, dass die Vorteile des Frame-Konzeptes bei der Erstellung nur deshalb relevant waren, weil nicht konsequent genug auf die Möglichkeiten von Content-Management-Systemen eingegangen worden war.

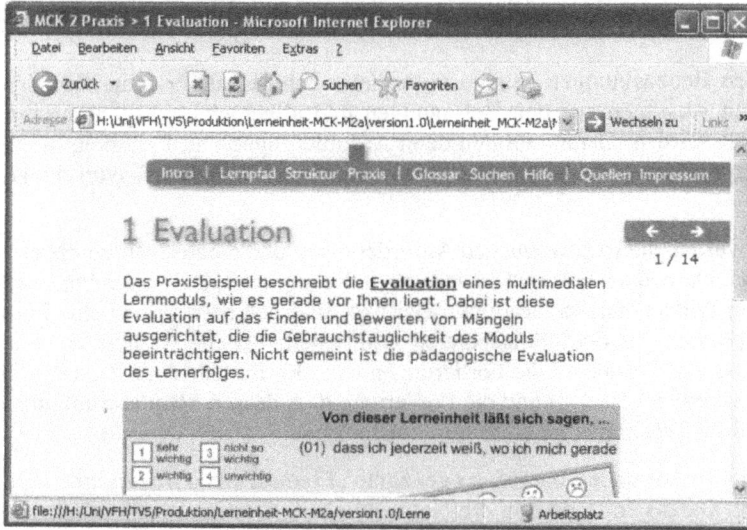

Abbildung 24: *Screenshot einer typischen Modulseite in einem Standardbrowser (hier Internet Explorer™ 6 von Microsoft).*

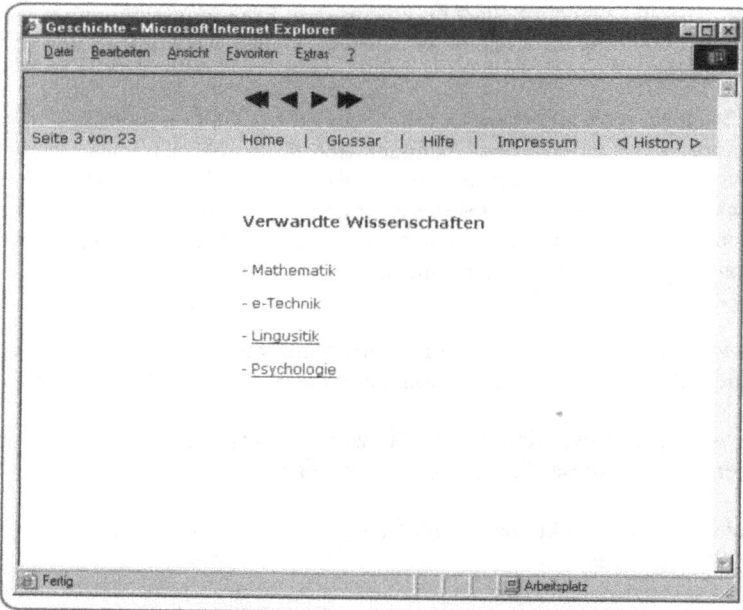

Abbildung 25: *Screenshot einer Nachbildung eines problematischen Entwurfs einer Lösung, die HTML-Frames verwendete und die „History"-Schaltflächen „Vor" und „Zurück" an den rechten Rand verlegte.*

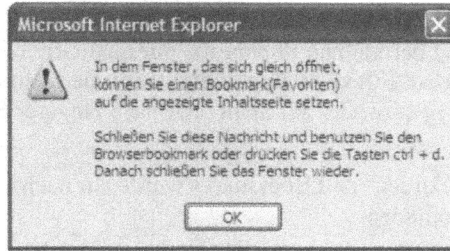

Abbildung 26: *Verwirrende Meldung nach dem Betätigen des „Bookmark"-Buttons innerhalb eines Moduls*

Der 3. Fall war dabei der, der das größte ergonomische Mängelpotenzial aufwies und deshalb genauer untersucht wurde. Widerlegt werden sollte die Aussage der Entwickler, dass diese Funktionen auch an anderer Stelle gefunden würden, insbesondere, wenn man die Hilfetexte gelesen hätte.

Um dies zu widerlegen, wurde in Zusammenarbeit mit der Fraunhofer Gesellschaft in Rostock[55] eine kleine Testreihe durchgeführt. Dabei wurde die dort zu dem Zeitpunkt als „RealEyes" entwickelte Labortechnik eines mit Puls und Hautwiderstandsmessungen kombinierten Eye-Tracking-Verfahrens eingesetzt.

Durchführung
Die Testpersonen wurden an jeweils zwei Tagen an einem Eye-Tracking-System untersucht, während sie mit verschiedenen Modulen Musteraufgaben durchführten. Die Aufgaben waren so gestaltet, dass man sie mithilfe der Browser-History am effizientesten lösen konnte. Eine andere Aufgabe war, dass ein Bookmark gesetzt werden sollte.

Im ersten Modul war dies wie im Browser üblich über den „Zurück"-Pfeil bzw. „Favoriten hinzufügen"-Button des Browsers möglich (vgl. Abbildung 24). Im zweiten Modul war die ungünstigste, dritte Variante gewählt worden, bei der zwar ein „Zurück" und ein „Bookmark" mit Java-Script in das Frame-Konzept eingebaut worden war, die zugehörige Schaltfläche sich aber statt in der linken oberen Ecke am rechten Rand im oberen Bereich der Kopfzeile des eigentlichen Moduls befand (vgl. Abbildung 25). Beim Bookmark kam erschwerend hinzu, dass sie ausschließlich dann funktionierten, wenn man zuerst den Bookmark-Button im Modul bediente. Daraufhin erschien eine Meldung (siehe Abbildung 26), die zu einer Betätigung der Browserfunktion aufforderte. Irritierenderweise war es *nicht* möglich, direkt die Browserfunktion zu nutzen. Auch dann wurde scheinbar ein Bookmark gesetzt, doch dies speicherte in Wirklichkeit nur den Aufruf der Startseite, nicht aber die Position der aktuellen Seite.

Um besonders realistische Testbedingungen zu schaffen, wurde dieser Versuch nach einem Tag Pause mit den gleichen Personen wiederholt. Damit sollte überprüft werden, inwieweit sich die Versuchspersonen an einen einmal gefundenen Sonderweg nach einer für den Anwendungsfall typischen Lernpause von ein bis zwei Tagen wieder erinnern. Während der Tests wurden die Augen- und Mausbewegungen aufgezeichnet, um herauszufinden, wo die Personen die Funktion vermuten würden.

---

[55] Fraunhofer Institute for Computer Graphics, Division Rostock, Dept. Human-Centered Interaction & Technologies

Ergebnis

Das Ergebnis wird aufgrund der kleinen Stichprobe nur qualitativ bewertet: Bei allen Testpersonen zeigte sich der erwartete Effekt. Während die konforme Lösung immer direkt gefunden wurde, wurde der Sonderweg entweder gar nicht oder nach längerer Suche entdeckt.

1. Der Sonderweg für „Zurück" und Bookmarks wurde nur nach entsprechenden Hinweisen und Erläuterungen gefunden.

2. Auch dann waren diese Erläuterungen bereits nach zwei Tagen wieder vergessen worden und die gleichen „Fehler" wurden wiederholt.

Im Eye-Tracking-Versuch wurde dabei eindrucksvoll deutlich, dass auch geübte Nutzer immer zunächst an der gewohnten Stelle nach den Browserfunktionen suchten. In Abbildung 27 ist dies anhand einer Momentaufnahme aus einem solchen Test zu erkennen. Die obere Spur zeigt den Verlauf der Blickbewegung, mit der die Versuchsperson die Browser-Funktionen nach einer geeigneten Funktion absucht. Die Testperson wurde zuvor gerade vom System durch eine Fehlermeldung belehrt, dass der vorhandene „Zurück"-Button des Browsers nicht verwendet werden darf. Die untere Spur zeigt die Mausbewegungen. Beide sind immer wieder nah an der gesuchten Nachbildung der Funktion im unteren rechten Teil (beim Wort „History", gleich neben den Pfeilen zum Blättern), aber die Versuchsperson bemerkt die Funktion ohne Hilfestellung und auch nach Hilfestellung im wiederholten Versuch nicht.

Das Ergebnis ist angesichts der Standardforderung nach Konsistenz nicht überraschend, aber die in diesen Tests erzeugten Screen-Videos sind geeignet, auch Skeptiker von der Anwendbarkeit dieser Forderung im vorliegenden Kontext zu überzeugen.

Angesichts der Tatsache, dass die Nutzer der Lernmedien typischerweise nur einen Bruchteil ihrer Zeit mit einem speziellen Modul zubringen würden und von einer gelegentlichen Nutzung auszugehen ist, bedeutet dies, dass diese unkonventionelle Anordnung nicht akzeptabel ist. Die Hilfe wurde erwartungsgemäß in keinem der Tests verwendet und selbst nach Hilfestellung im Test, wurden die korrekten Vorgehensweisen wieder vergessen.

Dieser Punkt lässt sich sicher auch auf andere Projekte übertragen, in denen Nutzer nicht dezidiert ihren gesamten Arbeitstag mit einem abweichend gestalteten System verbringen und so immer wieder Konflikte zwischen eigentlich nah verwandten mentalen Modellen („Mein Browser zum Surfen" versus „Mein Browser zum Lernen") provozieren.

7.6.5   Beispiel einer Befragung

Neben den Reviews und Benutzertests wurde begleitend über die Laufzeit des Projektes VFH mittels eines eigens dafür entwickelten Fragebogens eine Befragung durchgeführt. Diese Befragung zielte zum einen darauf, die Einschätzung der Wichtigkeit von ergonomischen Fragestellungen aus Sicht der Nutzer zu erheben, zum anderen wurde die Zufriedenheit mit bestimmten ergonomierelevanten Fragestellungen erhoben.

Der Fragebogen wurde von Dr. Johannes K. Triebe parallel zum ersten Styleguide entwickelt und hatte zum Ziel, die Annahmen zur Ergonomie, die im Styleguide zu Kriterien abgeleitet wurden, bezüglich des Faktors Zufriedenheit zu erhärten. Daneben wurde den Studierenden die

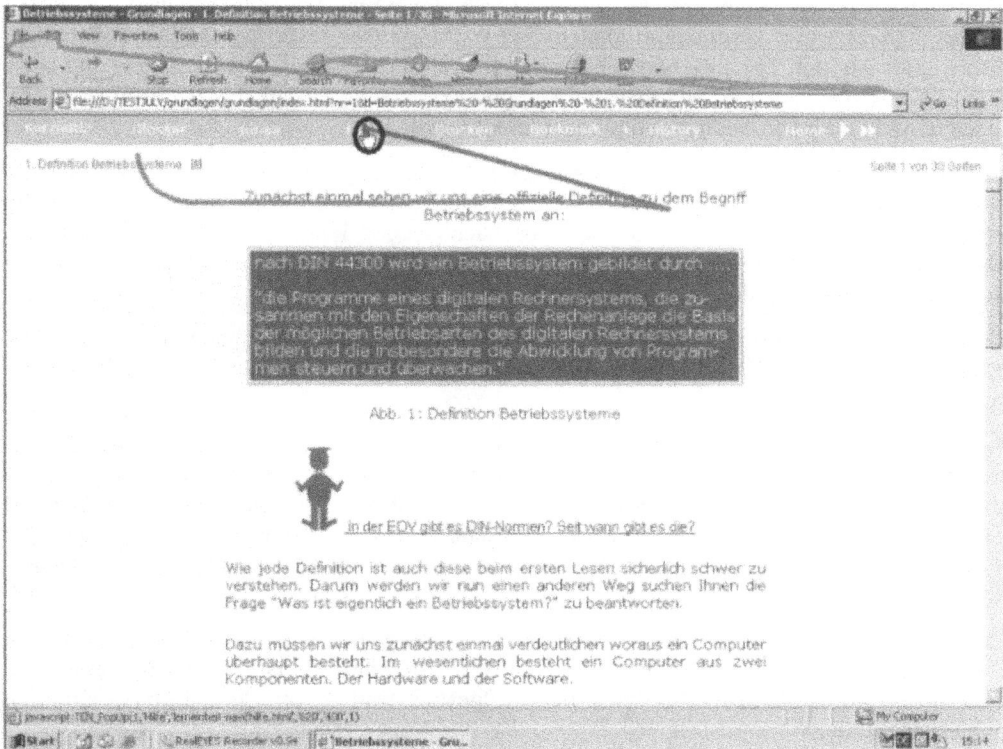

Abbildung 27: *Momentaufnahme aus einem Screen-Video des Eye-Tracking-Versuchs.*

Abbildung 28: *Beispiel einer Frage aus dem Fragebogen zur ergonomischen Evaluation (siehe auch Anhang C S. 193ff.)*

Möglichkeit gegeben, die Wichtigkeit der Forderungen, die implizit in den Fragen steckten, aus ihrer Sicht zu bewerten.

Der Fragebogen (vgl. Abbildung 28 und den vollständigen Fragebogen in Anhang C, S. 193ff.) enthält 52 Fragen mit jeweils zwei Skalen: Der *Wichtigkeitseinschätzung* in einer vierstufigen Skala „sehr wichtig" (1), „wichtig" (2), „nicht so wichtig" (3) und „unwichtig" (4) und einer *Zufriedenheitseinschätzung* mit einer fünfstufigen Skala „sehr zufrieden" (1), „zufrieden" (2), „teils teils" (3), „unzufrieden" (4) und „sehr unzufrieden" (5).

Die Anordnung der Antworten zur Wichtigkeitseinschätzung und die Wahl einer Skala mit einer geraden Anzahl von Antwortmöglichkeiten sollte den Nutzer zwingen, eine Entscheidung zu treffen und nicht der bei Fragebögen zu beobachtenden Tendenz zur Mitte nachzugeben. Die Gestaltung und Anordnung der Antworten zum Thema Zufriedenheit hingegen sollte die intuitive Beantwortung der Fragen unterstützen.

Zusätzlich wurden demographische Fragen gestellt, zu Alter und Vorbildung der Lernenden. Diese wurden aber im Weiteren nicht ausgewertet, da die Stichprobe eine weitere Differenzierung nicht zuließ.

Im Projekt VFH diente die Auswertung der Fragebogenergebnisse auch dazu, zu zeigen, dass das vorgeschlagene Prozessmodell inklusive der wie hier beschrieben entwickelten Kriterien tatsächlich schließlich zu Modulen führte, die im Sinne der Gebrauchstauglichkeit besser waren. Und tatsächlich zeigte sich, das die Module, die sich an den Styleguide hielten, insgesamt sowohl von der subjektiven Einschätzung als auch der Benutzertests und Expertenreviews besser abschnitten.

Damit soll ein Indiz geliefert werden, dass die Anforderungen im Rahmen des hier vorgestellten Prozesses für den Kontext tatsächlich relevant waren und ihre Einhaltung zur Steigerung der Qualität beitrugen. So kann allerdings nicht festgestellt werden, ob *alle* relevanten Kriterien abgedeckt werden.

Durchführung
Im Verlauf der Phasen wurden mehr als 1.000 Fragebögen[56] als Papierversion verschickt. Der im Projekt verwendete Lernraum bot zwar auch online-Befragungswerkzeuge an, doch es wurde befürchtet, dass die Studierenden nicht mit der gewünschten Offenheit antworten würden, wenn sie sich vorher namentlich in das System einloggen mussten, um an den Fragebogen zu kommen. Außerdem boten die elektronischen Befragungsinstrumente keine Möglichkeit, die Antwortmöglichkeiten in der gewünschten Form anzuordnen, d.h. zwei Skalen pro Frage und dann einmal als Würfel und einmal als Wertestrahl. Aus diesen Gründen schieden zunächst auch andere elektronische Versionen aus. Dies führte allerdings dazu, dass der Versand und die Auswertung organisatorisch sehr aufwändig wurden, insbesondere die Kosten für Porto und die Organisation der Verteilung innerhalb einer virtuellen Hochschule stellten große Hindernisse dar.

Zurückblickend bleibt zu diesem Punkt festzuhalten, dass die Evaluation der Prozessergebnisse (hier der Lernmodule) bereits *verpflichtender* Teil des Gesamtprozesses sein muss. Die praktische Durchführung der Evaluation litt im vorliegenden Fall daran, dass aus Datenschutz-

---

[56]Die genaue Anzahl der tatsächlich an die Lerner verschickten Fragebögen lässt sich nicht ermitteln, da teilweise bereits auf den Ebenen der zuständigen Betreuer nicht alle Fragebögen verschickt werden konnten und es auch keine zuverlässigen Rückmeldungen über den tatsächlichen Versand gab.

gründen die Daten der beteiligten Studierenden nicht zentral vorlagen und so jeder der beteiligten Fachhochschulen und Hochschulen selbst die Verteilung organisieren mussten. Dies dann auch durchzusetzen, erwies sich als eine nicht immer unproblematische Aufgabe.

Um zumindest die Aufwände im Versand und der Auswertung zu minimieren, wurde eine Version mit Macromedia Flash™ entwickelt, die 1:1 den Papierfragebogen abbildete und bei der für die Studierenden offensichtlich wurde, dass die Anmeldedaten *nicht* mit dem Fragebogen verbunden waren.

Qualitative Bewertung der Ergebnisse aus dem Bereich Zufriedenheit

Das Hauptaugenmerk lag auf der Betrachtung der Zufriedenheitseinschätzung der Lernenden: Waren die in den Fragen der einzelnen Items implizit formulierten ergonomischen Anforderungen zur *Zufriedenheit* erfüllt? Mit Bedacht war die Formulierung und Form gewählt: Die Fragen wurden eingeleitet mit „Von dieser Lerneinheit läßt sich sagen, daß" gefolgt von der Forderung in Frageform und daneben der Skala „sehr zufrieden" (1) bis „sehr unzufrieden" (5) und darunter stilisierte Gesichter, die eine Stimmung von fröhlich bis traurig ausdrücken. So wurde der Befragte animiert, seine persönliche subjektive Meinung zu diesem Item abzugeben und *nicht* (vermutlich vergeblich) ein Expertenurteil zu versuchen.

Rolle der Zufriedenheitsmessung und zu erwartende Probleme

Die Zufriedenheitsaussagen komplettieren empirisch die Aussagen zur Effektivität und Effizienz, die qualitativ und analytisch in den Benutzertests und Expert-Reviews bewertet wurden. (Nur) so ist eine Aussage im Sinne der Gebrauchstauglichkeitsdefinition der ISO 9241 Teil 11 möglich und seriös. Dabei gilt, dem dargestellten Ableitungsprozess folgend, dass selbst bei ausreichender Effektivität und Effizienz eine negative Zufriedenheitsbewertung allein ausschlaggebend sein kann, wenn in einem Merkmal ein Mangel vermutet wird. Anders ausgedrückt, wird lediglich die *Unzufriedenheit* als zuverlässiger Indikator angesehen, wohingegen Zufriedenheit einen Mangel nicht ausschließt.

Problematisch bei der Beurteilung der Ergebnisse der Zufriedenheitsbefragung sind die große Anzahl von Variablen, die Probleme resignativer Zufriedenheit und der zu erwartende Bias bei einer Befragung. Bei einem Lernarrangement spielen Faktoren wie die Betreuung, der Inhalt des Moduls, die Disposition des Lernenden zu diesem Inhalt, die ästhetische Akzeptanz durch den Nutzer und andere konfundierende Variablen eine entscheidende Rolle, die eine reine Betrachtung der Mittelwerte der Zufriedenheitsaussagen als nicht reliabel genug erscheinen lässt.

Hätte man dies ignoriert und die Mittelwerte der Zufriedenheitsaussagen über alle Module hinweg betrachtet, so würde man befriedigt feststellen, dass keine Bewertung unterhalb der neutralen Aussage „teils-teils" liegt und fast alle Aussagen sich im Bereich „zufrieden" aufhalten. Auch auf Einzelmodulebene könnte (vorschnell) festgestellt werden, dass Mittelwerte im Bereich der Unzufriedenheit die absolute Ausnahme sind.

Doch gegen diese naheliegende Interpretation sprechen die Störeinflüsse durch die genannten konfundierenden Variablen und die teilweise sehr kleinen Stichproben ($N < 10$). Erst mit größeren Stichproben, parallelen Tests mit verschiedenen Instrumenten, Blindtests und anderen Maßnahmen aus dem Instrumentarium der externen Validation könnten unter Umständen einzelne unabhängige Variablen auf Modulniveau herausgearbeitet werden.

Doch diese Aufwände waren pragmatisch in dem Projekt (und wie beispielsweise Coenen (2002) auch in einem anderen Kontext feststellen mussten) nicht akzeptabel. Weder standen parallele Entwicklungen zu ein und denselben Lerninhalten zur Verfügung noch waren genug repräsentative Versuchspersonen zu aquirieren, um Testwiederholungen in ausreichender Zahl durchzuführen. Auch alternative Befragungsinstrumente, verschiedene Betreuungsmodelle und Permutationen der möglichen Kombinationen aus verschiedenen Befragungen, Medienformen, Betreuungen und einzelnen ergonomischen Einflüssen, waren (sind?) in der Praxis nicht mit ausreichender Güte durchführbar. Schließlich wäre es auch dann noch schwierig gewesen, die Ergebnisse der einzelnen Module zu verallgemeinern und zu übertragen.

Für weitere Projekte sei dies eine Mahnung, dass man ausreichend Aufwände und Ressourcen vorsehen muss, um zu einer zuverlässigen Bewertung zu kommen. Im Umkehrschluss bedeutet dies auch, dass man sich in der Regel mit weniger sicheren Ergebnissen zufrieden geben muss. In der Praxis wird man nicht umhin kommen, doch wieder mit reiner Expertise als kostengünstiger (aber auch nicht so objektiver) Hilfestellung zu arbeiten.

Wichtigkeitseinschätzung durch die Nutzer
Eine Betrachtung der Wichtigkeitsaussagen der Nutzer ergab, dass die Einschätzungen der Studierenden sich nicht in jedem Fall mit den Vorgaben der Ergonomie oder der Didaktik decken. So sind fast alle im Fragebogen genannten Items und damit implizit angesprochenen Fragestellungen als „Sehr wichtig" oder „wichtig" angesehen worden. Es gibt also entweder einen erheblichen Bias bei der Beantwortung der Fragen oder aber die Ursache liegt in der Art der Fragen. Die Fragen wurden allerdings bereits mit dem Hintergrund entwickelt, nur relevante Aspekte zu betrachten. Leider fehlten die Ressourcen, um diese Problematik aufzulösen. Eine parallele Untersuchung mit einem anderen Fragebogen oder aber mehrere Fragebogenversionen waren nicht einsetzbar, da bereits mit diesem einen Fragebogen nur eine knapp statistisch relevante Anzahl von Antworten erzielt werden konnte. Eine weitere Aufteilung hätte die Qualität des Gesamtergebnisses zu sehr beeinträchtigt.

Stattdessen kann immerhin die relative Beziehung der Items untereinander in Form ihrer Rangfolge untersucht werden. Dabei gibt es ein überraschendes Ergebnis:

Am Beispiel des in der Rangfolge am Ende befindlichen Fragebogenitems 45 (M=2,54; Text=„daß ich Notizen und eigene Ergänzungen einfügen kann, die gespeichert werden können und mir weiterhin zur Verfügung stehen"[57]) wird deutlich, dass die Wichtigkeitseinschätzung durch die Nutzer allein keine ausreichende Grundlage für die Beurteilung der Relevanz einer Forderung ist. Sie steht im klaren Widerspruch zu den Beobachtungen, dass die Studierenden sehr aufwändig, fehlerträchtig und nicht in vollem Maße effektiv, Umgehungen dieses Problems gesucht hatten. D.h. die Studierenden begannen Module komplett auszudrucken, um dann in den Ausdrucken mit Klebezetteln oder handschriftlich Ergänzungen vorzunehmen. Auch Item 25 (M=2,24; Text=„daß ich mir Lesezeichen anlegen kann, die mich auch wirklich wieder sofort zur gewünschten Stelle führen") wird als nur mäßig wichtig eingeschätzt, ist dann aber bei der täglichen Arbeit als sehr relevant zu beobachten. Dies unterstützt die Annahme, dass geringe Wichtigkeitseinschätzungen auch Zeichen eines Abwehrmechanismus (vgl. Hartwig et al., 2002b) sein können. Denn bezeichnenderweise waren gerade diese Punkte in allen Modulen technisch und ergonomisch nicht zufriedenstellend gelöst. Für zentrale didaktische Forderungen ist Ähnliches zu vermuten, aber nicht anhand der Benutzertests direkt zu widerlegen.

---

[57]Die alte Rechtschreibung wurde aus dem Original unverändert übernommen.

Abschließend bleibt festzustellen, dass die Aussagen zur Wichtigkeitseinschätzung in der vorliegenden Form mit Vorsicht zu behandeln sind und allenfalls Indizien für Fragestellungen liefern, die bereits von den Nutzern als besonders wichtig angesehen werden. Der Umkehrschluss ist hingegen aus den genannten Gründen zumindest bei diesem Instrument nicht zulässig.

7.6.6 Zusammenfassung der Evaluation

Die hier nur kurz dargestellten Ergebnisse[58] belegten *nicht*, dass die Regeln des Styleguides aus dem Anhang zuverlässig für eine vollständig Erreichung der relevanten ergonomischen Anforderungen bei multimedialen interaktiven Lernmodulen sorgen. Wie bereits beschrieben, wären statische und vollständige Regelkataloge ohnehin eine (nicht erstrebenswerte) Utopie. Außerdem deckt auch die Evaluation mittels dieses Fragebogens natürlich nur einen Ausschnitt ergonomisch relevanter Fragestellungen ab, auch wenn man redlich bemüht war, die wichtigsten Aspekte zu berühren.

Aber die Auswertungen zeigten Indizien dafür, dass die Entwicklung der Anforderungen in der beschriebenen Prozessform zu Regeln geführt hat, die, wenn sie denn angewandt und erfüllt werden konnten, auch aus Sicht der Nutzer zu einer Verbesserung der Module geführt haben.

Diese Bewertung ist nicht gering zu schätzen, rechtfertigt sie doch den Einsatz der hier vorgestellten ergonomischen Qualitätssicherungsmaßnahmen, auch mit Blick auf die subjektive Nutzerzufriedenheit insgesamt. Hinzu kommt natürlich der durch qualitative Maßnahmen analytisch geschlossene Vorteil im Bereich der Effektivität und Effizienz. Dies zusammen zeigt, dass die vorgestellten Maßnahmen in die richtige Richtung weisen.

7.7 Zusammenfassung

Dieses Kapitel stellt dar, wie man die im vorigen Kapitel erarbeiteten Anforderungen tatsächlich zur Anwendung bringt. Dazu werden einerseits Phasen und Rollen beschrieben, in denen dann bestimmte Klassen von Forderungen konzentriert werden können.

Dazu wurden einige Grundsätze definiert:

1. *Abgrenzung zum Instruktionsdesign*: Alle Betrachtungen zur Bewertung und Verbesserung der ergonomischen Qualität beziehen sich ausschließlich auf die im Lernmodell implizit oder explizit enthaltenen Erfordernisse und Teilaufgaben des Lerners und somit auf die darauf bezogenen Handlungsmuster und Interaktionen mit dem betrachteten Medium.

2. *Fokus im mentalen Modell*: Ziel der ergonomischen Optimierung ist die Minimierung der Abweichung zwischen B(A), dem mentalen Modell des Lernenden (Benutzer B) über den Lerngegenstand (Anwendungsbereich A), und S(A), dessen Implementierung im System (S).

3. *Ergonomische Qualität und Gesamtqualität*: Die Ergonomie, beschränkt auf die Teilaufgaben in einem Lernprozess, stellt ein notwendiges aber nicht hinreichendes Kriterium für die Gesamtqualität dar.

---

[58]Die detaillierte Auswertung, die verwendeten Rohdaten etc. finden sich in der Dissertationsschrift Hartwig, 2005.

4. *Stakeholder:* Für alle Qualitätsaspekte des Lernmediums (Didaktik, Instruktionsdesign, Gestaltung, Ergonomie, Softwaretechnik), aber auch der späteren Anwendung (Lerner, Lehrer, Tutor) müssen Verantwortlichkeiten festgelegt werden, so dass deren Ansprüche an das Produkt vertreten sind.

Die Idee der iterativen Entwicklung wurde noch einmal vorgestellt und diskutiert. Man sollte Vor- und Nachteile offen benennen, um dann für seine eigenen Projekte eine gute Entscheidung treffen zu können. Iteratives Vorgehen macht nur Sinn, wenn man auch die Möglichkeiten (vor allem zeitlich) hat, auch wirklich einen weiteren Schritt zu gehen.

Die Entwicklung der Kriterien wurde noch einmal sehr allgemein beschrieben, so dass für neue Projekte allein das Vorgehen weiter verwendet werden kann. Viel Wert wurde dabei auf die pragmatische Seite des hier propagierten Vorgehens gelegt. Der beste Prozessvorschlag nützt niemandem, wenn er in den realen Projektkontexten nicht lebbar ist, sei es aus politischen Vorbehalten oder personellen Besonderheiten. In der Praxis sind Abweichungen vom Prozess eher die Regel als die Ausnahme. Insbesondere das abstrahieren auf Problemkomplexe und das konkrete Einplanen von Reverse Engineering in das Projekt, sollen die Anwendung deutlich erleichtern. Statt „Ganz oder gar nicht" kann so langsam und nachhaltig mit einer Verbesserung des Entwicklungsprozesses begonnen werden.

Die Evaluation schließlich nimmt ebenfalls einen großen Stellenwert ein[59], denn dort werden nach meiner Beobachtung noch immer schwerwiegende Fehler gemacht. Insbesondere die unkritische Nutzung von positiven Aussagen aus Durchschnittswerten („Alle Produkte werden als gut oder sehr gut bewertet.") begegnen mir in meiner beruflichen Praxis als Berater auch in anderen Kontexten immer wieder.

Ein anderer wichtiger Aspekt ist das Zusammenspiel von drei Methoden („Triangulierung"), die für deutlich sicherere Ergebnisse sorgen soll. Auch die Hinzunahme von spezialisierten Verfahren (hier Eye-Tracking) wird thematisiert.

Schließlich sind die Beispiele für entdeckte Probleme sicher auch für neue Projekte interessant, denn so müssen sie in ihren Projekten nicht wieder bei Null beginnen.

---

[59]In der wissenschaftlichen Vorlage zu diesem Buch (Hartwig, 2005) ist ihr ein eigenes Kapitel gewidmet.

8 Diskussion und Ausblick

Die Strukturierung und Kategorisierung der vorhandenen Prinzipien der verschiedenen beteiligten Wissensgebiete sorgte für einen gemeinsamen Rahmen und kann als Plattform dienen. Die Anpassung und Erweiterung bestehender iterativer Prozessmodelle hat sich dann bereits in der Praxis bewährt, denn die Evaluation im Kapitel 7.6 (Seite 117ff) hat als Ergebnis *Indizien* dafür geliefert, dass der in diesem Prozess entwickelte Anforderungskatalog die Gesamtqualität, zumindest festgestellt im Schwerpunkt Ergonomie, verbessert. Das beschriebene Vorgehen ist damit ein Plädoyer für die interdisziplinäre Zusammenarbeit im Sinne des Endergebnisses.

Die hier vorgestellten Produktanforderungen und Prozessmodelle sind allerdings Ergebnisse *eines* erfolgreichen Einsatzes in einem bestimmten Kontext und nicht dazu vorgesehen, komplett und unkritisch übernommen zu werden. Vielmehr ist an ihnen nur gezeigt worden, wie diese konkret aussehen *könnten* und ein Ausgangspunkt für folgende Projekte und Prozesse. In späteren Studien und Arbeiten sollten dann die hier nicht sehr eingehend behandelten Bereiche weiter ausgebaut werden, um insbesondere die Frage zu klären: „Wie können Prinzipien und Anforderungen aus den Bereichen Pädagogik und Design noch besser fassbar gemacht werden?"

8.1 Diskussion möglicher Probleme

Die Erfahrungen aus der praktischen Umsetzung haben, auch wenn sie in der Summe erfolgreich waren, auf potenzielle Probleme aufmerksam gemacht, die an dieser Stelle kurz diskutiert werden sollen. Denn nur dann können sie bewusst vermieden oder zumindest abgemildert werden.

8.1.1 Gemeinsame Sprache und Kommunikation im Prozess

Begriffe wie „Zeichen", „Objekt", „Modell", aber auch „Evaluation" sind in den verschiedenen Disziplinen zum Teil widersprüchlich oder zumindest verschieden umfassend definiert (vgl. Kapitel 1.5). Dadurch ergeben sich Überschneidungen und Unklarheiten bei der Erwartung an Kompetenzen und der damit verbundenen Zuweisung von Aufgaben. Designer, Ergonomen, Software-Techniker, Pädagogen und Didaktiker nehmen traditionell zumindest implizit für sich in Anspruch, *den entscheidenden* Beitrag für die Gesamtqualität zu liefern und die jeweils anderen Rollen müssten „nur noch" ihren Beitrag dazu abliefern.

Je nach Herkunft und Schwerpunkt entstanden so Lehr-/Lernsysteme, die in einer der Disziplinen besonders stark waren. Die aus Sicht der Software-Technik optimierten „Learning Objects" (z.B. bei der LTSC und in SCORM vgl. RHA, 2004) und ihre „MLs" (Modelling Languages) sind beispielsweise vor dem Hintergrund einer organisatorisch administrativen Sicht der Austauschbarkeit und Interoperabilität von Modulen entstanden, berücksichtigen aber dabei zu wenig den Aspekt der Ganzheitlichkeit einer Gestaltung. So wie sich ein längerer Text nicht beliebig in Teile schneiden und einzeln verwenden lässt, so wenig beliebig lassen sich Lernobjekte austauschen. Beispielsweise wird das Design als formgebende Disziplin der Schnittstelle zu oft vernachlässigt, in dem die Trennung von Inhalt und Gestaltung propagiert wird. Diese Trennung ist zu hinterfragen, denn ist die Form nicht auch Teil des Inhaltes? Ist es nicht essentiell, dass verschiedene Elemente in einer *bestimmten* Gestaltung zueinander stehen? Da Gestaltung eine eigene Rhetorik und Semantik hat, bestimmt sie die Gesamtsemantik des Angebotes. Gestaltung trägt also selbst Informationen, die durch automatisierte Prozesse verloren zu gehen drohen. Doch diese Problematik wird in den Standardisierungsbemühungen wie SCORM ebensowenig adressiert, wie die Ergonomie der Interaktion und Darstellung.

Mit didaktischem Schwerpunkt hingegen scheinen die Einschränkungen der Technik nicht ausreichend berücksichtigt zu werden. Die Forderung nach kooperativen Lernformen für eine reine Fernlehre beispielsweise vernachlässigt, dass die in einer Kooperation unerlässliche *Kommunikation* durch eine Einschränkung auf textuelle asynchrone oder synchrone Kommunikation oder selbst mit (zumeist unzuverlässigen und von Störungen durchsetzten) Video-/Audiokonferenzen eine grundlegend andere Qualität hat, als zwischen anwesenden Personen. Bei einem Vergleich verschiedener Studien zu Qualitätsmerkmalen von E-Learning-Angeboten stellt Lindner (2004a, S. 329) fest, dass neben den erwarteten didaktischen Merkmalen auch klare Navigationsstrukturen, technisch einfache Aufgabeneinreichung und „Nutzerfreundlichkeit der Technologien" (in dieser Reihenfolge) wichtige Qualitätsaspekte sind und umgekehrt vor allem Kenntnisdefizite in der Nutzung der Informationstechnologien der Hauptfaktor für eine negative Auswirkung auf den Lernerfolg darstellt. Dies bekräftigt die Aufgabe der Ergonomie und Usability, alle Hürden bei der Nutzung eines Systems beiseite zu räumen, um so die eigentlichen didaktischen Konzepte störungsfrei darzubieten.

Das vorgestellte Modell soll helfen, dass die verschiedenen Ansprüche immer in ein Gesamtqualitätskonstrukt eingefügt werden können. Der Bezug auf Qualitätsnormen und -standards sowie der Versuch der Versachlichung des Betrachtungsgegenstandes könnten helfen, die Kompetenzen der verschiedenen Beteiligten besser einzusetzen und vor allem kontraproduktive Doppelarbeiten in konstruktive Kooperationen zu wandeln. Die angesprochene Sprachbarriere kann es nur mindern, indem es sich auf Kategorien wie „Leitfragen" und „Prinzipien" bezieht und darunter Spielraum für fachspezifische Ausformulierungen lässt.

Trotzdem hängt der Erfolg auch dieses Ansatzes entscheidend vom Willen der Beteiligten zum Einlassen auf die Ansprüche des anderen ab. Doch statt dort auf die zu erwartenden emotionalen Befindlichkeiten zu beharren, soll die Versachlichung der Zielbetrachtung und des Einigungsprozesses zumindest helfen, diese auch weiterhin schwierigen Entscheidungsprozesse zu bewältigen. Linder betont dann auch die zentrale Bedeutung einer harmonisierenden Spezifikation von Begriffen und einer darauf aufbauenden Norm (Lindner, 2004b). Der hier vorgestellte Ansatz ist damit als Vorstufe zu einer ganzheitlichen Norm gedacht, die zunächst nur beschreibt, wie man zu Kriterien kommt, nicht aber die Kriterien selbst aufstellt (Lindner nennt solche Werke dann „Standard" statt „Norm"). Dies berücksichtigt die Heterogenität des Anwendungsgebietes und lässt noch genug Raum für neue Lösungsansätze auf allen genannten Ebenen.

Die in diesem Buch propagierte abstrakte Herangehensweise und die Betonung der Anforderungsanalyse, des Ableitungsprozesses und der Claims-Analyse birgt damit auch Gefahren für den Projekterfolg, die im Folgenden kurz beschrieben sind.

8.1.2   Oberflächlichkeit

Auch wenn der beschriebene Prozess der Analyse und der darauf aufbauenden Ableitung von Anforderungen prinzipiell skalierbar ist, so besteht die Gefahr einer zu abstrakten und damit zu wenig tiefgehenden Anwendung. Insbesondere wenn so ein Prozessmodell nicht aus Einsicht, sondern aus Zwang eingesetzt wird, wird für unwillige Projektbeteiligte das Ausweichen auf Allgemeinplätze ein bequemer Ausweg sein. Doch ein Prozess, in dem beispielsweise für die Didaktik nur vage Ziele vorgegeben sind, erzeugt eine erhebliche Unsicherheit über sein Ergebnis. Wie gezeigt, können Fehlentscheidungen auf den höchsten Abstraktionsstufen fundamentale Auswirkungen haben. Wenn diese Forderungen auf den höheren Ebenen also entweder nicht begründet werden oder aber nicht in konkretere Anforderungen stringent übersetzt werden, bleibt bei der Umsetzung wieder die Beliebigkeit, die eigentlich so vermieden werden sollte.

Als Gegenmaßnahme ist deshalb darauf zu achten, dass immer so weit konkretisiert wird, bis die jeweils Betroffenen zu einer begründbaren und nachvollziehbaren Ableitung eines höheren Prinzips kommen können. Dies schließt mit ein, dass zunächst das *Verständnis* eines Prinzips im Entwicklungsteam geklärt werden muss.

8.1.3   Falsche Gewichtung

Es besteht die Gefahr, dass je nach Ressourcenlage im Projekt einzelne der Disziplinen sich in den Vordergrund stellen. Daraus kann folgen, dass Projekte entstehen, die sich nur auf einen Teil der Anforderungen konzentrieren und dabei im schlimmsten Fall eigene Prinzipien postulieren, die einem eigentlich wichtigeren, höheren Prinzip widersprechen. Solche Widersprüche drohen unbemerkt und damit unaufgelöst zu bleiben, wenn die anderen Disziplinen nicht ihre eigenen Prinzipien ebenfalls vertreten und ausreichend kommunizieren.

Vor allem besteht die Gefahr, dass elementare Anforderungen des Nutzungskontextes ignoriert werden. So kann sich beispielsweise herausstellen, dass für eine bestimmte Lehr-/Lernsituation ein Medium benötigt wird, das auch mobil einsetzbar ist, weil z.B. berufstätige Weiterbildende damit zu ihren aktiven Tageszeiten in ihren Pausen und Fahrzeiten lernen könnten. Wenn dies dann durch eine eingesetzte reine Online-Technik nicht unterstützt wird, ist der Gesamterfolg des Angebotes gefährdet.

Hier ist es empfehlenswert, die Hierarchie der Ableitungen einzuhalten. Ein designerisches oder technisches Merkmal, das *nicht* mit Anforderungen aus der Didaktik zu begründen ist und dabei Anforderungen aus der Usability widerspricht, ist zu verwerfen.

8.1.4   Fehlende Validierung

Unabhängig davon, welche Disziplin Anforderungen aus dem Nutzungskontext heraus entwickelt, muss immer auch eine Validierung der Annahmen und ggf. auch der daraus entwickelten Anforderungen und Lösungen stattfinden. Der Bereich der Lehr-/Lernsysteme ist längst nicht derart abgeklärt, dass man davon ausgehen könnte, für jede auftretende Anforderung auch bereits eine funktionierende Lösung zu haben. Auch sind Annahmen aus früheren Projekten nicht immer übertragbar.

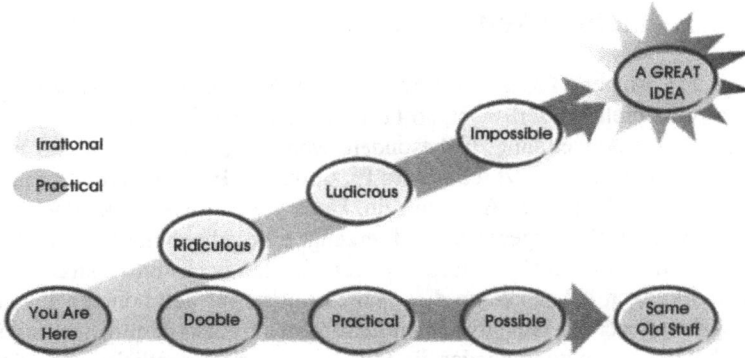

Abbildung 29: *„Großartige Ideen" entstehen manchmal erst, wenn man sich von den bekannten und gesicherten Wegen weg bewegt. Abbildung aus Cooper, 1999, S. 188*

Deshalb muss nach einer gewissen Zeit, aber noch rechtzeitig genug für eventuelle Änderungen, alles Unsichere hinterfragt und geeignet überprüft werden. Sind die Nutzer wirklich so wie beschrieben? Sind die (impliziten) Lehrziele der verwendeten Materialien tatsächlich passend zur Zielgruppe und deren Anforderungen? Hat eine vorgeschlagene technische Umsetzung tatsächlich den gewünschten Effekt? Welche unvorhergesehenen Besonderheiten tauchen auf?

8.1.5   Kreativitätsbehinderung

Ein letzter, aber entscheidender möglicher Vorbehalt gegen das hier beschriebene, streng ableitungsgetriebene und damit auf den ersten Blick sehr nüchterne, „emotionslose" Vorgehen ist die scheinbare Einengung der Kreativität:

> *„The typical engineering process begins with a recitation of the constraints and limitations. The catechism of things ,we cannot do' is stated often and forcefully enough to become doctrine, regardless of its truth." (Cooper, 1999, S. 187)*

Doch dieser Schluss ist nicht zwangsläufig. Die hierarchische Entwicklung von *Anforderungen* ist nicht zu verwechseln mit einer Fixierung auf altbekannte, konkrete *Lösungen*, die diese Anforderungen erfüllen. Betrachtet man Coopers Weg zu „großartigen Ideen" (Abbildung 29), so sind auf dem Weg zu einer solchen revolutionären Neuerung auch unwahrscheinliche oder scheinbar unmögliche Zwischenschritte zu gehen.

Doch auch und gerade dann ist es sinnvoll, am Ende diese „Great Idea" gegen die ursprünglich festgestellten Anforderungen zu prüfen. Eine Idee wird schließlich erst dann zu einer für den Lerner (oder allgemeiner Anwender) „guten" Lösung, wenn sie auch zu ihm und seinem Kontext passt. Die Anforderungen der verschiedenen Ebenen sollen dann ggf. nachträglich *sicherstellen*, dass das endgültige Produkt mit seinen motorischen, rezeptiven, kognitiven, intellektuellen und didaktischen Fähigkeiten, aber auch ästhetischen und anderen ganzheitlichen Ansprüchen korreliert.

Im Gegenteil stellt das konsequente Ableitungsprinzip vor Anforderungen sicher, dass reine Beharrungskräfte, die eine Idee aufgrund ihrer Neuheit ablehnen, dann spätestens bei einer Rückverfolgung ihrer Forderungen „enttarnt" werden. Eine Begründung „Weil wir das immer so gemacht haben." wird dann nur noch akzeptiert, wenn damit *relevante* Konsistenzprobleme in der Nutzung beschrieben sind.

8.2 Ausblick Zertifizierung

Der ganzheitliche Qualitätsbegriff und die vorgestellten Maßnahmen und Konkretisierungen zu dessen Erreichung bilden eine Ausgangsbasis für ein *Zertifizierung* von Produkten und Prozessen. Bisher ist eine solche Zertifizierung im Bereich der Produktion interaktiver Medien noch nicht sehr verbreitet[60]. In einer Studie der bfz Bildungsforschung von 2002 (siehe Geldermann & Baigger, 2003) gaben 20% der befragten Unternehmen an, dass sie eine Zertifizierung eines Bildungsanbieters als Kaufargument berücksichtigen würden. Diese Frage bezog sich allerdings zunächst nur auf Bildungsanbieter allgemein und nicht die Anbieter von Lernmedien, doch sie gibt eine gute Abschätzung, welchen Stellenwert eine Zertifizierung derzeit hat.

Trotzdem ist eine Zertifizierung eines QS- oder QM-Systems eines Herstellers von interaktiven Lehr- und Lernmedien nicht überflüssig. Viele der späteren Anwenderorganisationen sind nicht in der Lage oder Willens, die Einhaltung von anerkannten Qualitätsmaßstäben im Bereich der Lernmedienerstellung selbst beurteilen zu können. Dies mag bisher noch mit dem frühen Status vieler E-Learning-Projekte zu erklären gewesen sein, doch auch hier wird auf Dauer eine Routine eintreten, in der auch die Qualität zunehmend standardisiert und bewertet wird.

8.2.1 Produktzertifizierung

Zertifizierung ist im Bildungsbereich prinzipiell etwas Selbstverständliches, denn seit jeher werden Lernende und Lehrende geprüft und ihre Leistungen testiert. Auch Bildungseinrichtungen werden so bereits geprüft. Die *Akkreditierung* dient beispielsweise als Basis für eine staatliche Zulassung und Anerkennung der Abschlüsse. Im Rahmen einer solchen Akkreditierung wird sowohl das Curriculum als auch die Betreuungssituation eines Bildunsangebotes überprüft. Damit soll im Wesentlichen der didaktische Anteil abgedeckt werden. Es wird aber auch der entstehende Aufwand beim Studierenden geprüft. Und dadurch entsteht zumindest indirekt auf Dauer auch der Bezug zu der hier vorgestellten Produktzertifizierung unter Berücksichtigung der Usability. Denn die hier als ergonomische Mängel diskutierten möglichen Einschränkungen der Effektivität und Effizienz können bei der Nutzung eines multimedialen Lernsystems zu einem kritischen Aufwand werden.

Aus den Unterlagen einer Akkreditierung lassen sich didaktische Anforderungen an die verwendeten Lernmaterialien ableiten und im vorgestellten Modell dann weiter verfeinern. Daraus und aus den Vorgaben zum zumutbaren Aufwand beim Studierenden werden dann auch die Anforderungen an das Medium/Werkzeug, den Dialog und die Ein-/Ausgabe-Ebene, wie in Tabelle 3 (S. 110) dargestellt, abgeleitet. Im Anhang A (S. 153ff.) ist eine mögliche Prüfnorm dazu beispielhaft als Struktur beschrieben.

---

[60]Dienstleister beginnen damit, solche Zertifizierungen nach ISO 9001 für den Bereich der betrieblichen Weiterbildung anzubieten (Bsp. `www.certqua.de`).

Ein ganzheitliches Zertifikat könnte die Aussage „Das Modul M erfüllt die Anforderungen der Organisation O für die Lernziele L und die Zielgruppe Z," testieren. Zertifizierungsvoraussetzung wäre dann, dass aus der Beschreibung des in der Akkreditierung angenommenen Nutzungskontextes die Hauptziele und Anforderungen der verschiedenen Ebenen abgeleitet wurden *und* diese entsprechend den Merkmalen des realisierten Produktes überprüft wurden. Die Tabelle 3 nennt dazu geeignete Nachweismethoden.

Eine auf die Ergonomie eingeschränkte Zertifizierung würde sich auf die Gebrauchstauglichkeit des Moduls für den intendierten Nutzungskontext und die Aufgaben des intendierten Lernprozesses beschränken. Dazu würde zwar ebenso wie im umfassenderen Zertifikat ebenfalls der Nutzungskontext, z.B. aus der Akkreditierung, als Ausgangsbasis verwendet, aber es würden nur solche Merkmale überprüft, die direkt und hauptsächlich in den Zuständigkeitsbereich der Ergonomie fielen. Angesichts der unscharfen Übergänge zwischen den Zuständigkeiten ist eine solche eingeschränkte Zertifizierung sicher nur ein suboptimaler Notbehelf. Schließlich wäre es schwer zu definieren, wie ein Lernmodul sinnvoll zwar (rein ergonomisch) „gebrauchstauglich" sein könnte, ohne dass man die didaktische Eignung für die Zielgruppe berücksichtigt. Dies widerspräche unmittelbar dem Prinzip der Aufgabenangemessenheit. Andererseits kann eine solche auf die Ergonomie beschränkte Sichtweise in einem ersten Schritt zunächst helfen, wenigstens ein Minimum an ergonomischen Anforderungen sicherzustellen, die mehr oder weniger kontextunabhängig sind. Betrachtet man beispielsweise den eigentlich für das Projekt VFH spezifischen Styleguide im Anhang B, so finden sich dort auch eine große Zahl von kontextunabhängigen Anforderungen. Insbesondere die Navigation und Informationsdarstellung, aber auch das Unterstützen individueller Vorgehensweisen und des Arbeitens mit dem dargebotenen Material sind vermutlich für sehr viele E-Learning-Projekte und andere Anwendungsfälle von interaktiven Lernmedien gültig und relevant.

8.2.2   Prozesszertifizierung

In der Praxis vieler Bereiche der Produktentwicklung und -fertigung hat sich die Bedeutung einer prozessorientierten Qualitätssicherung gezeigt. Ökonomische Gründe sprechen für eine Optimierung des Entwicklungs- und Herstellungsprozesses: Die Mängel werden nicht erst in der Anwendung entdeckt und dann durch kostenintensive Änderungen behoben, sondern bereits bei der Entwicklung systematisch vermieden. Ein weiterer positiver Effekt einer Prozesszertifizierung ist, dass in Unternehmen, die viele verschiedene Produkte entwickeln, nur *eine* Zertifizierung des Prozesses (mit entsprechenden Kosten) statt vieler einzelner Produktzertifikate anfallen. Für anschließende Produktzertifizierungen gilt, dass Unternehmen, die ein selbstverbesserndes und kontrolliertes Qualitätsmanagement haben, bei den einzelnen Produkten leichter (sprich: kostengünstiger) überprüft und zertifiziert werden können, da alle prüfungsrelevanten Daten bereits als Teil des Prozesses gesammelt und dokumentiert werden. Viele der Überprüfungen, die für eine Produktzertifizierung notwendig sind, sind dann bereits geleistet.

Auf den Bereich des E-Learnings und der Lernmedienentwicklung übertragen, muss ein solches Prozesszertifikat testieren, dass das zertifizierte Unternehmen die beteiligten Disziplinen angemessen berücksichtigt und dafür Sorge trägt, dass die zum Teil widersprechenden Interessen dabei in einer begründeten und nachvollziehbaren Art und Weise berücksichtigt bzw. abgewogen werden. Dies gilt auch und gerade für Bereiche wie Design und Pädagogik, in denen prozesshafte Vorgehensmodelle und Maßstäbe noch nicht immer selbstverständlich sind. Gerade hier kann der implizite Zwang zu einer Rechtfertigung von Design- und Methodenentscheidungen

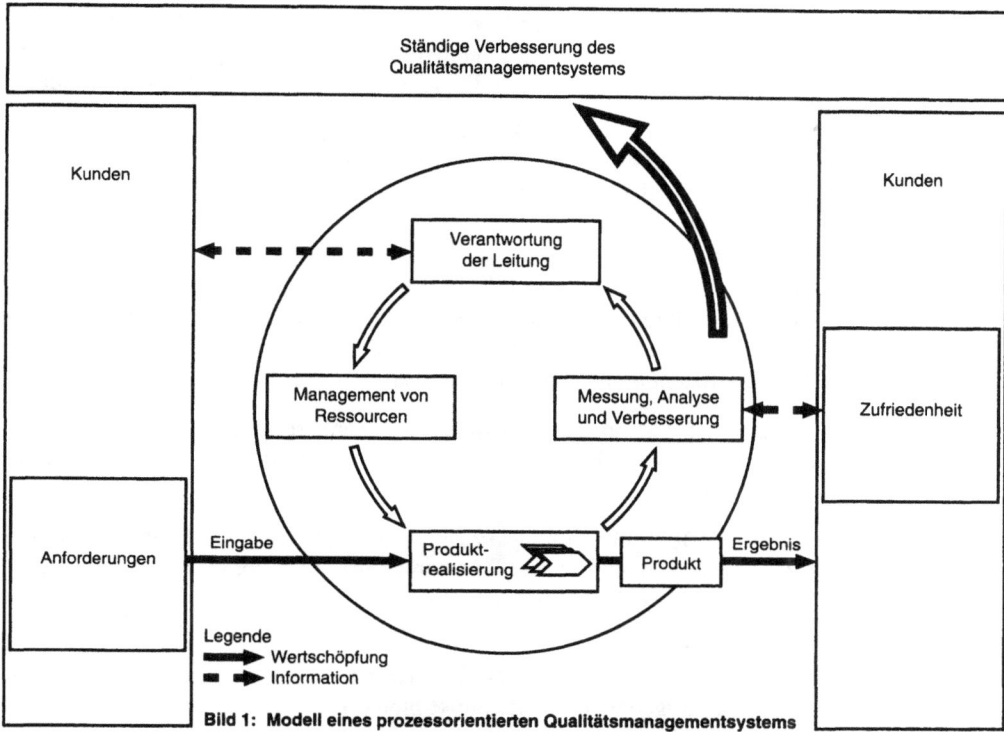

Ständige Verbesserung des
Qualitätsmanagementsystems

Kunden

Kunden

Verantwortung
der Leitung

Management von
Ressourcen

Messung, Analyse
und Verbesserung

Zufriedenheit

Anforderungen

Eingabe

Produkt-
realisierung

Produkt

Ergebnis

Legende

Wertschöpfung

Information

Bild 1: Modell eines prozessorientierten Qualitätsmanagementsystems

Abbildung 30: Modell eines prozessorientierten Qualitätsmanagementsystems (nach ISO 9001, 2000, S. 13

einen wichtigen Beitrag zur Stärkung einer nachvollziehbaren Vorgehensweise beitragen. Dort, wo dies nicht möglich ist, ist in Einzelfällen damit zu rechnen, dass sich Fehlentscheidungen erst im Einsatz und mit den entsprechend erhöhten Folgekosten zeigen.

Wie bei allen Prozesszertifikaten gibt es auch hier keine 100%ige Garantie für optimale Produkte, denn schließlich wird nicht an jedem einzelnen Produkt überprüft, wie erfolgreich der Prozess angewandt wurde. Doch immerhin gibt ein solches Zertifikat dem späteren Anwender einen Hinweis darauf, dass relevante Qualitätsmerkmale überhaupt systematisch berücksichtigt werden. Dies kann im Auswahlprozess einen entscheidenden Hinweis geben.

Als Maßstäbe könnten zum einen die bestehenden Anforderungen an Software-Herstellungsprozesse der ISO 9004 und ISO 9000 Teil 3 herangezogen werden. Der in Kapitel 7 (S. 101) entwickelte Prozess, wie er in Abbildung 19 (S. 106) dargestellt wird, ist zusammen mit der ebenfalls dort beschriebenen Ableitungsrichtlinie (vgl. Tabelle 3, S. 110) dabei nur *ein* Beispiel. Beide zusammen ergeben eine definierte und überprüfbare Grundlage, an der dann Prozesse gemessen werden können.

Andere Prozessmodelle sind denkbar und anhand der jeweiligen Ressourcenlage u.U. auch effektiver. Es muss aber sichergestellt werden, dass Kreativität nicht als Deckmantel für Beliebigkeit und Zufälligkeit missbraucht wird, sondern dass jede Entscheidung kritisch hinterfragt wird. Dies ist sicherlich eine bisher nicht selbstverständliche Übertragung der strengen Qualitätssicherungsstandards in die Welt von Design, Pädagogik, Didaktik und auch Ergonomie.

Ein guter Ansatzpunkt für die Entwicklung von Kriterien zur Prozessbeurteilung ist eine Umsetzung der Grundsätze aus dem Kapitel 3.4 (S. 34) in den Bereich des E-Learnings, wie sie von Thaller (2001) aus der ISO 9000 und ISO 9001 (vgl. Abbildung 30) abgeleitet wurden (in der Aufzählung **fett** gedruckt):

1. **Kundenorientierte Organisation** Der Lerner mit seinen Fähigkeiten und Zielen steht im Mittelpunkt des Qualitätsmanagements (QM). Alle Qualitätsaussagen und Prüfungen orientieren sich daran, dass die (durchaus von der Organisation definierten) Lernziele möglichst effektiv, effizient und zufriedenstellend erreicht werden können.

2. **Führung** Das QM ist fest in der Entwicklung verankert und hat die Kompetenz und Zuständigkeit, die Entwicklungsprozesse zu steuern und auch erkannte Mängel tatsächlich abzustellen.

3. **Prozessorientierung** Der Entwicklungsprozess verknüpft die verschiedenen Rollen, Aufgaben und Kompetenzen und andere Ressourcen im Sinne der Gesamtqualität. Dieser Prozess ist nicht beliebig oder zufällig, sondern enthält eine tragfähige und sinnvolle Aufgabenteilung und Zuständigkeitszuweisung.

4. **Systeme** Dabei wird sichergestellt, dass die Teilprozesse so miteinander verknüpft sind, dass immer das Gesamtergebnis im Mittelpunkt bleibt. Dies ist angesichts der verschiedenen Hintergründe und Kompetenzen im Bereich der Lernmedienentwicklungsprozesse sicher eine der größten Herausforderungen. Es ist sicherzustellen, dass im Rahmen einer Prozessmoderation und einer systematischen und zielführenden Claims-Analyse die einzelnen Beiträge der verschiedenen Beteiligten immer mit Blick auf das Gesamtziel bewertet und ausgewählt werden.

5. **Kontinuierliche Verbesserung** Ein wesentliches und nicht selbstverständliches Merkmal einer aus Sicht der ISO 9000 (aber auch alternativer QM-Modelle wie dem „Capability Maturity Model" CMM und SPiCE bzw. ISO 15504) ist die Selbstverbesserung. D.h. dass Mängel im Produkt und im Prozess nicht nur behoben werden, sondern zusätzlich die systematischen Ursachen des Mangels gesucht und für nachfolgende Prozesse verbessert werden. Dazu gehört nicht nur die Feedbackanalyse aus dem Einsatz eines Produktes, sondern auch die Auswertung und Berücksichtigung aller in den Zwischenschritten eines iterativen Prozesses entdeckten Mängel. Im vorliegenden Fall würde ein solch selbstverbessernder Prozess anfangs die Zusammenarbeit und das Zusammenspiel der beteiligten Disziplinen fokussieren müssen, da dort noch am wenigsten Erfahrungen in einer gemeinsamen systematischen Zusammenarbeit vorliegen.

6. **Sachliches Vorgehen und Entscheidungsfindung auf Grund von Fakten** Dieses Gütekriterium eines Prozesses ist sicher das am schwierigsten zu erfüllende. Schließlich sind „Fakten" zwar im Nutzungskontext für viele Eigenschaften feststellbar („Alter", „technische Ausstattung"), aber schon die Disposition des Lerners als eine der wichtigsten Determinanten zur Auswahl eines didaktischen Modells ist kaum als unumstößliches *Faktum* dokumentierbar. Auch andere wichtige Einflussfaktoren (z.B. Motivation und

Geschmack), die für Pädagogik und Design zentrale Rollen spielen, sind nicht so greifbar, wie es in anderen Bereichen, aus denen diese Prozessanforderungen entstanden sind, üblich sein mag.

Trotzdem ist der strenge Bezug zu Analyseergebnissen eine der Stärken der hier vorgestellten Herleitungsmethodik. Er gibt den Beteiligten einen gemeinsamen Bezugsrahmen, in dem jede Disziplin ihren Entscheidungsfindungsprozess mit denen der anderen Disziplinen vergleichen kann. Schließlich fordert der vorgestellte Prozess explizit, dass jede Anforderung einen Bezug zum Nutzungskontext oder anderen daraus abgeleiteten Anforderungen haben muss. Allein dieser minimale Formalismus hilft, die Kriterienentwicklung und Diskussionen über deren Relevanz und Einhaltung auf eine sachlichere Grundlage zu stellen. Es ist dann nur natürlich, wenn beispielsweise Schlüsse aus dem Nutzungskontext oder Annahmen über Entwurfsentscheidungen sich unterscheiden, doch diese Differenz kann dann in einem iterativen Vorgehen durch entsprechende Detailuntersuchungen oder Recherche bewusst aufgelöst werden. Dabei werden strittige Annahmen und Entscheidungen in späteren Iterationen noch einmal gezielter (z.B. mit darauf fokussierten Experimenten) überprüft, um sich dann ein besseres Urteil bilden zu können. Je höher auf der Abstraktionsebene die strittige Entscheidung liegt (z.B. eine Grundsatzentscheidung zum didaktischen Modell) können hier auch immer noch erhebliche Änderungsaufwände entstehen. Dies betont noch einmal die Notwendigkeit, solche unsicheren Entscheidungen so früh wie möglich mittels entsprechender Detailuntersuchungen z.B. an frühen Prototypen zu erhärten, bevor weitere Schritte schlimmstenfalls in die falsche Richtung gemacht werden.

Wird die vorgestellte Methodik eingehalten und auch eine Art der Datenhaltung gewählt, bei der die Zusammenhänge konsistent bleiben, so wird auch die zentrale Forderung berücksichtigt: Die *Nachvollziehbarkeit* der Entscheidungen.

7. **Lieferantenbeziehungen** Dies ist dann eine in diesem Kontext ungewohnte, aber berechtigte Anforderung an einen zertifizierbaren Prozess: Auch die Zulieferer, z.B. von Software-Werkzeugen, müssen ihrerseits Qualität nachweisen. Wird also als Grundlage für ein Medium eine so genannte „Authorware" eines Drittanbieters verwendet, so könnte an ihn die Forderung nach Erfüllung grundlegender softwaretechnischer Qualitätskriterien gestellt werden. So könnte eine Voraussetzung für den Einsatz einer Multimedia-Plattform der Nachweis über dessen Stabilität oder die Konformität des erzeugten HTML-Codes mit den Normen des W3C sein. Eine solche Vernetzung von Qualitätsbeziehungen steht z.Zt. zumindest in diesem Bereich noch am Anfang.

Würde sich eine solche Zertifizierung durchsetzen, könnten Anwenderorganisationen sich wieder mehr auf ihr jeweiliges Kerngeschäft konzentrieren und müssten keine eigene Expertise im Bereich E-Learning aufbauen. Dies würde am Ende wieder einen ökonomisch positiven Effekt bewirken.

8.3   Zukünftige Entwicklung

Langfristig wird E-Learning vermutlich zu einer Selbstverständlichkeit, wie der heutige Einsatz von Lehrbüchern oder -filmen. Je verbreiteter der Einsatz neuer Medien im allgemeinen und von Lehr-/Lernmedien im besonderen wird, desto mehr werden sich auch Nutzungsmodelle durchsetzen, die dann als allgemein bekannt vorausgesetzt und übertragen werden können. Vergleichbar der „Computer Literacy", der Grundkenntnisse im Umgang mit PC-Systemen, wird dort ein Konsens von Good-Practices und Standards entstehen.

Die Situationen des E-Learnings heute ist mit der Situation zu Beginn der Entwicklung grafischer Nutzungsschnittstellen (Graphical User Interfaces GUI) vor einigen Jahren vergleichbar: So wie es am Anfang der grafischen Nutzungsoberflächen eine Vielzahl von Bedienelementen und Interaktionskonzepten gab, so gibt es derzeit noch viele Experimente bei der Strukturierung und der Interaktion mit diesen Lehr-/Lernsystemen. Doch nach einigen Jahren (Jahrzehnten) Reife sind „best practices" der UI-Gestaltung zum Industrie-Standard geworden. Oft genug auch nur aus der Macht des Faktischen einer beherrschenden Metapher oder eines Herstellers heraus. Nun ist absehbar, dass es in einigen Jahren auch im Bereich der Lehr-/Lernsystemen nach einigen innovativen Vorreitern ein breites Mittelfeld mit standardisierten und vergleichbaren Produkten geben wird. Und damit ist ausdrücklich nicht nur die Standardisierung der Learning Objects, sondern gerade die der Strukturen der Inhalte, der Verwendung von Medien und bewährter pädagogischer Konzepte gemeint.

Dies bedeutet auch, dass Anforderungen an die Konsistenz sich auf allen Ebenen (nicht nur der Oberflächengestaltung, sondern auch im Bereich der Konzeption) klären und stabilisieren werden. Dies wird die heute noch teilweise aufwändigen Grundlagenuntersuchungen zu bestimmten Interaktionsformen, Strukturen und Schnittstellenelementen deutlich vereinfachen.

A Konzept einer E-Learning-Usability-Norm

Streng genommen reicht die bestehende Definition von Gebrauchstauglichkeit in der ISO 9241 Teil 11 für die Beurteilung und Verbesserung der Ergonomie und Gebrauchstauglichkeit von multimedialen Lehr- und Lernsystemen aus, sofern sie richtig angewandt wird.

Es besteht aber die Gefahr, dass der ganzheitliche Anspruch verloren geht und viele der konkreten Beispiele aus den Teilen 12-17 der Norm in die Praxis der Lehr-/Lernsysteme nicht direkt übertragbar sind. Um die Umsetzung der Ergonomie in Lehr-/Lernsystemen zu erleichtern, könnte eine auf diesen Bereich spezialisierte Norm eventuell hilfreich sein. Im Folgenden wird eine mögliche Struktur kurz beschrieben und mit Beispielinhalten illustriert. Ziel einer solchen Norm ist *nicht* die Schaffung einer endgültigen Prüfliste, sondern eine Prüf*anweisung*, die die Herleitung kontextspezifischer Anforderungen unterstützt. Die dargestellten *Grundsätze* sind eine Zusammenfassung der Grundsätze aus den einzelnen dargestellten Disziplinen und dann anhand der in der Evaluation festgestellten potenziellen Mängelbereiche bezeichnet.

Ein möglicher Titel wäre „Gebrauchstauglichkeit von Lehr-/Lernsystemen – Prinzipien für die Gestaltung des Produktes". Die Struktur ist an die ISO 9241 (1996) angelehnt. Die Inhalte sind naturgemäß nur kurz angerissen, um einen Eindruck der zu leistenden Ausformulierung zu geben. Die Prinzipien sind eine Verkürzung aus dem Kapitel 6 und sind dort ausführlich begründet.

A.1 Einleitung

A.1.1 Allgemeines

Diese Norm wird entwickelt, um die Ergonomie und Gebrauchstauglichkeit von (multimedialen) interaktiven elektronischen Lehr- und Lernmedien zu verbessern und bei deren Beurteilung anzuleiten.

A.1.2 Grundsätze

Diese Norm basiert auf der Annahme, dass die Gesamtqualität eines auf elektronische Medien gestützten Lernarrangements prinzipiell von Faktoren aus den Bereichen der Pädagogik, der Didaktik, der Ergonomie, des Designs und der Softwaretechnik bestimmt wird. Diese Faktoren beeinflussen sich gegenseitig und eine mindere Qualität in einem der Bereiche kann den Nutzen des gesamten Arrangements in Frage stellen.

Als Produkt wird im Zusammenhang dieser Norm ein Medium oder Werkzeug betrachtet, das im Kontext einer Lernsituation eingesetzt werden soll bzw. wird. Als Zielqualität im Sinne der ISO 9000 (2000) wird die Erfüllung der pädagogischen Anforderungen durch die Merkmale des multimedialen interaktiven Lehr-/Lernsystems erwartet. Alle weiteren Anforderungen müssen sich auf die im Lernkontext implizit oder explizit vorhandenen Ziele und die organisatorischen und technischen Rahmenbedingungen sowie die Eigenschaften der (intendierten) Nutzer beziehen, um relevant zu sein.

Ein Produkt wird im Sinne dieser Qualität als „besser" angesehen, wenn es die Erfüllung der pädagogischen Ziele effektiv, effizient und zur Zufriedenheit des Nutzers erfüllt (also im Sinne der ISO 9241 (1996) für diesen Kontext „gebrauchstauglich" ist). Ein Prozess zur Herstellung eines Produktes wird als „besser" bezeichnet, wenn er Maßnahmen enthält und unterstützt, diese Qualität planbar, effizient und effektiv zu erreichen. Ein idealer Prozess ist so gestaltet, dass dabei die Qualität im Laufe der Lebensdauer des Produktes kontinuierlich weiter verbessert wird.

A.2   Anwendungsbereich

Diese Norm stellt eine Spezialisierung der ISO 9241 dar und beschränkt sich auf die Betrachtung der ergonomischen Aspekte, wenngleich die Einbindung in das pädagogisch-didaktische Konzept, aber auch der gestalterischen und technischen Anforderungen ein wesentlicher Bestandteil ist. Sie ist anwendbar auf:

- elektronische Medien (Video, Audio, Text, Bild)

- multimediale Kombinationen verschiedener Medientypen

- interaktive Medien

- Werkzeuge zur Verarbeitung, Kommunikation, Verbreitung und Verwaltung dieser Medien und ihrer Inhalte

- Werkzeuge zur Erzeugung eigener Inhalte und Medien

- Werkzeuge für den Lernprozess (z.B. zur Kommunikation)

Sie richtet sich an Planer und Entwickler solcher multimedialer, interaktiver Medien und Werkzeuge, aber auch an deren Anwender und andere Organisationen, die an einer Steigerung der ergonomischen Qualität dieser Produkte interessiert sind.

A.3   Zusammenwirken mit anderen Anforderungen

Die in den Bereichen der Didaktik, der Gestaltung und der Technik bekannten Anforderungen, Regeln und Vorgehensweisen sind ergänzend zu den hier benannten zu berücksichtigen. Eine separate Optimierung der Ergonomie ist nicht erstrebenswert und aufgrund der engen Verflechtung vieler ergonomischer Prinzipien mit Merkmalen, die durch andere Bereiche bewertet und verbessert werden, auch nicht erfolgversprechend.

A.4 Grundsätze der Produktgestaltung

A.4.1 Voraussetzungen

Um die Qualität eines Produktes zu bewerten und zu verbessern, ist zunächst eine valide Herleitung relevanter Qualitätsziele notwendig. Diese Herleitung muss dabei zunächst die übergeordneten Ziele der Pädagogik berücksichtigen, in denen bestimmt wird, was der Nutzer des Produktes erreichen können soll. Daraus soll eine Entscheidung für ein oder mehrere didaktische Modelle resultieren, die es dem Nutzer ermöglichen und erleichtern, diese Ziele auch zu erreichen. Erst daraus ergeben sich konkrete Aufgabenstellungen, welche Tätigkeiten der Nutzer mit dem betrachteten Produkt ausführen soll. Erst dann greifen die im Folgenden beschriebenen Prinzipien.

Ein Fehlen einer didaktischen Modellierung resultiert in einer Beliebigkeit in der Festlegung der zu unterstützenden Aufgaben. Daraus ergibt sich aber zwingend, dass jedwede Betrachtung der Gebrauchstauglichkeit nur unter dem Vorbehalt dieser Beliebigkeit erfolgen kann. Unter diesem Vorbehalt können dann für den Lernkontext spezifische Anforderungen nicht zuverlässig entwickelt werden. Stattdessen können nur sehr grundlegende Annahmen, die für alle bekannten didaktischen Modelle gelten, an das Produkt gestellt werden. Diese Einschränkung gilt dabei nicht nur für die Ergonomie, sondern auch für das Design und die Technik der Produktentwicklung.

Aus dieser Sicht heraus ist bei unklaren pädagogischen Zielen und/oder undefinierten didaktischen Modellen zu empfehlen, unter Verwendung von Hypothesen Modelle auszuwählen, so dass zumindest eine Durchgängigkeit erreicht wird und die Anforderungen an das Produkt genauer spezifiziert werden können.

A.4.2 Konzeptangemessenheit

Ein Produkt ist dann konzeptangemessen, wenn es alle durch das (didaktische) Konzept implizit oder explizit gestellten Anforderungen erfüllt. Dazu gehört:

- die Bereitstellung der notwendigen Funktionalität zur Durchführung der sich aus dem Konzept ergebenden Tätigkeiten des Nutzers

- die Unterstützung dieser Tätigkeiten durch eine dem Konzept angemessenen Komplexität der Interaktion und Struktur

- die Vermeidung oder Minimierung jeglicher Aufwände, die nicht dem Konzept förderlich sind.

Beispiel: Basiert der Lernerfolg auf der Verknüpfung verschiedener Inhalte durch den Nutzer, so ist ein Produkt nur dann konzeptangemessen, wenn der Nutzer nicht durch die Bedienung des Verknüpfungsmechanismus unangemessen beansprucht wird.

A.4.3   Verfügbarkeit

Die Verfügbarkeit setzt sich aus einer technischen und einer konzeptionellen Komponente zu-sammen. Die Verfügbarkeit im Sinne der Qualitätssicherung der Software-Technik ist eine Grundvoraussetzung für die Nutzung eines Produktes. Darüber hinaus ist für den Bereich der Lernmedien aber auch relevant, ob ein elektronisches Medium im zu erwartenden Lernkontext genutzt werden kann. Dies betrifft sowohl Medien und Werkzeuge, die eine Verbindung zu einem anderen System voraussetzen als auch die Nutzbarkeit des Gerätes, auf dem das Medi-um/Werkzeug installiert sein wird.

A.4.4   Rezipierbarkeit

Eine zentrale, aber nicht ausschließliche Aufgabe in der Verwendung eines Mediums ist die Aufnahme der dargebotenen Informationen. Diese darf nicht durch Eigenschaften des Produk-tes behindert werden, sofern diese Behinderung nicht selbst wieder Teil einer gewollten Kom-munikation ist.

Beispiel: Wenn Inhalte durch Texte repräsentiert sind, so sind diese nach den Regeln der Ty-pografie, der Gestaltung und der Ergonomie optimal lesbar zu gestalten. Einschränkungen der Lesbarkeit sind nur dann tolerabel, wenn die Kommunikationsaufgabe der Gesamtgestaltung wichtiger als die Aufnahme der im Text enthaltenen Detailinformationen ist.

A.4.5   Annotierbarkeit

Merkmal fast aller didaktischen Modelle und Lernmethoden ist die aktive Arbeit des Lernen-den mit den Lernmaterialien. Dazu gehört das Kürzen oder Erweitern der Inhalte des Mediums anhand lernerspezifischer Strukturen und um eigene Inhalte. Ein Produkt ist annotierbar auszu-legen, sofern die Notwendigkeit dazu nicht aufgrund des Konzeptes widerlegt werden kann.

Beispiel: Der Nutzer sollte immer die Möglichkeit haben, dargebotene Inhalte nicht nur passiv zu rezipieren, sondern bereits während des Aufnehmens spontane Gedanken, Bewertungen und Verknüpfungen zu anderen Inhalten anzubringen. Dabei darf der Vorgang der Annotation selbst nicht wesentlich vom Inhalt ablenken, muss zuverlässig verfügbar bleiben und die notwendigen Formate (Texte, Formeln, Zeichnungen, Bilder...) aufnehmen können.

A.4.6   Kommunikationsförderlichkeit

Ein Produkt ist dann kommunikationsförderlich, wenn es die Nutzung in einem kooperati-ven (verteilten) Rahmen zusammen mit anderen Nutzern zulässt und unterstützt. Zu der Un-terstützung gehört die Verwendung von Techniken, die mit vertretbarem Aufwand weitergelei-tet oder vervielfältigt werden können. Dazu gehört aber auch, dass die Medien und Werkzeuge so gestaltet sind, dass sie eine parallele Nutzung von ggf. externen Kommunikationswerkzeu-gen und -kanälen erlauben und unterstützen.

Beispiel 1: Nutzer können dann leichter über einen Inhalt eines Mediums oder das Verhalten eines Produktes kommunizieren, wenn dieser sich dem anderen auch übermitteln lässt. Dazu kann es ausreichen, dass Inhalte über eindeutige, leicht übermittelbare Referenzen verfügen (Gliederungsnummern, persistente URLs, eindeutige Namen).

Beispiel 2: Sofern das Werkzeug nicht selbst eine Kommunikationsaufgabe hat, sollte es die Nutzung von darauf spezialisierten Werkzeugen nicht behindern. So sollte es beispielsweise genug Darstellungsfläche auf dem Bildschirm, aber auch Bandbreite in der Netzanbindung frei lassen, die dann von Kommunikationswerkzeugen genutzt werden kann.

A.4.7 Weiterverwendbarkeit

Für die Nachhaltigkeit eines Lernprozesses ist es essentiell, dass die mit einem Werkzeug erzielten Ergebnisse oder die an einem Medium eingebrachten eigenen Anpassungen, Annotationen, Strukturierungen und Kürzungen auch für den Transfer auf andere Bereiche dauerhaft zur Verfügung stehen. Ausgenommen sind triviale Ergebnisse wie Lösungen zu sehr einfachen Aufgaben.

Beispiel: Es ist für den Nutzer ein erheblicher Aufwand, wenn er eigene Arbeit mit den Werkzeugen und Medien bei der Übertragung in einen anderen Lernkontext (z.B. in ein darauf aufbauendes neues Lernszenario) nicht übernehmen kann und sie dort wieder neu einpflegen muss. Annotationen und Anpassungen müssen in einem übertragbaren Format bereit gestellt werden, die unabhängig von eventuell zeitlich befristeten Angeboten überdauern können.

B   Beispiel eines Ergonomie-Styleguides

Wie die Überschrift schon sagt: Dieser Styleguide ist nur ein Beispiel für eine Richtlinie, die sich in einem E-Learning Projekt bereits bewährt hat. Ansprechpartner und viele Bezeichnungen sind projektspezifisch gewesen und sind nur noch als Beispiel enthalten. Ein entsprechend anonymisierter und verallgemeinerter Styleguide wäre nur wenig aussagekräftig gewesen (siehe dazu auch die Diskussion um die Norm im vorigen Kapitel).

Für neue eigene Projekte sind deshalb natürlich Anpassungen notwendig. Sei es die Aktualisierung der Hardwarekontexte, die individuelle Analyse des Nutzungskontextes an sich und dann natürlich auch ein eigener Ableitungsprozess der Anforderungen.

Trotzdem kann das folgende Beispiel demonstrieren, wie kurz und in weiten Teilen auch verständlich ein Styleguide sein sollte, um im Entwicklungsalltag auch tatsächlich Verwendung zu finden. Damit setzt er sich ab von den häufig zu generischen Normenforderungen der ISO 9241 ist aber trotzdem nicht so umfassend, wie andere Styleguides und Entwicklungsrichtlinien.

Zwar unterscheiden sich Art und Weise der Anforderungsdefinition zwischen Pädagogik, Ergonomie und Technik noch deutlich, aber der Weg sollte klar sein: Alle Fachgebiete versuchen sich auf eine gemeinsame Sprache zu verständigen. Im vorliegenden Beispiel ist der Bereich „Design" leider so gut wie nicht berücksichtigt worden. Dies alles mag den Leser ermuntern in seinen Projekten an dieser Stelle fortzusetzen.

Dieser Styleguide ist auch im Vergleich zum ursprünglichen „Ergonomiehandbuch" (Hartwig et al., 2001) zu sehen. Dieses Handbuch umfasste mehr als 100 Seiten und sollte, zusammen mit Seminaren, die Entwickler so weit ausbilden, dass diese selbstständig ergonomische Qualität berücksichtigen konnten. Doch in der Praxis erwies sich dieser Ansatz als nicht haltbar, da der Zeitdruck und die Aufgabenvielfalt den Entwicklern nicht genug Zeit für diesen speziellen Aspekt ließen. Daraus entstand die Idee eines mehr integrierten, ganzheitlicheren Vorgehens, bei dem die Entwickler am Ende faktisch weniger lesen und lernen mussten.

Das Ergonomiehandbuch ist frei im Internet (URL siehe Literaturverzeichnis Hartwig et al., 2001) verfügbar und kann dem interessierteren Leser auch weiterhin empfohlen werden.

Styleguide

**Richtlinien zur Qualitätssicherung
bei der Realisierung von Studienmodulen
im Projekt VFH**

Version: 2.1.1

Datei: „vfhsg2.1.1.doc"

AG-Styleguide

Leitung:
Prof. Dr. rer. nat. Michael Herczeg

Redaktion und Koordination:
Dipl.-Inform. Ronald Hartwig, Dr. phil. Johannes K. Triebe

Inhalt

Vorwort

Dieser Styleguide ist das Ergebnis der projektinternen Arbeitsgruppe „Styleguide":

- Prof. Dr. Michael Herczeg (Leitung),

- Dipl.-Inform. Ronald Hartwig, Dr. phil. Johannes K. Triebe (Koordination und Redaktion sowie AP 2-2, Ergonomie)

- Patricia Arnold, Dipl.-Päd. Lars Kilian, Larissa Rogner, Dipl.-Theol. Anne Thillosen (AP 2-1, DIMETELL)

- Dipl.-Inform. Kristina Dimitriadis, Prof. Dr. Helmut Faasch, Sandra Scholz (AP 2-3, Dateiformate)

- Dipl.-Päd. Udo Hinze (AP 2-6, Virtuelle Gruppenarbeit)

- Prof. Dr. Debora Weber-Wulff (AP 2-7, Didaktisch-methodische Aspekte von multimedialen Tutorien und verteilten Veranstaltungen)

- Dipl.-Ing. Malte Dreyer, Dipl.-Phys. Dr. paed. Lorenz Hucke, Dipl.-Inform. Andreas Ludwig, Dipl.-Ing. Philippa Petters, ET-Ing. Lia Hadley (AG Lerneinheiten)

- Dr. Hans-Jürgen Hübner (TV6 MMP Lübeck, Korrektur)

- Gabriele Schuster, Henning Baudach (TV1, rechtliche Aspekte)

und all denen, die mit Hinweisen und Kritik an der Verbesserung mitgewirkt haben.

RH, 2003-08-06

1 Ziele, Anwendung und Verbindlichkeit des Styleguides

1.1 Begriffsklärung

Eine **Lerneinheit** ist ein inhaltlicher Teilabschnitt eines Studienmoduls. Die Inhalte der Lerneinheiten sind von den jeweiligen Entwickler/-innen bzw. Arbeitspaketen nach den Anforderungen ihres Fachs frei festzulegen.

Ein **Studienmodul** ist das inhaltlich einem Semester Präsenzstudium entsprechende, online verfügbare Lernmaterial für ein bestimmtes Studienfach der Virtuellen Fachhochschule (VFH). Die Inhalte der Studienmodule sind im Studienplan der VFH festgelegt. Der Begriff Modul umfasst sowohl die Lerneinheiten als auch alle anderen z.B. im Lernraumsystem bereitgestellten Materialien.

Als **Lernraumsystem** wird in diesem Dokument die technische Infrastruktur zur Bereitstellung von Inhalten und Arbeits- sowie Kommunikationsmöglichkeiten durch die VFH bzw. die einsetzenden Fachhochschulen verstanden (zurzeit also Blackboard).

1.2 Ziele des Styleguides

Das vorliegende Dokument hat zwei Hauptziele:

- die Unterstützung der einzelnen Arbeitspakete bei der Entwicklung von Studienmodulen für die Virtuelle Fachhochschule,
- die Qualitätssicherung der Studienmodule der Virtuellen Fachhochschule.

Der Begriff „Qualität" bezieht sich dabei auf diejenigen Aspekte einer internetbasierten Lernumgebung, die vom speziellen Studienfach unabhängig sind und sich aus allgemeinen Grundsätzen und Anforderungen der Bereiche Didaktik, Ergonomie und Technik ableiten. Der Styleguide (SG) besteht aus einer Liste konkreter, auf ihre Realisierung überprüfbarer Hinweise und Vorgaben, deren Befolgung hilft, diesen Anforderungen gerecht zu werden.

Bei der Konzeption durch die Arbeitsgruppe Styleguide standen folgende Aspekte im Vordergrund:

- **Kundenfreundlichkeit:** Den Lernenden sollen Materialien zur Verfügung gestellt werden, die dem aktuellen (Forschungs-)Stand der Technik, Ergonomie und Didaktik entsprechen. Außerdem sollen sich die Studienmodule der Virtuellen Fachhochschule in den wichtigsten Aspekten der Bedienung, Gestaltung und Technik ähneln oder zumindest nicht völlig unterscheiden.

- **Wissenssicherung im Projekt:** Seit Projektbeginn sind zahlreiche Lerneinheiten entstanden und viele Praxiserfahrungen und Materialien gesammelt worden. Es stehen außerdem bereits mehrere Dokumente und Handreichungen zu verschiedenen Aspekten der Konzeption der Lerneinheiten zur Verfügung (s.u.). Alle zur Verfügung stehenden Materialien, Vorgaben, Erfahrungen und Kompetenzen sollten in den Styleguide einfließen.

- **Unterschiedliche Arbeitsbedingungen:** Die Arbeitsbedingungen (Zahl der Mitarbeiter, Qualifikationen, technische Ausstattung etc., aber auch das spezifische zu behandelnde Studienfach) in den verschiedenen Arbeitspaketen des Projekts Virtuelle Fachhochschule sind sehr unterschiedlich. Dies sollte im Styleguide berücksichtigt werden. Insbesondere sollen die Entwickler/-innen den Grad der Unterstützung (starke oder weniger starke Orientierung an Vorgaben) selbst wählen können.

Der Styleguide ist ein Dokument, das, basierend auf den Praxiserfahrungen bei der Lehrmodul-Entwicklung im Projekt, ständig weiterentwickelt werden soll. Offene Fragen und Verbesserungsvorschläge seitens der Entwickler- und der Anwender/-innen an die AG Styleguide sind daher gewünscht[1].

---

[1] Per EMail an AP2-2 ergo@vfh.de (J.K. Triebe und R. Hartwig).

1.3 Aufbau des Styleguides

Die Regeln sind in Abschnitte untergliedert, die sich an verschiedenen Phasen des Entwicklungsprozesses orientieren. Diese sind nicht voneinander unabhängig, daher sollten die an der Entwicklung beteiligten Personen *alle* Regeln kennen.

- **Analyse (Kapitel 2)**
  Dieser Abschnitt beschreibt die Annahmen über den vorgesehenen Nutzungskontext unter Berücksichtigung von Festlegungen für das Gesamtprojekt, auf denen die Studienmodule beruhen sollen. Das sich ergebende Bild der Studierenden ist die Grundlage für die in den weiteren Abschnitten abgeleiteten Anforderungen.

- **Konzeption (Kapitel 3)**
  Hier wird beschrieben, was im Vorfeld der Erstellung von Modulen und Lerneinheiten zu tun ist. Dieser Abschnitt wendet sich vor allem an die Personen, die für die Erstellung eines Moduls verantwortlich sind. Er soll vor allem die Konzeptionsphase unterstützen.

- **Entwurf (Kapitel 4)**
  Hier geht es darum, wie sich ein Modul oder eine Lerneinheit den Lernenden auf dem Bildschirm darstellt. Dabei wird noch einmal unterschieden zwischen:

  - **Einheitenübergreifende Regeln (4.1)**, die das Zusammenspiel mehrerer Seiten betreffen, und

  - **Regeln für einzelne Seiten (4.2)**, die sich auf die konkrete Gestaltung verschiedener Seitenarten beziehen. Dies wird in den folgenden Unterpunkten dann noch für speziellere Komponenten (Texte, Bilder, Videos, Applets, Übungen, etc.) vertieft.

- **Produktion (Kapitel 5)**
  Regeln zu Programmierung und Internet-Technologie.

1.4 Anwendung und Verbindlichkeit des Styleguide

Dieser Styleguide ist verpflichtende Grundlage für die Entwicklung von Studienmodulen innerhalb des Projekts Virtuelle Fachhochschule (VFH). Die Entwickler/-innen und AP-Leiter sind verantwortlich für die Umsetzung der Forderungen und überprüfen die Einhaltung zunächst selbst anhand dieses Styleguide. Die Anwendung wird im „Leitfaden zu Qualitätssicherungsmaßnahmen zur Umsetzung des Styleguides" beschrieben. In diesem Qualitätssicherungsprozess sind Reviews für die einzelnen Bereiche und Entwicklungsphasen vorgesehen, die sich dann auch auf im Styleguide dokumentierte Regeln beziehen.

Die Regeln werden in Anlehnung an das in der Normung übliche Vorgehen in drei Klassen unterteilt:

- **MUSS = Forderung**: Diese Regeln bilden den eigentlichen Kern des Styleguides. Module, die diese Regeln nicht einhalten, sind für den Einsatz innerhalb der VFH als ungeeignet anzusehen. Abweichungen von MUSS-Regeln bedeuten Nichtkonformität mit dem Styleguide. In diesem Falle ist zu begründen, warum es eine Abweichung gibt, und es ist abzuschätzen, wie aufwändig die Behebung des Mangels ist. Das Projektmanagement entscheidet dann im Einzelfall über die Abnahme eines Moduls.

- **SOLL = Empfehlung**: Abweichungen von einer solchen Regel sind nur dann erlaubt, wenn eine Begründung darlegt, inwiefern die gewählte Vorgehensweise zumindest nicht schlechter als die eigentlich vorgesehene ist bzw. aus welchem Grund die Regel nicht angewendet werden konnte. Diese Regeln stellen vor allem eine Unterstützung für Lerneinheiten-Entwickler dar und sind offen für neue (bessere) Ideen.

- **KANN = Vorschlag**: Diese Punkte enthalten einen konstruktiven Vorschlag zur Lösung eines bekannten Problems. Sie sollen den gemeinsamen Erfahrungsgewinn innerhalb der VFH widerspiegeln. Es kann jederzeit von ihnen abgewichen werden.

Die Regeln und Anforderungen des Styleguides sind so kurz wie möglich gehalten. Erläuterungen zu den Hintergründen der Anforderungen und Regeln finden sich in den entsprechenden ausführlicheren Dokumenten (s.u.). Ihre Nutzung wird unbedingt empfohlen, da die schematische

Anwendung der Syleguide-Regeln allein nicht zwingend die Gesamtqualität eines Lehrmoduls sicherstellt. Die folgenden Dokumente sind zusätzlich zu berücksichtigen:

Dokument-Titel	Autoren/innen	Projektabteilung
Didaktische Leitlinien	Zimmer, Rogner & Thillosen	UniBw Hamburg, AP 2-1
Handbuch Ergonomie[2], Leitfaden zu Qualitätssicherungsmaßnahmen	Herczeg, Hartwig & Triebe	Med. Uni Lübeck, AP 2-2
Produktionshandbuch XML und VFH-DTDs Metadaten	Dimitriadis & Faasch	FH Nordostniedersachsen, AP 2-3
Hinweise zur Konzeption virtueller Gruppenarbeit	Blakowski & Hinze	FH Stralsund, AP 2-6
Merkblatt für Modulhersteller zum Urheberrecht	Baudach & Schuster	FH Lübeck, TFH Berlin TV1

Tabelle 1: Übersicht über die weiterführenden Dokumente

Diese Dokumente bzw. Verweise dazu finden sich im projektinternen Bereich (eroom.vfh.de "Styleguide/Weiterführende Materialien").

1.5 Änderungen

1.5.1 Änderungen von Version 1.0.0 zu Version 1.0.2

Der Abschnitt 3 wurde besser an die vorhandenen Materialien des Arbeitspakets DIMETELL angepasst. Dazu wurden die bisherigen Forderungen anders eingeordnet und einige wenige Anforderungen noch ergänzt.

1.5.2 Änderungen von Version 1.0.2 zu Version 1.1

Alle wesentlichen (inhaltlichen) Änderungen waren gelb hinterlegt.

- Redaktionelle Korrekturen und Verbesserungen

- 2.1 u.a.: Anpassung an die Browserentscheidung des Projektmanagements

- 2.4: Ergänzung einer Musterzeitplanung

- Ex 3.5 u.a.: Ergänzung rechtlicher Aspekte bei der Einplanung von Fremd-Software und Inhalten Dritter im Bereich des Projektes VFH. Korrektur von Details im Bereich des Copyrights.

- Präzisierung von bisher nicht ganz klaren Anforderungen

- 4.1.3 [2] Überschreiben in zusätzlichen Fenstern

- 4.2.4 [7] Referenzierbarkeit einzelner Seiten

- 4.2.4 [13] Linkkodierung

- 4.3 ff Regeln zur Textdarstellung

- Ergänzung von Anforderungen:

- 4.1.3 [8] Umgang mit zusätzlichen, *bereits geöffneten* Fenstern

- 4.2.4 [17] externe Links

- 4.2.4 [16] Tastaturunterstützung

---

[2] Auch öffentlich erhältlich unter http://www.imis.mu-luebeck.de/de/forschung/publikationen/ergohandbuch104.zip.

- 4.3 [4] Blindtexte etc.

- 4.5.1 Steuerungselemente für aktive Inhalte

- 4.7 Regeln für Glossare

- 5.2 Metadaten

- Ex 5.4 [27] Berücksichtigung von Java-Script

1.5.3 Änderungen von Version 1.1 zu Version 2.1.0

Die Änderungen zur neuen Version sind so umfangreich, dass sie nicht im Einzelnen genannt werden können.

- Anpassung der Zielgruppendefinition, Ergänzung von Studienszenarien

- Aktualisierung der Browserfestlegung

- Umbenennung und teilweise Umsortierung entlang der Phasen aus dem Prozessmodell

- Ergänzungen im Bereich didaktisch-methodische Konzeption, z.B. Mentoreninformation

- Ergänzungen im Bereich Rechtliches

- Präzisierung von Regeln anhand von Feedback aus den Produktionsteams

- Ergänzung von Anforderungen auf Grundlage der durchgeführten Evaluationen im Einsatz

1.5.4 Änderungen von Version 2.1.0 zu Version 2.1.1

Die erwarteten Browserversionen wurden angepasst (Kapitel 2 und Abschnitt 5.1.1). Standardbrowser sind nun der Internet Explorer ab 5.5 oder ggf. Netscape 7.

2 Analyse

Die hier dargestellten Ergebnisse der Analyse der organisatorischen Anforderungen, der intendierten Benutzer, ihrer Aufgaben und Ziele sowie der potenziellen Einsatzumgebung, der sogenannte „Nutzungskontext", sind die Basis für die hier definierten Anforderungen und Regeln an die Konzeption und Gestaltung der Lerneinheiten.

2.1 Systemanforderungen

Die im Folgenden beschriebene technische Ausstattung wird von den Studierenden erwartet[3]:

- Alle Studienmodule der VFH müssen die Microsoft Windows-Varianten (ab 98 und NT4) unterstützen.

- Alle Studienmodule der VFH müssen den Microsoft Internet Explorer und den Netscape Navigator unterstützen. Die genauen Versionen sind in Kapitel 5.1 geregelt.

Ferner ist von folgender Ausstattung des Arbeitsplatzes der Lernenden auszugehen bzw. wird eine solche von diesen gefordert. Alle Studienmodule müssen auf Rechnern, die der Standardspezifikation entsprechen, uneingeschränkt funktionieren. Auf dem angegebenen Minimalarbeitsplatz müssen die Module zumindest eingeschränkt nutzbar sein, d.h. die wesentlichen Inhalte (Texte) müssen zugreifbar sein.

	Minimal	Standard	Empfohlen
Prozessor	Pentium 100 MHz	Pentium II 400	Pentium III(oder vergleichbar) ab 500 MHz
Arbeitsspeicher	32 MB RAM	64 MB RAM	≥ 128 MB RAM

---

[3] PM-Sitzung vom 4.12.2000, 5.6.2001 und 10.6.2002

	Minimal	Standard	Empfohlen
Betriebssystem	Windows 95	Windows 98	Windows 98, ME, NT4, 2000, XP
Monitor	15"	17"	17" oder größer
Bildschirm-auflösung	800x600 Pixel	1024x768 Pixel	1024x768 oder höher
Multimedia-Ausstattung	–	Soundkarte + Lautsprecher bzw. Kopfhörer	Soundkarte + Lautsprecher bzw. Kopfhörer; Web-Cam
Browser	Microsoft Internet Explorer 5.5 oder Netscape 4.75	Microsoft Internet Explorer 6 oder Netscape 7	Microsoft Internet Explorer 6 oder Netscape 7
Netzzugang	56kBit Modem analog	ISDN 64kBit	ISDN 64kBit oder besser

Tabelle 2: Vorausgesetzte technische Ausstattung der Nutzer/-innen

2.2 Die Zielgruppe

Die Definition der Zielgruppe stützt sich auf Annahmen aus dem Abschlussbericht der unter Leitung von Prof. Ruge (FH Westküste) durchgeführten Marktforschung und Evaluationsergebnissen aus dem praktischen Einsatz der Module

Bei der Entwicklung eines Studienmoduls sollte man sich an folgendem Benutzerprofil orientieren. Aus diesem Profil ergeben sich bestimmte Anforderungen, die in die Gestaltungsregeln der folgenden Kapitel eingeflossen sind.

Die Studienmodule werden von Personen genutzt,

- die vielfach bereits über eine abgeschlossene Ausbildung und Fachhochschulreife verfügen,
- die aus verschiedenen Gründen nicht immer ein Vollzeit-Präsenzstudium wahrnehmen wollen oder können,
- denen die zeitliche Flexibilität beim Lernen sehr wichtig ist,
- die mit den Studienmodulen im Anschluss an eine andere berufliche Tätigkeit – auch abends, nachts und am Wochenende – arbeiten und dabei teilweise häufig gestört und unterbrochen werden,
- die ein konkretes Ziel hinsichtlich ihrer Weiterbildung verfolgen und dieses möglichst effizient erreichen möchten,
- die nicht unbedingt mit dem Computer und entsprechenden Fachbegriffen aufgewachsen (sozialisiert) sind.
- Soweit sich aus dem Feedback von Studierenden herausstellt, dass (Körper-, Seh-, Hör-) Behinderungen zu einer eingeschränkten Nutzbarkeit von Modulen führen, sind überarbeitete Versionen für diese Benutzergruppen in Betracht zu ziehen.

2.3 Standardszenarien

Die im Folgenden dargestellten Szenarien bilden eine Beschreibung der angenommenen[4] typischen Modulnutzung der beiden Hauptnutzergruppen ab. Individuelle Vorgehensweisen können davon abweichen.

---

[4] Gestützt durch Vor-Ort-Beobachtungen im realen Einsatz.

Die technische Ausstattung und andere Merkmale unterscheiden sich bei beiden Szenarien nicht durchgängig und sind so nicht weiter detailliert worden. Gemeinsam ist beiden Szenarien, dass die genutzten Arbeitsplätze im (fast immer privaten) Umfeld nur selten den Anforderungen an eine ergonomische Gestaltung genügen und so die Leistungsfähigkeit teilweise erheblich durch falsche Beleuchtung und schlechte Sitzpositionen beeinträchtig wird.

2.3.1   Weiterbildung

Schwerpunkt der VFH ist das folgende Szenario:

Die Studierenden nutzen die Zeit nach der Berufstätigkeit um an den Modulen zu arbeiten. Dies ist typischerweise abends und am Wochenende. Dazu stehen ca. 1-2h am Tag zur Verfügung. Die Uhrzeiten variieren nach individuellen Vorlieben stark und reichen vom frühen Abend bis in die späte Nacht. Letzteres ist meist dadurch begründet, dass erst dann die Familie und insbesondere Kinder die Arbeit nicht mehr so oft unterbrechen. Die verschiedenen Zeiten erschweren die synchrone Kommunikation mit anderen Teilnehmern bzw. erfordern eine sorgfältige Planung der Termine.

Die Studierenden belegen in der Regel nur einen Teil der in ihrem Studiengang angebotenen Module, da die Zeit zur Bearbeitung aller in einem Semester vorgesehenen Module in der Regel nicht ausreicht.

Dir Studierenden haben in der Regel sehr wenig Zeit und sind auf eine sehr effiziente Bearbeitung des angebotenen Stoffes angewiesen. Kommunikation (z.B. privat) über das notwendige Maß hinaus wird oft als störend und belastend angesehen. Die Studierenden wollen die Inhalte der Module teilweise auch in Pausen auf dem Weg zur oder bei der Arbeit nutzen. Eine Nutzung am Arbeitsplatz in der Arbeitszeit ist die Ausnahme.

Ziel des Studiums ist häufig der Erwerb von Einzelkompetenzen und nicht primär die Erreichung eines Abschlusses.

2.3.2   Vollstudium

Ein weiterer Nutzungsfall für die Module im Rahmen des VFH Projektes ist auch:

Die Studierenden dieser Gruppe können sich die Arbeit an den Modulen über den ganzen Tag verteilt einteilen, da sie nicht berufstätig sind. Sofern eine Familie und Kinder vorhanden sind, ist das Studium in Zeiten eingeplant, in denen die Familie nicht vor Ort ist oder keine Betreuung durch die Studierenden notwendig ist. Es stehen zwischen 4h und 8h an Arbeitszeit am Tag zur Verfügung. Dadurch können die Studierenden auch relativ frei Termine für synchrone Kommunikation einplanen.

Die Studierenden nutzen die Module mit dem Ziel einen Abschluss zu erreichen, der ihnen aus organisatorischen Gründen (Zulassung, Studienplatzknappheit) oder aber wegen der Einbindung in die Familie und die Tätigkeit als Hausmann/-frau auf herkömmlichem Wege verwehrt ist. Es werden so viele Module wie möglich belegt, um in möglichst idealer Zeit die notwendigen Prüfungen abzulegen und den Abschluss zu erreichen.

Die Module werden auch hier teilweise außerhalb des primären Arbeitsplatzes zuhause genutzt, dann z.B. während Urlauben und Reisen.

2.4   Zeitplanung

Art	Lehrstunden	Studierendenstunden	Anteil
Lehrinhalte Online	51 Std	120 h	80%
Übung in **Präsenz**	13 Std	30 h	20%
Summen	64 Std	150 h	100%

Tabelle 3: Empfohlener Beispielzeitplan für ein VFH-Modul mit 5 Credit-Points

Die Tabelle (Tabelle 3: Empfohlener Beispielzeitplan für ein VFH-Modul mit 5 Credit-Points) zeigt beispielhaft die bei der Planung der Module vorzusehenden Zeiten, die den Studierenden pro Modul

planungsgemäß zur Verfügung stehen sollen (bezogen auf die komplette Abarbeitung eines Moduls mit 5 Credit-Points bis zur jeweiligen Prüfung). Die konkrete Aufteilung ist dabei nur eine Empfehlung. **Berechnungsgrundlage:**
Äquivalente Lehrstunden in einem klassischen Präsenzstudiengang: 4 Std/Woche * 16 Wochen = 64 Std (1 Std = 45 min) und 5 Kreditpunkte entsprechen laut KMK – gemäß internationaler Vereinbarung – einer WorkLoad von 150 h (1 h = 60 min).

3 Konzeption

In dieser Phase werden hauptsächlich didaktisch-methodische Leitlinien zur Konzeption der Module betrachtet, also die Entscheidung über die Art und Weise, wie und welche Inhalte vermittelt werden sollen, sowie rechtliche Aspekte, die bereits bei der Planung des Moduls berücksichtig werden müssen.

Hinweis: Im Kapitel wird mehrfach auf die verschiedenen Konzeptdokumente und Arbeitsblätter von AP2-1 (DIMETELL) verwiesen. Zurzeit umfassen diese „didaktischen Leitlinien" vier Teile: Überblick, Erläuterungen, Arbeitsblätter und Glossar. Sie sind im Ordner „Weiterführende Materialien" beim Styleguide zu finden.

Die zurzeit vorliegenden Dokumente werden kontinuierlich aktualisiert und mit den bisherigen Erfahrungen bei der Modulerstellung sowie den Ergebnissen der durchgeführten Evaluationen abgeglichen. Im Laufe des Projekts wird ein auf dieser Grundlage basierendes didaktisch-methodisches Handbuch zur Erstellung virtueller Lehr-/Lernmodule entstehen.

Außerdem verweisen wir bis zur Fertigstellung des Handbuchs auf die Vorträge von DIMETELL (http://www.fh-luebeck.de/vfh/arbeitsgruppen/index.htm, dann TV2 → Unterlagen des DIMETELL-Workshops vom 16./17.12.99; eRoom TV2, AP2-1 → Unterlagen des DIMETELL-Workshops vom 26./27.03.01).

Dieses Kapitel beschreibt die didaktischen *Vorüberlegungen,* auf denen jedes Studienmodul basiert. Diese Anforderungen sind für die didaktische Planung des Moduls zu berücksichtigen, im Unterschied zu den Anforderungen in Kapitel 4 und 5, in denen die konkrete Umsetzung (Entwurf und Produktion) betrachtet wird. Je nach Modul (Inhalt, Rahmenbedingungen) kann die Reihenfolge der Arbeitsschritte variieren. Dabei haben die Ergebnisse wechselseitig Einfluss aufeinander und auf die Gestaltung des Studienmoduls.

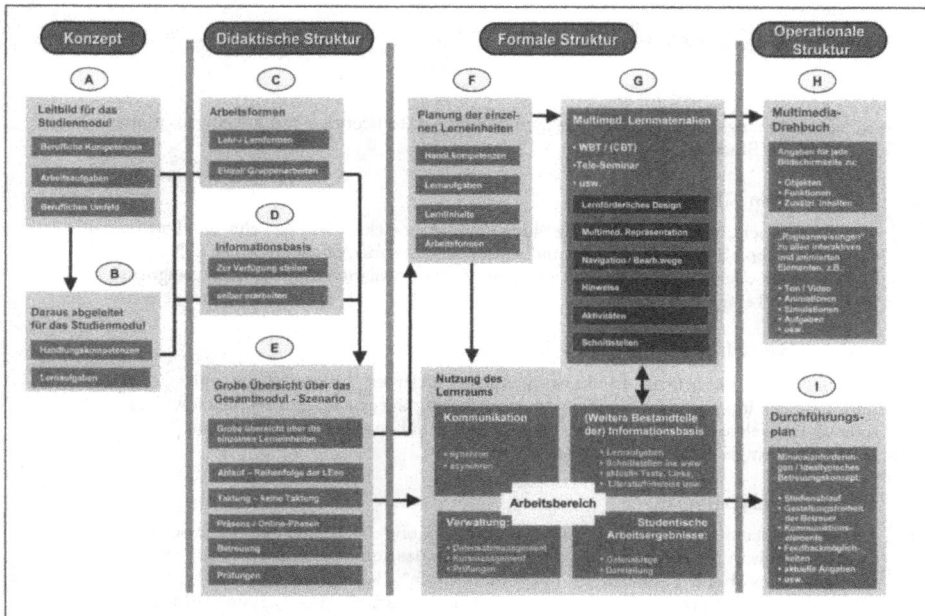

Abbildung 1: Didaktisch-methodisches Vorgehensmodell

Die Inhalte dieser Arbeitsschritte sind in den folgenden Abschnitten noch näher beschrieben.

3.1 Dokumentation

[1] **MUSS:** Es gibt eine nachvollziehbare Dokumentation der einzelnen Vorüberlegungen, die Angaben und Entscheidungen zu allen wesentlichen Punkten in den verschiedenen Phasen der Konzeptionierung festhält. Diese umfasst:

- Konzept

- didaktische Struktur

- formale Struktur („Strukturierung des Moduls")

- operationale Struktur (Drehbuch oder Storyboard, Durchführung)

3.2 Konzept (A und B)

[1] **MUSS:** Für das Studienmodul (nicht für die einzelnen Lerneinheiten) muss ein Leitbild beschrieben werden. Das Leitbild orientiert sich an der beruflichen Praxis und enthält Angaben zu

- den (Handlungs-)Kompetenzen, die im Berufsalltag beherrscht werden, .

- den (Arbeits-) Aufgaben und

- dem (beruflichen) Umfeld in der Praxis.

(Hilfsmittel: Arbeitsblätter des AP-2-1)

[2] **MUSS:** Aus der Leitbildbeschreibung werden zunächst auf der Ebene des Studienmoduls folgende Vorüberlegungen abgeleitet:

- die Handlungskompetenzen, die im Studienmodul erworben werden sollen

- die Lernaufgaben, die dazu nötig sind

(Hilfsmittel: Arbeitsblätter des AP-2-1)

3.3 Didaktische Struktur (C bis E)

Während dieses Planungsschrittes stellen die Entwickler die Arbeitsformen und Inhalte zusammen und konzipieren das Studienmodulszenario.

3.3.1 Arbeitsformen (C)

[1]   **MUSS:** In dieser Phase entscheiden die Studienmodulentwickler, welche Lehr- und Lernformen (z.B. WBT, Labor, Tele-Seminar usw.) und welche Arbeits- und Aufgabenformen (z.B. Einzelarbeiten oder Gruppenarbeiten) zum Erwerb der definierten Kompetenzen geeignet sind und im Modul eingesetzt werden.

3.3.2 Informationsbasis (D)

[1]   **MUSS:** In dieser Phase legen die Studienmodulentwickler fest, welche Inhalte und Informationen innerhalb des Studienmoduls zur Verfügung gestellt und bearbeitet werden sollen, bzw. welche Arbeitsergebnisse von den Studierenden erzielt und ggf. in den Lernprozess eingebracht werden sollen[5].

3.3.3 Studienmodulszenario (E)

[1]   **MUSS:** Es gibt einen Überblick über alle Lerneinheiten und den Ablauf des gesamten Studienmoduls. Auf dieser Basis leiten die Entwickler das konkrete Szenario eines Studienmoduls ab (z.B. „Fernlehren", „Verteiltes Lehren", „Kooperatives Lernen" bzw. Mischformen; vgl. Vortrag „Realisierung von Studienszenarien", Arbeitstagung DIMETELL, 17.12.1999).

[2]   **MUSS:** Zu jedem Studienmodul müssen den Studierenden klare Übersichten über die Struktur, Lernziele und zu erwerbenden Handlungskompetenzen im Rahmen des Studienmoduls gegeben werden.

[3]   **MUSS:** Die Studierenden (und zuvor die Betreuer) müssen über alle relevanten Elemente des Szenarios informiert werden:

- Abfolge von Präsenz- und virtuellen Phasen

- Getaktetes (bzw. nicht getaktetes) Einstellen der Studienmaterialien

- Betreuung (Umfang, Formen)

- Termine

- Prüfungsformen

- Gruppenarbeit (Art der Gruppenbildung, Größe und Zusammensetzung der Gruppe) etc.

Hierbei ist zu unterscheiden zwischen gleichbleibenden Angaben (z.B. zu Hilfen und Werkzeugen, Navigation etc.), die direkt im Modul integriert sein sollten, und solchen Angaben, die jedes Semester wechseln können (Termine, Prüfungsformen, Angaben zu den Dozenten etc.) und im Lernraum gemacht werden sollten[6].

---

[5] Bereits an dieser Stelle ist bei einer geplanten Verwendung von Fremd-Software die Art (Lizenzmodell) und Finanzierung der Bereitstellung zu klären. Siehe auch rechtliche Vorbedingungen im Kapitel 3.6.2)

[6] Den *Entwicklern/Entwicklerinnen* muss klar sein, welche Informationen für die Studierenden im Modul und welche im Lernraum gegeben werden müssen. Die Übergänge können jedoch fließend sein, und die *Betreuenden* der Module müssen sie in jedem Fall sorgfältig prüfen und gegebenenfalls den Lernraum für aktuelle Hinweise nutzen.

[4] **SOLL:** Die Prüfungsformen sollen auf den Inhalt und die Art des Studienmodulszenarios abgestimmt sein. Beispielsweise bieten sich bei kooperativen Szenarien Gruppenprüfungsformen an, mit denen eine höhere Motivation zur Zusammenarbeit erzielt werden kann. Diese didaktische Anforderung ist jedoch mit den Prüfungsämtern/Prüfungsordnungen abzuklären

3.4 Formale Struktur - Strukturierung des Moduls (F und G)

Nach der bisherigen Grobplanung des Gesamtstudienmoduls geht es nun um die detaillierte Planung jeder einzelnen Lerneinheit. Selbst wenn die Erstellung der multimedialen Lernmaterialien dabei im Vordergrund steht, sollte im Blick behalten werden, auf welche Weise die unterschiedlichen Bereiche des Lernraums beim Einsatz des Moduls genutzt und in die Gestaltung einbezogen werden.

3.4.1 Planung der Lerneinheiten (F)

[1] **MUSS:** Auf der Grundlage der bisherigen Vorüberlegungen werden nun auf der Ebene der einzelnen *Lerneinheit* Entscheidungen bezüglich der folgenden Punkte getroffen:

- Handlungskompetenzen, die in dieser LE erworben werden sollen

- konkrete Lernaufgaben, die dazu nötig sind (vgl. 3.3.1.1)

- Lerninhalte, die den Studierenden für diese LE zur Verfügung gestellt werden sollen bzw. die sie selber erarbeiten und ggf. den Kommilitonen zur Verfügung stellen sollen

- die dafür geeigneten Arbeitsformen in dieser LE

[2] **MUSS:** Zu jeder LE müssen den Studierenden klare Übersichten über die Struktur, Lernziele und zu erwerbende Handlungskompetenzen und die darin jeweils (noch) zu erledigenden Aufgaben gegeben werden.

3.4.1.1 Aufgaben

Die Aufgaben sind ein zentrales Element virtueller Studienmodule, da sie die Motivation und den Erfolg beim Selbstlernen erheblich unterstützen. Aufgaben sind in die Module zu integrieren; jedoch ist es ebenfalls sinnvoll, wenn die Betreuer zur Vertiefung von Inhalten oder Aufgaben (gruppen- und lernzielabhängig) in den Lernraum stellen und damit ihre eigenen Schwerpunkte setzen. Bei den im Folgenden beschriebenen Aufgaben muss von den Modulentwickler/-innen abgewogen und entschieden werden, an welcher Stelle die Aufgaben einzusetzen sind.

[1] **MUSS:** Alle Aufgabenformen müssen ausreichend erläutert werden (Angaben zu ihrem Stellenwert im Studienmodul und zur erwarteten Bearbeitung, z.B. Länge und Form der Bearbeitung, Abgabetermine etc. Ggf. müssen einige dieser Angaben im Lernraum gemacht werden).

[2] **MUSS:** Jede Lerneinheit enthält umfassende Studienaufgaben, d.h. Aufgaben, die auf den Inhalt der gesamten Lerneinheit bezogen sind und nicht nur Einzelaspekte abfragen. Damit können vom Ersteller/Betreuer thematische Schwerpunkte gesetzt werden. Derartige Studienaufgaben können ggf. auch im Lernraum gestellt werden.

[3] **MUSS:** Jede Lerneinheit enthält Übungsaufgaben, die weniger umfassend sind als Studienaufgaben. Derartige Aufgaben dienen der eigenen Kontrolle. Sie müssen nicht an einen Betreuer geschickt werden.

[4] **SOLL:** Kooperativ zu bearbeitende Aufgaben können den Lernprozess intensivieren. Dazu müssen sie so konzipiert sein, dass eine Lösung nur durch die Mitarbeit aller beteiligten Gruppenmitglieder erfolgen kann.

[5] **KANN:** Jedes Studienmodul enthält Lerneinheiten übergreifende Studienaufgaben, also Aufgaben, die sich inhaltlich im Unterschied zu [2] auf mehrere Lerneinheiten beziehen.

Weitere Anforderungen zur Gestaltung von Aufgaben sind in den folgenden Kapiteln beschrieben.

3.4.2   Multimediale Lernmaterialien (G)

3.4.2.1   Lernförderliches Design / Multimediale Repräsentation

[1]   **MUSS:** Die Größe (Länge) einer Seite muss sich primär an den inhaltlichen Zusammenhängen und nicht an gestalterischen Aspekten orientieren. Zum Beispiel müssen sich Erläuterungstexte zu Abbildungen auf der selben Seite wie sie selbst befinden. Nur wenn wesentlich zu lange Einheiten entstehen, deren Aufteilung anderen Regeln (z.B. Wartezeiten) widerspricht, sollten an inhaltlich sinnvollen Stellen Trennungen von Seiten vorgenommen werden.

[2]   **SOLL:** Die einzelnen verwendeten Elemente sollen auf ihre Funktion und ihr Zusammenwirken überprüft werden. Kein Element soll aus rein technologiebezogener Motivation eingesetzt werden.

[3]   **KANN:** Zur Darstellung der Studieninhalte können Leitfiguren, „Spielsequenzen", Rollenspiele etc. eingesetzt werden.

[4]   **KANN:** Es stehen Anwendungsbeispiele zur Verfügung.

Weitere Anforderungen zum lernförderlichen Design sind in den folgenden Kapiteln beschrieben.

3.4.2.2   Navigation / Bearbeitungswege

Mit Navigation ist die Art und Weise gemeint, in der Studierende sich durch das Modul bewegen. Dabei wird mit „Weg" eine Verknüpfung der einzelnen Seiten durch Links bezeichnet, zum Beispiel durch ein Symbol „→" („Nächste Seite").

[1]   **MUSS:** Die im Modul zur Verfügung stehenden Navigationsweisen und die vom Dozenten/Betreuer (empfohlenen) Bearbeitungswege und Vorgehensweisen im Modul müssen explizit erläutert werden (z.B. anhand eines Beispieles in der Hilfe).

[2]   **MUSS:** Jedes Modul muss den Studierenden zumindest eine Sequenz von Bearbeitungsschritten anbieten, der er sich ohne weiteres „anvertrauen" kann („Sicherer Weg"). Folgt er dieser Vorgabe, so hat er garantiert all das Material einmal angefasst, was er nach Ansicht des/der Lehrenden zum Erreichen des Lernziels benötigt[7].

[3]   **MUSS:** Benutzer müssen abseits der vorgegebenen Wege auch individuell navigieren und eigene Bearbeitungsschritte wählen können. Um die Lernenden hierbei zu unterstützen, und ihnen die Orientierung zu erleichtern, sollten die in Kapitel 3.3.2.3 genannten Übersichten eingesetzt werden.

[4]   **MUSS:** Den Benutzern müssen Bookmarks (Lesezeichen) zur Verfügung stehen, z.B. um nach einer Unterbrechung an der selben Stelle weiterarbeiten zu können[8].

[5]   **MUSS:** Die Benutzer können Notizen und eigene Ergänzungen zu Seiten einfügen und verwalten, die ihnen auch später wieder zur Verfügung stehen. Dies sollte möglichst direkt durch den Lernraum oder durch eigene Tools innerhalb der Module realisiert werden. Ansonsten ist zumindest das Herauskopieren von Inhalten (Copy and Paste) in externe Tools (z.B. Text-Editor) zu unterstützen.[9]

[6]   **MUSS:** Benutzer müssen durch eine (idealerweise fehlertolerante) Suchfunktion (z.B. nach Stichwörtern oder Medientypen) unterstützt werden.

---

[7] Im günstigsten Fall hat er darüber hinaus sogar auf einem besonders lernförderlichen Weg dieses Ziel erreicht (das sollte jedenfalls die Hypothese des/der Lehrenden sein, aufgrund derer sie diesen Weg vorgegeben haben).

[8] Ausführlicher wird auf diese Aspekte im Abschnitt 4.2.4 eingegangen.

[9] Faktisch bedeutet dies derzeit, dass zumindest Copy&Paste funktionieren muss, da noch keine stabilen Ersatztechnologien zur Verfügung stehen.

[7]   MUSS: Ein direkter Zugriff auf die Funktionalität des Lernraumes (Blackboard) muss jederzeit möglich sein. Es reicht dazu aus, ein weiteres Fenster mit dem Lernraum parallel benutzen zu können.

[8]   SOLL: Es sollten Navigationsmöglichkeiten innerhalb der Gliederungsstruktur (kapitelweises Springen) vorhanden sein.

[9]   KANN: Wenn möglich, sollten auch verschiedene Wege für verschiedene Kenntnisstände und Benutzergruppen durch ein Modul vorgesehen werden.

3.4.2.3   Hinweise für die Studierenden

[1]   MUSS: In jedem Studienmodul sind die folgenden Übersichten vorzusehen:

- **Inhaltsverzeichnis**
  = Verzeichnis *aller* enthaltenen Seiten. Bei komplexeren Strukturen kann dies z.B. durch eine Site-Map erreicht werden.

- **Glossar**
  = Erläuterungen der wichtigen (Fach-)Begriffe, die im Modul verwendet wurden

- **Quellenverzeichnis**
  = Literatur- und Linkverzeichnis

- **Autoren- und Mentorenverzeichnis**
  = Informationen zu den Verfassern des Moduls sowie zu aktuellen Ansprechpartnern. Dies kann ggf. getrennt erstellt werden, um veränderliche Angaben (Mentoren) und feste Angaben (Autoren) besser pflegen zu können[10].

[2]   SOLL: Die folgenden Übersichten sollten ebenfalls enthalten sein und nur in begründeten Ausnahmefällen entfallen:

- **Index**
  = Stichwortverzeichnis, von dem aus man an die jeweils entsprechende Stelle im Modul springen kann

- **Abbildungsverzeichnis**
  = Link-Verzeichnis aller im Modul enthaltenen Abbildungen, Simulationen und sonstigen Nicht-Text-Elemente (ausgenommen natürlich reine Schmuckelemente) und deren Beschriftungen (z.B. Bildunterschriften)

[3]   KANN: Darüber hinaus sind weitere Orientierungshilfen wie Tabellen- und Animations-Verzeichnis oder eine Mind-Map-ähnliche Strukturdarstellung möglich.

[4]   MUSS: Sofern sich die Webseiten nicht direkt gut lesbar ausdrucken lassen, ist zusätzlich eine Druckversion der zentralen Inhalte (z.B. als PDF) zu liefern (vgl. auch 4.8.2).

[5]   SOLL: Benutzer sollen Möglichkeiten zur Kontrolle des Bearbeitungsfortschrittes haben, entweder als automatische Markierung der bereits besuchten Seiten oder aber als von den Studierenden selbst zu setzende Markierung „Bearbeitet". Zur Abschätzung des Lernfortschrittes dienen die Aufgaben und Übungen (siehe auch 4.6.2).

[6]   MUSS: Zu jeder Einheit gibt es eine ungefähre Schätzung über die wahrscheinliche Bearbeitungsdauer für den Benutzer. Dabei kommt es weniger auf eine exakte Voraussage als einen näherungsweisen Schätzwert an, den der Benutzer dann in sein eigenes Tempo umrechnen kann.

---

[10] Typischerweise sind solche „beweglichen" Daten im Lernraumsystem unterzubringen, um eine leichtere Wartbarkeit zu gewährleisten.

3.5   Operationale Struktur

3.5.1   Drehbuch/Storyboard

Das Drehbuch oder Storyboard ist kein „Kunstwerk". Ein Drehbuch ist eine möglichst präzise Anweisung an die Produzenten, das möglichst wenig Raum für Missverständnisse und Unklarheiten bietet. Es stellt eine Brücke zwischen AP-Leiter und Teams dar. Außerdem erleichtert es Arbeitsverteilung und Dokumentation, und gestattet darüber hinaus einen zielgerichteten Ideenfluss zwischen Entwerfenden und Umsetzenden.

[1]   **SOLL:** Ein Drehbuch ist unabdingbar, wenn das Modul extern produziert wird, aber auch schon notwendig, sobald mehr als eine Person an dem Modul arbeitet. Auf jeden Fall muss gewährleistet sein, dass alle an der Planung und Produktion beteiligten Personen (wie Programmierer, Grafiker, andere Realisierer oder auch nur ein anderer als der ursprüngliche Bearbeiter) dieselben Grundlagen haben bzw. Veränderungen daran nachvollziehen können und in der Lage sind, das Modul eigenständig umzusetzen.

Je nach der personellen und finanziellen Kapazität der einzelnen Module muss entschieden werden, ob ein Drehbuch erstellt werden kann bzw. wie ausführlich und detailliert es zu sein hat.

[2]   **SOLL:** Das Drehbuch konkretisiert die bisherigen Entwicklungsschritte im Detail.

Es enthält für jede einzelne Bildschirmseite alle Angaben über

- die Objekte, die auf der jeweiligen Seite erscheinen sollen,
- die Funktionen, die dem Anwender zur Verfügung stehen sollen,
- bildschirmseitenbezogene zusätzliche Inhalte (Hilfetexte, Glossar etc.).

[3]   **SOLL:** Das Drehbuch enthält „Regieanweisungen" für

- Ton- und Videoelemente
- Animationen
- Simulationen
- Fotos bzw. Illustrationen, z.B. für ein Rollenspiel
- Aufgaben, z.B. Drag&Drop-Elemente, Einsendeaufgaben (was soll beispielsweise passieren, wenn welche Antwort ausgewählt wird?)
- zusätzliche Fenster
- interne/externe Links

sofern derartige Elemente geplant sind.

3.5.2   Durchführungshinweise

Die Evaluationen haben gezeigt, dass den Betreuern oft zentrale Hinweise zur Durchführung eines Moduls fehlen, die nur von den Entwicklern gegeben werden können.

[1]   **MUSS:** Minimale Anforderungen zur Durchführung eines Studienmoduls enthalten Angaben zur Taktung, zum zeitlichen Verlauf, zu den (Zwischen-)Prüfungen und Prüfungsformen.

[2]   **SOLL:** Ein idealtypisches Konzept geht darüber hinaus auf folgende Punkte ein:

- Zeitpunkte für Aufgabenstellungen
- Gestaltungsfreiheit der Betreuer beim Einsatz des Moduls, z.B. in der Aufgabengestaltung
- Einsatz der Kommunikationselemente
- Feedbackmöglichkeiten: verantwortliche Stelle für Nachfragen, Änderungshinweise usw.
- Einstellen aktueller Hinweise, Links, Literaturangaben

- Möglichkeit bzw. Notwendigkeit des Einsatzes kooperativer Lernformen

3.6 Urheberrecht und Markennamen

Die folgenden rechtlichen Aspekte sind bei der Konzeption des Moduls bereits zu berücksichtigen:

3.6.1 Urheberrecht

Nach dem deutschen Urheberrechtsgesetz hat der Urheber das Recht auf Anerkennung seiner Urheberschaft am Werk. Er kann bestimmen, ob das Werk mit einer Urheberbezeichnung zu versehen und welche Bezeichnung zu verwenden ist, sofern er nicht auf dieses Recht verzichtet hat. Das gilt sowohl für die Modulhersteller als auch für Urheber von verwendetem Fremdmaterial im Modul.

[1]   **MUSS**: Urheber , auch Miturheber, müssen grundsätzlich benannt werden, es sei denn sie wünschen es nicht.

[2]   **SOLL**: Mit den Urhebern von Fremdmaterialien sollte vorab (im Rahmen der Rechtseinholung) eine Regelung über die Art der Urheberbezeichnung getroffen werden.

[3]   **SOLL**: Bei Fremdmaterial sollte die Nennung an der jeweiligen Stelle erfolgen, wo dieses im Modul verwendet wird.

[4]   **SOLL**: Mit den Modulherstellern, insbesondere AP-Leitern, soll eine einheitliche einvernehmliche Regelung über die Art der Urheberbezeichnung getroffen werden.

[5]   **KANN**: Angemessen wäre eine Nennung der AP-Leiter und sonstigen Miturheber/Mitarbeiter im „Vorspann" des jeweiligen Moduls. Auch Nennung der Art des Beitrags/ Tätigkeit ist an dieser Stelle möglich.

3.6.2 Einbindung von Fremdmaterialien

Gemeint sind Inhalte, die von Dritten erstellt wurden und die in die Module direkt eingebunden werden sollen. Detaillierte Angaben zur Klärung der Urheber- und Nutzungsrechte finden sich im Merkblatt „Recht" des TV1[11]. An dieser Stelle sei auch noch ausdrücklich darauf hingewiesen, dass durch die Verwendung von Fremdmaterialien, aber auch durch eine externe Verlinkung nicht nur fremde Urheberrechte (sowie Leistungsschutz- und Persönlichkeitsrechte) beeinträchtigt sein können, sondern auch Verstöße gegen das Marken und Kennzeichenrecht und das Wettbewerbsrecht in Frage kommen.

[1]   **MUSS**: Für Medien und Texte, die von Dritten erstellt wurden und die in das Modul übernommen werden, muss eine schriftliche Zustimmung der Rechteinhaber vorab eingeholt werden. Lässt sich eine solche Zustimmung nicht erreichen, zum Beispiel weil der Rechteinhaber nicht ermittelt werden konnte oder keine Rückmeldung erfolgte, so dürfen solche Fremdinhalte *nicht* verwendet werden[12].

[2]   **MUSS**: Moduleigene und fremde Inhalte müssen für den Benutzer deutlich erkennbar getrennt sein[13].

[3]   **MUSS**: Will man das Fremdmaterial zudem ändern, muss ein Nutzungsrecht speziell für die Bearbeitung eingeholt werden.

[4]   **MUSS**: Insbesondere auch bei der Verwendung von Fremdsoftware ist bereits im Vorfeld die Lizenzierung, Finanzierung und die Verteilung der Software an die Studierenden zu klären.

---

[11] genaue Quelle siehe Tabelle 1

[12] Details zu den verschiedenen Rechten und deren korrekter Einholung finden sich im Merkblatt „Recht" des TV1 (Quellenangabe siehe Tabelle 1: Übersicht über die weiterführenden Dokumente auf Seite 7).

[13] Siehe dazu auch Detailforderung zur Gestaltung externer Links unter 4.2.4 Regel [17] .

3.6.3   Umgang mit Markennamen

Sofern man über ein Unternehmen oder eine Ware (wahrheitsgemäß) neutral berichtet, muss man unwillkürlich den (Marken-) Namen verwenden und darf das auch.

[1]   **MUSS:** In allen anderen Fällen ist Vorsicht geboten, z.B. auch bei Verlinkungen, wenn man Buttons oder dgl. mit dem Markenzeichen verwendet, oder bei Vergleichen und Gegenüberstellungen. Hier muss das Einverständnis des Rechtsinhabers vorliegen.

[2]   **SOLL:** Die Studienmaterialien sollen zwar praxisnah, aber neutral sein. Grundsätzlich sollte deshalb die Verwendung von Markennamen in den Modulen vermieden werden (das kann man für die Beispiele meist auch umschreiben).

[3]   **SOLL:** Wo die Verwendung von Marken unbedingt gewünscht wird, sollte man vorsichtshalber beim Unternehmen nachfragen (im Regelfall wird man sowieso die benötigten Daten/Informationen beim betroffenen Unternehmen nachfragen müssen).

4   Entwurf

Die folgenden Regeln sind bei der Umsetzung der Konzeption der Lerneinheiten bzw. anderer zusätzlicher Inhalte im Modul in einen Entwurf zu berücksichtigen.

4.1   Einheitenübergreifende Regeln

Zunächst sind hier Anforderungen bezogen auf die Gesamtheit der Seiten, also das Modul bzw. die Einheit, definiert.

4.1.1   Konsistenz

Mit diesen Regeln soll sichergestellt werden, dass die Studierenden nicht innerhalb des Studiums widersprüchliche Bedien- und Gestaltungskonzepte erlernen müssen.

[1]   **MUSS:** Module müssen sich an die üblichen Konventionen bzgl. Bedienung und Gestaltung halten, die aus dem Umgang mit dem eingesetzten Betriebssystem und dessen Standardoberfläche (Microsoft Windows™ [14])bekannt sind. Das gilt auch für die Bedienkonzepte der unterstützten Browser.

[2]   **MUSS:** Innerhalb eines Moduls neu eingeführte Kodierungen (z.B.Farben), Symbole und Bedienungsarten dürfen nicht im Widerspruch zu denen von Microsoft Windows™ (siehe oben) und der verwendeten Browser (siehe auch „2.1 Systemanforderungen") stehen.

[3]   **MUSS:** Die Bedeutung fachspezifischer (Farb-, Muster-) Kodierungen ist unbedingt beizubehalten (z.B. ISO/DIN-Vorgaben). Die dort festgelegten Farben oder Muster dürfen keinesfalls in anderen, widersprüchlichen Zusammenhängen verwendet werden.

[4]   **MUSS:** Innerhalb eines Moduls eingeführte Kodierungen (z.B. Farben), Symbole und Bedienkonzepte müssen durchgängig verwendet werden. Das heißt z.B., dass Farben und Hervorhebungen im gesamten Modul eine gleichbleibende Bedeutung haben.

[5]   **SOLL:** Neue Kodierungen, Symbole und Bedienkonzepte sind so zu gestalten, dass sie von den Benutzern leicht verstanden und erlernt werden können. Es muss deshalb, wenn nicht klar intuitiv erfassbar, zusätzlich eine Hilfefunktion mit Erläuterungen zu den verwendeten Konzepten und Symbolen vorhanden und direkt erreichbar sein (z.B. in Form eines „Tooltipps").

[6]   **SOLL:** Diese Regeln sind nicht nur auf einzelne Module, sondern auch auf die verschiedenen Module eines gesamten Studienganges anzuwenden. Insbesondere sind eklatante

---

[14] Hier: Im Projekt wurde aus Kostengründen die Zielplattform auf Windows 9x festgelegt. Daraus folgt, dass die Oberflächen von Windows 98 inkl. das spätere ME sowie die zumindest bezüglich der Oberflächengestaltung gleichen NT4 und 2000 als Referenz angenommen werden müssen. Windows XP weicht aus Sicht der Autoren auch nicht sehr weit von den grundsätzlichen Bedienkonzepten ab.

Widersprüche der Kodierungen in verschiedenen Modulen eines Studienganges zu vermeiden. Im Zweifelsfall sind solche Widersprüche durch Hinzuziehung der Querschnittsfunktionen zu klären.

4.1.2   Wartezeiten

Wartezeiten schaden der Motivation, dem wichtigsten Faktor für den Studienerfolg. Dabei geht es um die vorhersehbar gegenüber einer normalen Seite verlängerten Wartezeiten. Zur Abschätzung der Wartezeiten ist Standardzugang (siehe „Tabelle 2: Vorausgesetzte technische Ausstattung der Nutzer/-innen") auszugehen Nicht durch die Autoren vorhersehbare Wartezeiten im allgemeinen WWW-Stau können nicht berücksichtigt werden.

[1]   **MUSS**: Die Benutzer werden vor längeren Wartezeiten (>10 sec), zum Beispiel bei Ladevorgängen oder zu startenden Applets, bereits *vor* dem Anklicken des entsprechenden Links gewarnt.

[2]   **MUSS**: Sofern von verlängerten Wartezeiten auszugehen ist, ist eine Möglichkeit zur Unterbrechung vorzusehen. Dies ist derzeit für Applets technisch noch nicht realisierbar.

[3]   **SOLL**: Durch entsprechende Beschriftungen und Hinweise wird dem Benutzer der Inhalt einer zu ladenden Datei *vor* dem Download mitgeteilt, so dass dieser selbst abschätzen kann, ob sich der Download für ihn lohnt (Beispiel für eine Zusatzinfo: „Animation eines Federpendels (AVI, ca. 8MB)").

[4]   **SOLL**: Das Laden einzelner Seiten, in die eine Lerneinheit aufgeteilt ist, sollte schnell vonstatten gehen, insbesondere wenn diese rasch hintereinander (kleine Einheiten) bearbeitet müssen (vgl. hier aber Regeln zur Seitengröße aus dem Kapitel 3).

4.1.3   Benutzung von eigenen Fenstern (Dialoge und Textfenster)

Gemeint sind Fenster und Dialoge, die zusätzlich zum eigentlichen Browserfenster durch die Einheit geöffnet werden und parallel dazu verfügbar sind.

[1]   **MUSS**: Fenster können jederzeit durch Benutzer mittels des Fenstericons „ ✕" geschlossen werden.

[2]   **MUSS**: Fenster werden *nur* durch Benutzeranforderung geschlossen oder überschrieben, nicht aber automatisch, z.B. nach bestimmten Zeiten. Dies gilt nicht für explizit animierte Multimedia-Inhalte.

[3]   **SOLL**: Fordert ein Benutzer ein zusätzliches Fenster an, so sollten bereits geöffnete Fenster mit anderem Inhalt nicht ungefragt überschrieben werden (z.B. ein Inhaltsverzeichnisfenster durch ein Glossar o.ä.).

[4]   **MUSS**: Größe und Position des Fensters sind durch die Benutzer veränderbar, sofern der Inhalt dies erlaubt (zum Beispiel Text). Insbesondere darf die Größe nicht auf Vollbild festgelegt sein, bzw. die Studierenden müssen in den Einzelfenstermodus zurückwechseln können („⧉ ")

[5]   **MUSS**: Zusätzliche Fenster müssen in die Taskleiste hinein „minimiert" werden können („ – ").

[6]   **MUSS**: Bei der Arbeit mit mehreren Fenstern sollten die Titel so gewählt werden, dass der Inhalt des Fensters aus dem Fenstertitel hervorgeht, so dass die Studierenden auch in der Taskleiste den Inhalt des Fensters zuordnen können.

[7]   **SOLL**: Auch für zusätzliche Fenster gelten die allgemeinen Regeln aus diesem Kapitel, d.h. z.B. dass auch solche Fenster in der Regel über die üblichen Funktionen (Druck, Bookmark, etc.) verfügen müssen (siehe besonders 4.2).

[8]   **MUSS**: Wenn ein zusätzliches Fenster durch eine Benutzeraktion ein weiteres Mal angefordert wird, obwohl es bereits geöffnet ist (aber zum Beispiel in den Hintergrund geraten ist), so ist es dann automatisch in den Vordergrund zu holen.

4.1.4   Urhebernennung und Haftungsbeschränkung

Dieser Abschnitt konkretisiert die Anforderungen aus dem Bereich des Urheberrechtes.

[1]   **SOLL**: Zum Schutz der Urheber/Rechtsinhaber (siehe auch 3.6.1 „Urheberrecht") dient eine zusätzliche Kennzeichnung jeder einzelnen Webseite mit einem sogenannten Copyright-Vermerk: „(c) Jahr Name". Regelmäßig wird hier der Rechtsinhaber wiedergegeben, so dass die Nennung der modulherstellenden Hochschule an dieser Stelle sinnvoll wäre.

[2]   **MUSS**: Zum Schutz der Urheber und Rechtsinhaber (modulherstellende Hochschule) muss folgender Text auf der Einstiegsseite jedes Moduls angebracht sein

```
Die Inhalte des Lernmoduls (Text, Bild, Ton, Software usw.) sind
urheberrechtlich geschützt und nur zum privaten, studienspezifischen
Gebrauch durch den Nutzer/die Nutzerin bestimmt, der/die eine Berechtigung
zur Online-Nutzung dieses Moduls im Rahmen des Hochschulverbundes Virtuelle
Fachhochschule und seiner Verbundhochschulen erhalten hat.

Die Nutzung darf gleichzeitig nur auf einem Personalcomputer erfolgen.
Kopien/ Vervielfältigungen in jeglicher Form dürfen nur vorgenommen werden,
falls und soweit dies ausdrücklich erlaubt worden bzw. ausnahmsweise
gesetzlich zulässig ist. Die Bestandteile des Programms und der Inhalte
dürfen nicht verändert werden. Weiterverbreitung und Nutzung zur
öffentlichen Wiedergabe in jeglicher Form, auch in Teilen, ist unzulässig.
Öffentliche Vorführungen sind nicht gestattet.

Das Herunterladen oder der sonstige Erhalt von Inhalten einschließlich
Software über das Lernraumsystem erfolgt auf eigenes Risiko. Es wird keine
Haftung übernommen für Schäden an dem Computersystem des Nutzers/der
Nutzerin oder sonstigen zur Nutzung verwendeten technischen Geräten, für
den Verlust von Daten oder für sonstige Schäden aufgrund des Herunterladens
oder sonstiger Transaktionen im Zusammenhang mit dem Lernraumsystem, es sei
denn die Haftung beruhe auf einer vorsätzlichen oder grob fahrlässigen
Pflichtverletzung.

Es wird keine Verantwortung für Inhalte von externen Links übernommen, die
in Studienmodule aufgenommen worden sind.
```

[3]   **MUSS**: Es muss sicher gestellt sein, dass die Nutzer vor der ersten Benutzung eines Moduls diesen Hinweistext sehen und ausdrücklich annehmen, z.B. durch Drücken eines „Annehmen"-Buttons und durch Setzen eines Cookies auf dem jeweiligen Rechner oder z. B. gegebenenfalls auch offline durch eine entsprechende schriftliche Erklärung.

[4]   **MUSS**: Bei Inhalten, die explizit zum Download und dem Verbleib beim Studierenden vorgesehen sind[15], muss zusätzlich folgender Text enthalten[16] sein:

```
Die Inhalte der Download-Datei (Text, Bild, Ton, Software usw.) sind
urheberrechtlich geschützt und nur zum privaten, studienspezifischen
Gebrauch durch den Nutzer/die Nutzerin bestimmt, der/die eine Berechtigung
zur Online-Nutzung dieses Moduls im Rahmen des Hochschulverbundes Virtuelle
Fachhochschule und seiner Verbundhochschulen erhalten hat. Die Nutzung darf
gleichzeitig nur auf einem Personalcomputer erfolgen. Kopien/
Vervielfältigungen in jeglicher Form dürfen nur gemacht werden, falls und
soweit dies ausdrücklich erlaubt worden bzw. ausnahmsweise gesetzlich
zulässig ist. Die Bestandteile des Programms und der Inhalte dürfen nicht
verändert werden. Weiterverbreitung und Nutzung zur öffentlichen Wiedergabe
```

---

[15] Gemeint sind Scripte und Handreichungen, die den Nutzern zum Download angeboten werden, nicht aber Videos, Animationen, Soundfiles, Applets etc., die nur implizit durch das System für die Zeit der Nutzung in ein temporäres Verzeichnis geladen werden.

[16] Praktisch bedeutet dies, dass in Texte (PDF, HTML, etc.) dieser Hinweis aufgenommen wird. Bei Videos, sofern sie explizit zum Download vorgesehen sind, soll eine entsprechende Texttafel aufgenommen werden.

> in jeglicher Form, auch in Teilen, ist unzulässig. Öffentliche Vorführungen
> sind nicht gestattet.

4.2 Regeln für einzelne Seiten

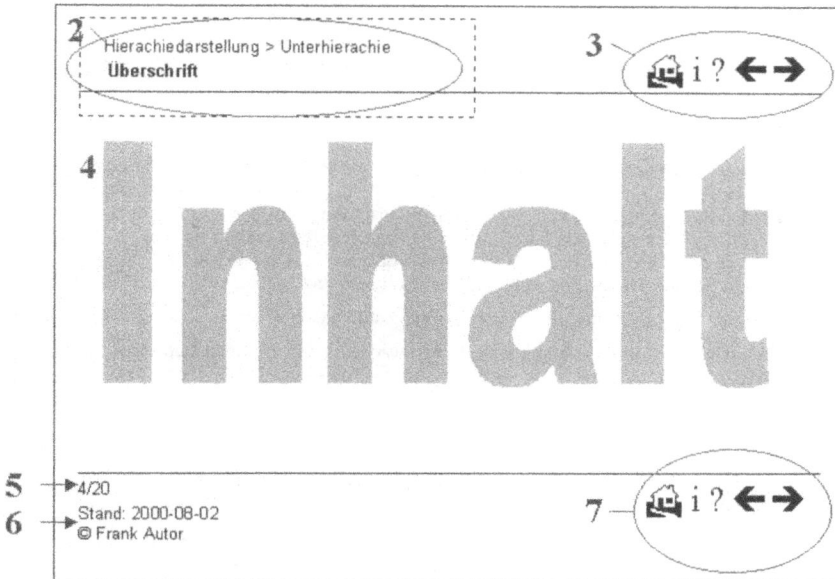

Abbildung 2: Grundaufbau einer Standardseite

4.2.1 Seitenaufbau

[1] **SOLL:** Der Seitenaufbau sollte eine einheitliche Grundstruktur haben (siehe „Abbildung 2: Grundaufbau einer Standardseite"). Die Darstellung und die verwendeten Symbole sind nicht als Designvorlage gedacht. Zu den einzelnen Bereichen sind in den nachfolgenden Abschnitten detailliertere Regeln angegeben:

[2] **MUSS:** Informationen zur derzeitigen Position in der inhaltlichen Hierarchie

[3] **MUSS:** Navigationselemente (Siehe auch 4.2.4)

[4] **MUSS:** Der Inhalt, die eigentliche „Nutzlast"

[5] **SOLL:** Benutzer müssen jederzeit wissen, wo sie sich gerade befinden. Dies bezieht sich einerseits auf die Position relativ zum vorgesehenen sicheren Weg (z.B. „Seite 4 von 20" oder „4/20"), zum anderen auf die hierarchische Struktur der Seite im Sinne von „Modulname" → „Kapitelname" → „Unterkapitelname".

[6] **KANN:** Jede Seite kann einen Hinweis auf ihren Urheber und den Stand der Überarbeitung haben (siehe auch 4.1.4).

[7] **SOLL:** Navigationselemente sind bei langen Seiten unten zu wiederholen (vgl. auch 4.2.4 [2])

4.2.2 Höhe und Breite

Das Folgende gilt immer bezogen auf den in Kapitel 2 definierten Standardeinstellungen für den Bildschirm und die Seite als Ganzes. Details für den Umgang mit Bildern und Ausnahmen bei bestimmten Arten von Abbildungen sind unter Abschnitte 4.4 beschrieben.

[1]   **SOLL:** Die Seiten sollen so gestaltet werden, dass horizontales Scrollen vermieden wird.

[2]   **SOLL:** Die Länge (Höhe) der Seite wird vom Inhalt und nicht von der Pixelanzahl bestimmt. Vertikales Scrollen ist erlaubt und kann als bekannt vorausgesetzt werden. Dabei sollte darauf geachtet werden, dass aus der Gestaltung ersichtlich ist, dass auch außerhalb des derzeitigen Sichtbereiches Informationen liegen.

[3]   **SOLL:** Webseiten sollten so gestaltet werden, dass sie für eine zu erwartende Standard-Bildschirmauflösung (1024x768 Pixel) optimiert sind, aber auch unter anderen Auflösungen (z.B. 800x600) noch benutzbar sind.

4.2.3   Farben und Muster

[1]   **MUSS:** Farben oder Leuchtdichte/Sättigung dürfen, sofern sie Bedeutungen transportieren sollen, nie als einziges Kodierungsmittel verwendet werden. Die kodierten Informationen müssen redundant , also auch durch andere Gestaltungsmittel übertragen werden (Beispiel: Unterschiedliche Arten von Links sollten nicht allein an der Farbe zu unterscheiden sein, sondern durch zusätzliche Erläuterungstexte, Icons oder Tool-Tips unterschieden werden können). Dies gilt auch innerhalb von Bildern, Animationen und Applets etc.

[2]   **MUSS:** Textseiten dürfen keinen gemusterten Hintergrund haben (Ausnahme: Startseite).

[3]   **MUSS:** Für farbige Hintergründe sind helle, farbschwache Pastelltöne zu wählen. Intensiv gefärbte Hintergründe sind – ebenso wie helle Schrift auf dunklem Grund – für normale Textseiten unzulässig.

4.2.4   Navigations- und Bedienelemente

Ausnahmen von diesen Regeln sind nur bei Seiten ohne Text- oder Grafikinhalt (z.B. Seiten, die nur ein Applet enthalten) zugelassen.

[1]   **SOLL:** Die Navigation sollte sich möglichst rechtsbündig am oberen Rand der Seite befinden.

[2]   **MUSS:** Bei Seiten, die über die Standardgröße hinausgehen und bei denen die Navigationselemente aus dem Sichtbereich heraus geschoben werden, sind die Navigationselemente am Ende zu wiederholen. Bei langen Seiten (ca. >3 Seiten) sind zusätzliche Navigationselemente innerhalb der Seite („zum Anfang der Seite") vorzusehen.

[3]   **SOLL:** Die Navigation sollte mittels bekannter Symbole für „nächste Seite" (→) und „vorherige Seite" (←) erfolgen. Zusätzlich sollte immer ein Verweis auf die Startseite des Moduls und auf ein Inhaltsverzeichnis vorhanden sein.

[4]   **SOLL:** Weitere Navigationsmöglichkeiten sollten nur bei Bedarf und dann unter konsistenter Verwendung bekannter Symbole erfolgen.

[5]   **MUSS:** Die Inhaltsübersicht ist, wenn vom Lernenden gewünscht, ständig sichtbar (z.B. in einem eigenen Fenster) oder durch einen Link erreichbar.

[6]   **MUSS:** Zu jeder Seite muss eine spätere Rückkehr leicht möglich sein[17].

[7]   **MUSS:** Die Seiten der Module müssen für die Studierenden leicht zu referenzieren sein. Ziel: Den Studierenden muss die Bearbeitung der Texte mit gewohnten Mitteln (z.B. anhand des Papierausdrucks der Seite; vgl. auch Abschnitt 4.8) ermöglicht werden, sofern einfachere und dem Hypermedium angemessenere Annotations- und Bearbeitungsmöglichkeiten noch nicht durch das Lernraumsystem angeboten werden. Hilfsweise kann eine solche Referenz auch aus einer eineindeutigen Nummerierung (Kapitel.Seitenzahl) o.ä. bestehen.

[8]   **SOLL:** Es soll für die Studierenden einfach möglich sein, mit den von ihnen für erforderlich gehaltenen Verweisen selbst zu arbeiten (Gruppieren, Sortieren, Versenden bzw.

---

[17] Typischerweise ist dies über die Bookmarkfunktion des Browsers gegeben, sofern die Seite über eine eindeutige URL verfügt.

Kommunizieren „Ich hab' da ein Problem bei http://vfh.de/bb/seite5.html" oder „Ich habe eine Frage zu 1.51").

[9] **SOLL:** Jede Seite soll die Standardfunktionalitäten des Browsers „Zurück" und „Vor" (History), „Drucken" [18] und „Bookmark" (optional auch „Als EMail versenden") unterstützen.

[10] **MUSS:** Wenn statt der vom Browser bereitgestellten Funktionalitäten „Zurück", „Vor", „Drucken" und „Bookmark" eigene Funktionen bereitgestellt werden, zum Beispiel aufgrund der Verwendung von Frames, sind die Regeln zur konsistenten und einfachen Gestaltung dieser neuen Elemente unbedingt einzuhalten (siehe 4.1.1). Neue Konzepte bedingen zunächst weiteren Lernaufwand und weitere Fehlermöglichkeiten, die es zu minimieren gilt. Aufgrund des dadurch notwendigen Zusatzaufwandes zur Bereitstellung alternativer Bookmarking- und Ausdruckmöglichkeiten, wird von der Verwendung von Frames explizit abgeraten, auch wenn sie unter Einhaltung der hier aufgeführten Regeln zulässig ist.

[11] **MUSS:** Die einzelnen interaktiven Elemente einer Standardseite müssen nach Art ihrer Funktion bzw. Aktion gruppiert sein. Gruppierung bedeutet, dass Darstellungsmittel der Ähnlichkeit, Nähe oder Umfassung genutzt werden.

- Gruppe 1: Elemente, die Browserfunktionen nachahmen (wenn notwendig, siehe vorherige Regel!): Zurück (History), Vor (History), Aktualisieren, Bookmarks, Drucken

- Gruppe 2: Elemente, die sich auf die aktuelle Lerneinheit beziehen und zusätzliche Inhalte und Funktionen enthalten (sofern vorhanden): Inhaltsverzeichnis, Glossar, Index, Linksammlungen, Zusatzmaterial, Toolboxes, Notizfunktionen, Suchfunktion

- Gruppe 3: Elemente zur Navigation innerhalb der Einheit : Startseite, Kapitel zurück, Seite zurück, Seite vor, Kapitel vor

- Gruppe 4: Lerneinheitenmodi (sofern vorhanden): Aufgabenmodus, Schnelldurchgang, etc.

[12] **MUSS:** Verweise (Links) innerhalb des Textes sind aus Gründen der Konsistenz zum restlichen WWW und aus Gründen der redundanten Farbkodierung durch Unterstreichung zu kennzeichnen.

[13] **MUSS:** Alle interaktiven Elemente (Navigationselemente, Links oder andere aktivierbare Elemente) sind deutlich kenntlich zu machen („Unterstreichung", „Icons" oder „Buttons"). Dies gilt für das gesamte Modul. Die einzige Ausnahme sind Bereiche, in denen zur Unterstützung oder Vertiefung des Lernprozesses interaktive Elemente durch eine gezielte Suche selbst entdeckt werden sollen. In solchen Fällen ist dann aber zumindest der gesamte Bereich (z.B. durch ein einheitliches Symbol) als „zu erforschen" zu markieren, damit er deutlich von Bereichen ohne interaktive Inhalte unterschieden werden kann.

[14] **MUSS:** Die Beschriftung oder Bezeichnung der Elemente muss so weit wie möglich selbsterklärend sein. Dazu sind die Regeln bzgl. der Konsistenz anzuwenden und zusätzlich sind deutliche und aussagekräftige Symbole und Beschriftungen zu wählen.

[15] **MUSS:** Verweise (Links) innerhalb von Bildern und Animationen sind ebenfalls durch Unterstreichung (bei Texten) oder Einrahmung (bei Flächen) kenntlich zu machen. Ausnahmen dazu bilden Inhalte im Sinne der vorherigen Regel.

[16] **MUSS:** Aus Kodierung und inhaltlicher Beschreibung eines Links oder einer Schaltfläche muss Benutzern jederzeit klar sein, welche Aktionen angestoßen werden.

[17] **MUSS:** Links auf Inhalte, die nicht Teil des Moduls sind und somit auch urheber- oder nutzungsrechtlich nicht zum Projekt VFH gehören, müssen deutlich als solche zu erkennen sein. Insbesondere dürfen solche fremden Inhalte nicht übergangslos in die Modulinhalte einfließen (vgl auch 3.6.2).

---

[18] Hinweis (Frames): Die Möglichkeit, innerhalb Netscapes zunächst einen Frame zu markieren und ihn dann auszudrucken, ist den meisten Benutzern unbekannt.

[18]   **SOLL:** Die Nutzung der Tastatur zur Navigation und ggf. Bedienung soll unterstützt werden. Beispielsweise sollte die in IE 5.x mögliche Ersetzung der Maus durch Tastaturshortcuts ([Tab], [Shift]+[Tab], [Enter], [Space] und Cursortasten) nicht behindert werden. Für andere Gestaltungsformen (Flash, Java) und Inhalte ist analog vorzugehen.

4.3   Regeln zur Textdarstellung

Die hier aufgestellten Forderungen gelten für Texte und Beschriftungen, die durch die Studierenden gelesen werden sollen. Die Ausnahmen sind unter [6] bis [8] angegeben .

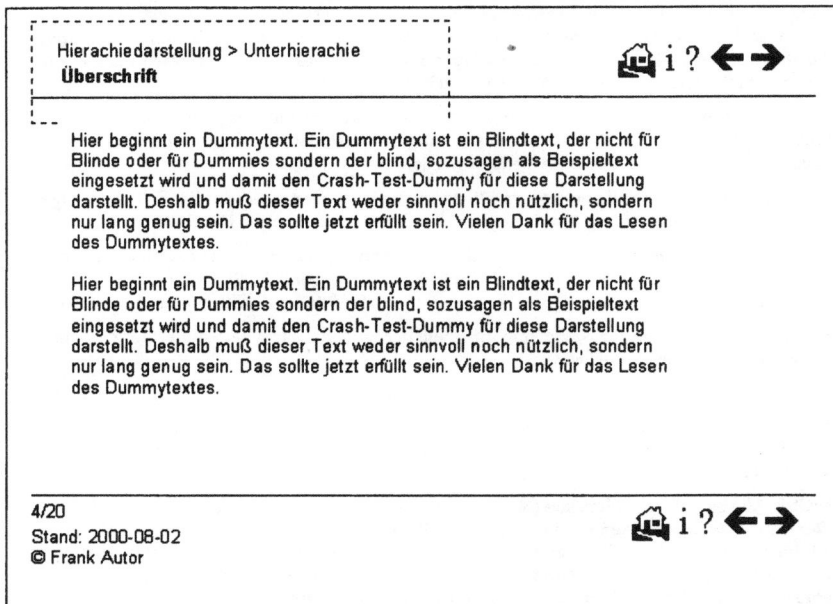

Abbildung 3: Beispiel für eine Seite mit Textinhalt

[1]   **SOLL:** Texte sollen in einer serifenlosen Schriftart dargestellt werden (z.B. Tahoma, Verdana, Arial)[19], wenn sie in einer kleinen Schriftart (bis 12pt) gesetzt werden. Überschriften und andere Texte in sehr großen Buchstaben können auch in anderen Schriften gesetzt werden.

[2]   **SOLL:** Die Anzahl der Zeichen pro Zeile soll bei der angenommenen Standardeinstellung ca. 60 Zeichen pro Zeile nicht überschreiten, es sei denn ein größerer Durchschuss wird gewählt.

[3]   **MUSS:** Die Lesbarkeit von Texten und Worten darf durch ungeeignete Farbkombinationen, Mustergestaltungen, Anti-Aliasing-Effekte und andere Gestaltungen nicht behindert werden. Dies gilt nicht nur für Fließtexte, sondern auch und gerade für Button-Beschriftungen und andere Elemente.

[4]   **SOLL:** Den Studierenden muss klar sein, wenn etwas gar nicht gelesen werden soll, z.B. Texte in Illustrationen. Solche Blindtexte sollen eindeutig als solche erkennbar sein und ggf. nur durch eine schematische Darstellung (z.B. graue Balken und Kästen) angedeutet werden. Ist aus

---

[19] Dabei sollen statt der inzwischen vom W3C als veraltet markierten <font>-Tags CSS-Mechanismen genutzt werden. Siehe auch entsprechende Forderungen unter „5.1 Anforderungen an den (HTML-) Code".

dem Kontext unmittelbar klar, dass der Text keine studienrelevante Bedeutung hat, kann er auch unverändert belassen werden, beispielsweise der Text einer Zeitung in einem Bild.

[5]   **MUSS:** Die Schriftgröße für zusammenhängende Texte (Fließtexte) ist so zu wählen, dass sie unter den Standardbedingungen mindestens 3mm hoch ist[20]. Weitere Ausnahmen sind in den nächsten Regeln definiert:

[6]   **KANN:** Indizes in Formeln können in einer der Schriftart entsprechenden kleineren Schrift gesetzt werden. Sie darf dann aber keine Serifen enthalten.

[7]   **MUSS:** Einzelne Worte und Begriffe, zum Beispiel Beschriftungen an oder in Bildern können kleiner als der Fließtext gesetzt werden, müssen aber dann mindestens noch 2,2 mm hoch sein. Die Lesbarkeit darf dann aber nicht durch Anti-Aliasing, Serifen oder Unschärfeeffekte eingeschränkt sein.

[8]   **KANN:** Für Fließtexte wird Verdana, Tahoma oder Arial 10pt bzw. 12px empfohlen (Besser ist häufig 11pt). Im Zweifelsfall sollte der im Browser vom Benutzer einzustellende Default nicht durch eigene Angaben überschrieben werden.

Für einzelne Worte im Sinne der Regel [7] kann die 9pt-Variante ausreichen.

4.4 Regeln zur Benutzung und Einbindung von Bildern

Betrifft alle Grafiken, Fotos und Bilder, sowohl statisch als Einzelbild als auch als Teil aktiver (z.B. Filme) und interaktiver (z.B. Simulationen) Inhalte.

4.4.1 Höhe und Breite

[1]   **SOLL:** Die Breite und Anordnung von Bildern soll so gewählt sein, dass ein waagerechtes Scrollen bei der Standardauflösung vermieden wird.

[2]   **SOLL:** Die Höhe von Bildern soll so gewählt werden, dass sie zumindest im Vollbildmodus ohne jegliches Scrollen, also auch ohne vertikales Scrollen, vollständig betrachtet werden können.

Ausnahmen sind dann erlaubt, wenn ein komplexer Prozess durch Scrollen verfolgt wird und jeder Bildausschnitt für sich genommen eine sinnvolle Einheit bildet.

4.4.2 Format und Größe

[1]   **SOLL:** Bilder sollten prinzipiell nur komprimiert bereitgestellt werden (GIF, JPG oder PNG; in Ausnahmefällen, z.B. bei abfotografierten ganzen Seiten, auch PDF).

[2]   **MUSS:** Bei Komprimierung der Bilder ist darauf zu achten, dass die Lesbarkeit von enthaltenen Texten und Symbolen und die Erkennbarkeit wichtiger Details nicht beeinträchtigt wird[21].

[3]   **SOLL:** Sofern das Format dies anbietet, sollte das Bild so kodiert werden, dass bereits während des Ladens Teile des Bildes erkennbar sind, die dann entweder ergänzt (GIF) oder verfeinert (JPG) werden.

[4]   **SOLL:** Die Seite soll so gestaltet sein, dass zunächst die Textinhalte (sofern vorhanden) und dann erst die Bildinhalte geladen werden. Das Laden von Bildern am Seitenbeginn sollten vermieden werden.

[5]   **SOLL:** Alle Bilder (außer Schmuckgrafiken) sind in einem Abbildungsverzeichnis zu sammeln und über dieses den Benutzern direkt zugänglich zu machen.

---

[20] Dieser Wert ist aus der Untergrenze der DIN EN ISO 9241 abgeleitet.

[21] Bei der Verwendung von Flash ist deshalb darauf zu achten, dass das Anti-Aliasing der Schriften entweder durch Nutzung der Systemschriften umgangen wird oder aber die Schriftgröße so groß gewählt wird, dass die Lesbarkeit nicht mehr leidet.

4.5   Regeln für aktive Inhalte (Video, Audio, Animationen, Roll-Over-Bilder)

Gemeint sind alle Elemente, die aktiv bei Aufruf einer Seite oder bei Anforderung durch den Benutzer veränderliche Inhalte wiedergeben (z.B. Videos, Sound und Animationen). Nicht gemeint sind *inter*aktive Inhalte, bei denen der Benutzer den Ablauf komplett selbst steuert.

4.5.1   Allgemeines

[1]   **MUSS:** Ständig (auch langsam) ablaufende Animationen (z.B. als Dekoration, im Randbereich von Texten) sind zu unterlassen, da sie die Benutzer vom Lesen ablenken bzw. seine Konzentration beeinträchtigen.

[2]   **MUSS:** Es muss den Nutzern deutlich werden, welche Reaktion ihre Aktion hervorruft. Dies kann entweder explizit durch eine Rückmeldung („xyz wird gestartet." in der Nähe des bedienten Elementes oder durch eine Statusänderung des bedienten Elementes geschehen, oder implizit durch eine deutlich sichtbare und zeitnahe Veränderung eines Zustandes in einer Gesamtdarstellung (bspw. Start des Videos). Vgl. auch Anforderungen zu Wartezeiten (siehe 4.1.2).

[3]   **MUSS:** Benutzer müssen Animationen, Videos und Audiowiedergaben, die länger als wenige Sekunden laufen, jederzeit anhalten und wiederholen können.

[4]   **MUSS:** Es gelten sinngemäß die Regeln für die Höhe und Breite wie bei Bildern (vgl. 4.4.1).

[5]   **MUSS:** Sofern Bilder (z.B. Roll-Over) zusätzliche Inhalte anzeigen können, dürfen diese ebenfalls nicht aus dem Sichtbereich herausragen.

[6]   **MUSS:** Schaltflächen und Bedienelemente sowie aktive Bereiche müssen so gestaltet sein, dass sie auch bei ungenauer Bedienung fehlertolerant funktionieren. Dies bedeutet, dass die Flächen, in denen auf eine Mausberührung oder einen Mausklick reagiert wird ausreichend groß sein müssen.

[7]   **MUSS:** Mehrstufige Menüs sind so zu gestalten, dass diese sich nur dann schließen, wenn der Benutzer dies wünscht und nicht versehentlich, wenn der Benutzer versucht in eine tiefere Hierachie zu wechseln.

4.5.2   Video, Audio, Animationen

[1]   **SOLL:** Die folgenden Funktionen sollen mindestens zur Verfügung stehen und die abgebildeten Symbole sollen verwendet werden:

- ▶ Play/Start = Beginn der Wiedergabe oder Animation

- ■ Stop = Beenden der Wiedergabe *und* Rücksprung auf Anfang

- ‖ Pause: Anhalten der Animation an der gegenwärtigen Position
  Play setzt dann dort fort. Diese Funktion kann mit der Playfunktion kombiniert werden, so dass die Form des Buttons sich je nach gerade verfügbarer Option „Spielt → Pause anbieten" bzw. „Steht → Start anbieten" optisch verändert.

- ◀◀ ▶▶ Rewind/Forward = Zurückspringen, vorwärtsspringen
  Dabei ist zwischen dem „szenenweisen" springen, zum Beispiel in einer Folienpräsentation und dem rein zeitlichen Springen (z.B. in einem Film) zu unterscheiden.

  - ◀◀▶▶ Skip to start/Skip to end = Zurück auf Anfang, vorwärts auf Ende positionieren
    (Es gelten die gleichen Forderungen wie bei Rewind/Forward).

  Die Symbole können an das Designkonzept der jeweiligen Einheit angepasst werden. Dabei ist aber darauf zu achten, dass die angepassten Versionen noch die Konsistenzforderung zum übrigen System erfüllen (siehe auch 4.1.1). Konsistenz muss in diesem speziellen Fall auch zu externen Abspielgeräten gewahrt werden, wobei im Zweifelsfall die Konsistenz zum umgebenden Betriebssystem und seinen Vorgaben Vorrang hat.

[2]   **MUSS:** Sofern aktive Inhalte beabsichtigte oder technisch bedingte Unterbrechungen oder Pausen enthalten, müssen die Benutzer jederzeit erkennen können, dass der gesamte

vorgesehene Ablauf noch nicht beendet ist. Dies kann durch eine Fortschrittsanzeige sichergestellt werden, welche die aktuelle Position zwischen Anfang und Ende sichtbar macht.

[3]   **SOLL:** Die Benutzer sollen vorher über die voraussichtliche Dauer der Wiedergabe informiert werden. Dabei muss durch die Gestaltung verdeutlicht werden, dass es sich um die verbleibende und nicht um die bereits abgespielte Dauer handelt. Dies kann zum Beispiel durch ein vorangestelltes Minuszeichen erreicht werden. Auch proportionale Fortschrittsbalken und ähnliches dienen diesem Zweck.

[4]   **SOLL:** Module sind auch ohne die Nutzung dieser Inhalte zumindest eingeschränkt nutzbar (z.B. aufgrund von Erläuterungen in Textform).

[5]   **MUSS:** Durch die Gestaltung der Animationen und Videos bzw. der Abspieler muss dem Nutzer klar sein, ob es auch einen hörbaren Anteil gibt.

- Inhalte, die über keinen Audioanteil verfügen, zeigen kein Lautsprechersymbol.

- Ist Ton vorhanden und angeschaltet, so wird ein Lautsprechersymbol (◀) gezeigt. Durch Anklicken dieses Symbols wird der Ton abgeschaltet und die Darstellung des Symbols verändert sich (siehe nächster Punkt).

- Ist der Ton vorhanden aber abgeschaltet, so wird ein inaktives (hellgrau und/oder durchgestrichen) Lautsprechersymbol dargestellt. Anklicken des Symbols schaltet den Ton wieder ein.

[6]   **SOLL:** Standardmäßig soll Ton, sofern vorhanden, angeschaltet sein.

4.6 Regeln für interaktive Inhalte und Übungen

Betrifft zum einen Formulare und Eingabemöglichkeiten zum Feedback an die VFH, zum anderen auch voll interaktive Inhalte (z.B. JAVA-Programme, Applets oder interaktive Flash-Inhalte). Es gelten zusätzlich die Regeln für aktive Inhalte sofern anwendbar.

4.6.1 Allgemeines

[1]   **SOLL:** Jede Benutzerhandlung soll, soweit technisch möglich, zurücknehmbar sein. Insbesondere müssen Eingaben (z.B. Drag&Drop) in einer Übung wieder zurücknehmbar sein, ohne dass die gesamte Übung von neuem begonnen werden muss.

[2]   **SOLL:** Das System soll fehlertolerant sein, d.h. es muss bei Bedienfehlern durch Benutzer konstruktive Hinweise zu ihrer Vermeidung geben und darf nicht auf Grund von Fehleingaben instabil werden

[3]   **MUSS:** Den Benutzern muss klar sein, wann und bezogen auf welche Inhalte Interaktionen vom System aufgezeichnet und/oder weiterverwendet werden.

[4]   **MUSS:** Es gelten sinngemäß die Regeln für die Höhe und Breite wie bei Bildern. Zusätzlich müssen auch die Bedienelemente ohne weiteres Scrollen sichtbar sein (vgl. 4.4.1).

4.6.2 Übungen

Zusätzlich zu den gestalterischen Anforderungen gelten auch die konzeptionellen Anforderungen aus Kapitel 3

[1]   **MUSS:** Benutzer können während der Bearbeitung von Übungsaufgaben auch weiterhin auf Inhalte des Moduls zugreifen, ohne die bisherigen Eingaben zu verlieren. Dazu reicht es aus, dass den Studierenden eine Möglichkeit gegeben wird, ein weiteres Browserfenster zu diesem Zweck zu öffnen.

[2]   **SOLL:** Dem Benutzer soll eine Möglichkeit gegeben werden, seine verschickten Lösungen auch nachträglich einzusehen. Dies kann entweder durch Zwischenspeichern geschehen oder durch automatisches Zusenden einer Kopie der Antworten per E-Mail.

[3]   **MUSS:** Die Benutzer müssen wissen, ob ihre Eingaben automatisch vom System geprüft und sofort zurückgemeldet oder aber zunächst durch einen Menschen geprüft werden.

[4]   **SOLL:** Automatische Überprüfungen sollten auf Anforderung der Studierenden direkt erfolgen können.

[5]   **MUSS:** Bei Einsendeaufgaben muss klar sein, ob und wie man nachträglich korrigierte Ergebnisse abschicken kann, wohin die Aufgaben gehen, von wem sie gelesen werden und inwieweit auch schon bloße Lösungsversuche registriert werden.

4.7 Regeln zur Bereitstellung eines Glossars

[1]   **MUSS:** Links zu Glossareinträgen müssen direkt zu dem referenzierten Wort oder einem äquivalenten Begriff führen, welches dann sofort hervorgehoben sein muss.

[2]   **KANN:** Neben dem gerade gefundenen Glossareintrag können auch benachbarte Einträge (Teilmenge oder gesamtes Glossar) entweder auf Wunsch oder automatisch mit angezeigt werden.

[3]   **MUSS:** Würde das vollständige Laden des Glossares eine erhebliche Wartezeit erzeugen, so ist nur der eigentliche Begriff oder eine entsprechende Teilmenge zu laden.

[4]   **KANN:** Glossareinträge können ähnlich einem Index auch wieder Verweise (Links) auf weitere relevante Stellen im Text enthalten. Dann ist aber sicherzustellen, dass auch alle wichtigen Stellen referenziert werden.

4.8 Selbstgesteuerte Nutzung der Inhalte

4.8.1 Offline-Fähigkeit

[1]   **MUSS:** Die Module sind uneingeschränkt online lauffähig.

[2]   **SOLL:** Die Module sind prinzipiell auch offline lauffähig (CD und/oder Download). Dabei sind Einschränkungen bei zusätzlichen Funktionalitäten prinzipiell akzeptabel, wobei aber die zentrale Bedienbarkeit nicht leiden darf. Gegebenenfalls ist auf notwendige Datenabgleiche zur Onlineversion (z.B. von Annotationen) zu achten.

[3]   **KANN:** Idealerweise ist ein Modul so gestaltet, dass die Studierenden zunächst Online Neuigkeiten (z.B. aus Gruppenaufgaben) und einen Teil des Moduls abrufen können und dann diese Offline in Ruhe durcharbeiten können. Am Ende der Sitzung kann dann noch eine weitere Online-Phase vorgesehen werden.

4.8.2 Ausdruckbarkeit

Solange die derzeit verfügbaren Technologien wichtige Vorgehensweisen beim selbstgesteuerten Lernen (Notizen, Annotationen, eigene Zusammenfassungen, Nutzung außerhalb des Arbeitsplatzes) nicht ausreichend bzw. nicht gebrauchstauglich unterstützen, sind alternative bzw. zusätzliche Vorgehensweisen zu unterstützen (vgl. auch 3.4.2.3 [4]).

[1]   **MUSS:** Sofern sich die Webseiten nicht direkt gut lesbar ausdrucken lassen, ist zusätzlich eine Druckversion der zentralen Inhalte (z.B. als PDF) zu liefern.

[2]   **MUSS:** Sofern einzelne (aktive) Elemente (z.B. Roll-Over-Bilder) zusätzliche Texte enthalten, die beim Ausdruck der Grafik bzw. seiner Wiedergabe im mitgelieferten Skript nicht enthalten sind, ist deutlich darzustellen, wo diese Inhalte auch in der ausdruckbaren Version enthalten sind, bzw. sich im eigentlichen Text wiederfinden.

5 Produktion

In diesem Kapitel sind Anforderungen beschrieben, die bei der tatsächlichen Realisierung der Module zu berücksichtigen sind.

5.1 Anforderungen an den (HTML-) Code

Vorbemerkung zu[1]-[4]: Den Studierenden wird die Nutzung des IE 5.5.x bzw. von Netscape 7 von der VFH empfohlen.

5.1.1   Allgemeines

[1]   **MUSS:** Das Modul funktioniert mit dem Microsoft Internet Explorer (IE) ab Version 5.5.

[2]   **(gestrichen)**

[3]   **MUSS:** Das Modul funktioniert mit dem Netscape Navigator ab Version 7

[4]   **SOLL:** Das Modul funktioniert mit dem IE 6.x.

[5]   **MUSS:** Das System darf nicht durch Benutzerhandlungen in einen undefinierten Zustand geraten können oder den Benutzer zu einem Neustart seines Systems zwingen. Dies ist zumindest für die im Styleguide definierten Browserplattformen und übliche Konfigurationen sicherzustellen.

[6]   **MUSS:** Als aktiv markierte Elemente müssen auch eine Aktion auslösen, d.h. im Umkehrschluss, dass für (noch) nicht vorhandene Funktionen keine oder aber deutlich inaktive (Menü-/Button-/Link-) Elemente genutzt werden müssen.

5.1.2   Anforderungen an den HTML-Code

Falls das Modul in XML und/oder auf Basis eines Content-Management-Systems (CMS) entwickelt wird, ist sicherzustellen, dass die den Studierenden präsentierten Seiten folgende Bedingungen erfüllen:

[1]   **SOLL:** Um Probleme mit verschiedenen Server-Betriebssystemen zu vermeiden, sollen alle Dateinamen nur aus Kleinbuchstaben und Zahlen sowie den zulässigen Sonderzeichen „.", „-" und „_" bestehen.

[2]   **SOLL:** Der aktuelle HTML-Standard (z. Zt. HTML 4.01 vom 24.12.1999) soll eingehalten werden[22]. Insbesondere die saubere Klammerung (z.B. <li> Element </li>) ist einzuhalten. Die Forderung nach Unterstützung bestimmter Browser hat im Zweifelsfall Vorrang.

[3]   **SOLL:** Die in der HTML-DTD (bzw. der VFH-eigenen DTD) mit #REQUIRED markierten Attribute (z.B. „alt" im Tag <img>) sollen genutzt werden.

[4]   **SOLL:** Attributnamen sollen klein geschrieben und Attributwerte in Anführungszeichen gesetzt werden.

[5]   **SOLL:** Um die Wartbarkeit und Übersichtlichkeit des Codes zu verbessern, sollen alle Angaben, die sich auf die Darstellung beziehen, außerhalb der Einheit in CSS-Dateien spezifiziert werden. Lokale Abweichungen von diesen CSS-Dateien sind ggf. am Dateianfang der HTML-Datei mittels <style>...</style> anzubringen.

[6]   **SOLL:** Veraltete Tags und Attribute sollen nicht mehr verwendet, sondern durch CSS ersetzt werden. Beispiele von veralteten („deprecated") Tags: APPLET; BASEFONT; CENTER; DIR; FONT; ISINDEX; MENU; S; STRIKE; U.

[7]   **KANN:** Idealerweise sollten CSS-Dateien zur Formatierung der Ausgabe modulübergreifend (später u.U. auch VFH-übergreifend) genutzt werden.

5.2   Metadaten

Die Metadaten dienen vor allem dazu, die Vielzahl der entstehenden Einheiten verwalten und später in XML überführen zu können. Außerdem soll so eine Einhaltung des internationalen IMS-Standards gewährleistet oder zumindest vorbereitet werden. Weitere Erläuterungen sind in den Dokumenten des XML-APs enthalten (siehe auch 1.4).

Hinweis: Module, die bereits in XML produziert werden, müssen diese Forderung analog zu den Metadaten erfüllen, allerdings sind dort die hier beschriebenen Metadaten direkt in XML zu realisieren.

---

[22] Zur Überprüfung steht das Tool „TIDY" im eRoom zur Verfügung.

[1]   **MUSS:** Metadaten werden im HTML-Code in dem dafür vorgesehenen HTML-Format spezifiziert: `<META name="author" content="Musterautorin, Musterautor">` (In XML ggf. analog dazu `<author>Musterautorin</author>` und `<author>Musterautor</author>`. Bei den Metadaten handelt es sich in XML jedoch nicht um eigene Elemente, sondern um Attribute der Elemente `<module>` und `<unit>`).

[2]   **SOLL:** Titel, Untertitel von Modulen, Lerneinheiten und Kapitel sollen durch eindeutige Class-Tags (bzw. in XML direkt Klassen) ausgezeichnet werden: `<h1 class="module-title">Titel</h1>`.

[3]   **SOLL:** Referenzen und Abschnitte sollen eindeutig markiert werden. Beispiel `<em class="glossaryref">...</em>`. Analog dazu Literaturverweise („literature") und Zusammenfassungen („summary").

[4]   **SOLL:** Für jedes Studienmodul / jede Lerneinheit sollen minimal die folgenden Metadaten angegeben werden:

- **author:** Der/Die AP-Leiter/-in des Studienmoduls oder der Lerneinheit

- **id:** eindeutige Kennzeichnung des Studienmoduls / der Lerneinheit

- **keywords:** Schlüsselwörter, die den Inhalt beschreiben

- **version:** Versionsnummer

- **creation_time:** Zeitpunkt der Fertigstellung der Lerneinheit im IEEE-Format (JJJJMMDD)

- **discipline:** Zugehörigkeit zum Studiengang.

- **copyright:** copyright

- **learning_time:** geschätzte Bearbeitungszeit in Minuten

- **language:** In der Regel wird dies Deutsch sein. Denkbar ist aber natürlich auch die Einbindung von z.B. englischen Texten.

Um diese Daten aktuell halten zu können, reicht es bei manuell erstellten Seiten aus, wenn diese Daten auf einer eindeutigen Einstiegsseite des Moduls bzw. der Lerneinheit angegeben werden.

5.3   Dateiformate, Plug-Ins und Browsererweiterungen

[1]   **SOLL:** Prinzipiell sind proprietäre Datenformate, die nicht mit den standardmäßig im Browser installierten Viewern betrachtet werden können, zu vermeiden. Sollen diese dennoch benutzt werden, so ist ein Viewer bereitzustellen.

[2]   **MUSS:** Zu jedem Modul muss eine Testseite bereitstehen, von der aus überprüft werden kann, ob alle nötigen Plugins vorhanden sind oder je nach Bedarf installiert werden können. Diese Seite kann auch zentral modulübergreifend, zum Beispiel in einer allgemeinen Einführung zum Fach, bereitgestellt werden.

[3]   **MUSS:** Alle für die Darstellung oder Benutzung des Moduls benötigten Plug-Ins müssen im Bereich des Moduls, zumindest aber als Link auf eine Installationsversion (evtl. auch auf der CD-ROM), bereitgestellt werden. Idealerweise sollte dies in Kombination mit der Testseite geschehen.

Die folgende Tabelle dient als Hilfe für die Nutzung verschiedener Formate[23]. Auf der Basis der Annahmen über einen Standard-Lernarbeitsplatz wird dann eine Empfehlung abgegeben, ob dieses Format verwendet werden soll:

- **Ja:** Dieses Format kann uneingeschränkt empfohlen werden

- **Bedingt:** Bei der Verwendung dieses Formates sind Einschränkungen zu beachten. Sie können verwendet werden, wenn entweder eine zumutbare Umgehungsmöglichkeit

---

[23] Zusätzlich wird auf die Aufstellung „Dateiformate für die Verwendung im Internet" (derzeit im Bereich BB-Course Documents) sowie die aktuellen Arbeiten der „AG Lerneinheiten" verwiesen.

angeboten wird (Redundanz) oder aber die korrekte Installation und Vorbereitung des Rechners zum Einsatz dieses Formates als zwingende Nutzungsvoraussetzung den Studierenden zugemutet werden kann[24].

- **Nein:** Die Verwendung wird nicht empfohlen, da sie voraussichtlich (noch) zu Problemen führt.

Alle Angaben beziehen sich auf Netscape 4.x bzw. Internet-Explorer 4.x sowie deren neuere Versionen NN6.2 und IE 5.x. Betrachtet wird nur der Zustand unter Microsoft Windows ab Version 98 bzw. NT4.

	Art	**Format (proprietär oder frei?)**	**Name**	**Von allen Browsern unterstützt?**	**Plugin notwendig? def.=standard -mäßig installiert downl.= muss nachgeladen werden)**	**Bemerkung**	**Empf.**
[1]	**Hypertext**	frei	HTML 3.2	alle			**Ja**
[2]		frei	HTML 4.x	neue		auch als XHTML	**bedingt**[25]
[3]		frei	XML	nur IE5		bisher nur im IE5 realisiert, siehe aber auch XHTML	**Nein**
[4]	**Bilder**	prop	GIF	alle	def	Besser für Zeichnungen und Texte	**Ja**
[5]		frei	JPG	alle	def	Besser für Photos und Farbverläufe	**Ja**
[6]		frei	PNG	neue	def	Bisher noch nicht sehr verbreitet	**bedingt**
[7]	**Video**	prop	AVI	alle	def.	Je nach verwendetem Codec evtl. doch downl. Nicht alle Codecs sind zum Streaming geeignet.	**bedingt**
[8]		frei	MPEG 1,2	alle	def.		**Ja**
[9]		frei	MPEG 4	alle	def.	MPEG4 erfordert meist Installation weiterer Software.	**bedingt**
[10]		prop	RealPlayer	alle	def.	auch als Nur-Audio	**Ja**
[11]	**3D**	frei	VRML	alle	downl.		**Ja**
[12]	**Animationen**	prop	Flash 4	alle	def.		**Ja**
[13]		prop	Flash 5	alle	downl.		**Ja**
[14]		prop	Shockwave	alle	downl.		**bedingt**
[15]		prop	GIF89	alle	def		**Ja**

---

[24] Z.B. kann das Einschalten von „Java-Script" zur Bedingung gemacht werden.

[25] Browserkompatibilität hat Vorrang.

	Art	Format (proprietär oder frei?)	Name	Von allen Browsern unterstützt?	Plugin notwendig? def.=standard -mäßig installiert downl.= muss nachgeladen werden)	Bemerkung	Empf.
[16]	Ton	frei	MIDI	alle	def.	Ausgabequalität sehr konfigurations-abhängig	Ja
[17]		frei	wav	alle	def.		Ja
[18]		prop	MP3	neue	downl.	Nur externe Viewer, aber gute Kompression	bedingt
[19]	Dokumente	prop	PDF	alle	downl.		Ja
[20]		prop	WordXX	nur IE	downl.	unter NS: Externer Viewer; Darstellung kann beim Benutzer stark abweichen; außerdem Gefahr von Makroviren	bedingt
[21]		prop	ExcelXX	nur IE	downl.	s.o.	bedingt
[22]		prop	Powerpoint	nur IE	downl.	s.o.	bedingt
[23]		frei	ASCII-Text	alle	def	Umlaute problematisch (ISO-Latin-1 beachten)	Ja
[24]		prop	Postscript	–	–	Nur externer Viewer	Nein
[25]	Java-Applets	prop	browser-eigene Java Virtual Machine (JVM)	alle	def.	Virtual Machines der Browser sehr unterschiedlich und teilweise fehlerhaft	bedingt
[26]		prop	Java-Plugin	alle	downl.	Ersatzweise kann auch ein Plugin geladen werden, welches statt der internen VMs die Java-Applets ausführt.	bedingt
[27]	Scripte	prop	Java-Script	alle	def.	Browserabhängige Unterschiede sind zu berücksichtigen.	bedingt

C Beispiel eines Ergonomie-Fragebogens

Der Fragebogen wurde von Johannes K. Triebe 2000 bis 2002 entwickelt. Die Auswertung der Ergebnisse ist Thema des Kapitels 7.6 (S. 117ff).

Grundsätzlich gilt auch hier das für den Styleguide gesagte: Es ist nur ein Beispiel zur Illustration, das aber dem Leser die Möglichkeit gibt, zumindest an dieser Stelle weiterzumachen und für sich eine individuelle Lösung zu entwickeln.

Fragebogen zur ergonomischen Evaluation von VFH-Lernmodulen durch Studierende (Form L2)

Instruktion

Im folgenden geht es nicht so sehr um die pädagogisch-didaktische Aufbereitung des Ihnen angebotenen Lernstoffs, sondern um Fragen, die mit seiner "Handhabbarkeit" zusammenhängen. Die angebotenen Möglichkeiten, mit dem Lernstoff ohne besondere Schwierigkeiten so umzugehen, wie man das jeweils braucht, sollen das Lernen erleichtern, und unnötige Komplikationen sollten vermieden werden.

Deshalb bitten wir Sie um Ihr Urteil - und dies in zweierlei Hinsicht. Auf den folgenden Seiten finden Sie eine Reihe von Aussagen, die sich auf verschiedene Eigenschaften von Lerneinheiten / -modulen (Kursen) im Angebot des virtuellen Studiums beziehen.

Ein Beispiel:

Von dieser Lerneinheit läßt sich sagen...

(Nr. ...) daß ich bei Bedarf leicht dorthin zurückfinde, wo ich vorher war

Am linken Rand stufen Sie bitte ein, wie **wichtig** es Ihnen persönlich erscheint, daß die jeweilige Aussage auf eine Lerneinheit grundsätzlich zutrifft. Kreuzen Sie das entsprechende Kästchen an.

Am rechten Rand geht es um die Einstufung Ihrer **Zufriedenheit**: Wie zufriedenstellend war jeder einzelne Gesichtspunkt bei der von Ihnen bearbeiteten Lerneinheit gelöst? Machen Sie in jedem Fall auch hierzu eine Angabe, indem Sie das entsprechende Gesicht ankreuzen, selbst wenn Ihnen ein Punkt nicht so wichtig erschien.

Wie Sie vorgehen, bleibt Ihnen überlassen. Aber am einfachsten ist es, wenn Sie zuerst alle Einschätzungen der Wichtigkeit vornehmen, und danach alle Einstufungen bezüglich Ihrer Zufriedenheit. Kontrollieren Sie zuletzt noch einmal, ob zu jeder Aussage links eines der Kästchen zur Wichtigkeit und rechts eines der Gesichter zur Zufriedenheit angekreuzt ist.

Bitte achten Sie bei der Abgabe des Fragebogens darauf, daß die Seiten zusammengeheftet sind!

Projekt VFH/AP Ergonomie R. Hartwig, J.K. Triebe, Universität zu Lübeck, Institut für Multimediale und Interaktive Systeme (IMIS)
Willy-Brandt-Allee 31a (Media Docks), 23554 Lübeck
triebe@informatik.mu-luebeck.de (Tel. 0451/ 2803 4208) ++++ hartwig@informatik.mu-luebeck.de (Tel. 0451/ 2803 4202)

Bezeichnung der Lerneinheit bzw. des Moduls, auf welches sich Ihre Beurteilung bezieht:

Von dieser Lerneinheit läßt sich sagen...

(1) daß ich jederzeit weiß, wo ich mich gerade befinde

(2) daß ich nicht darüber nachdenken muß, wie es weitergeht

(3) daß ich von vornherein weiß, wann ich mit längeren Wartezeiten zu rechnen habe

(4) daß die Darstellung mir die Aufnahme des Inhalts erleichtert

(5) daß ich den Zeitaufwand zur Bearbeitung der Lehreinheit bzw. eines Lernmoduls einschätzen kann

(6) daß ich regelmäßig eine Möglichkeit habe, meinen bisherigen Lernfortschritt zu überprüfen

(7) daß mir die Darbietung des Lernstoffs nicht zu gleichförmig und eintönig erscheint

(8) daß Texte, Bilder und Ton gut zusammenpassen bzw. einander sinnvoll ergänzen

(9) daß ich nicht irgendwo lande, wo ich eigentlich gar nicht hin wollte

Rating scale (für jedes Item):
1 sehr zufrieden — 2 zufrieden — 3 teils teils — 4 unzufrieden — 5 sehr unzufrieden

Wichtigkeitsskala (für jedes Item):
1 sehr wichtig — 2 wichtig — 3 nicht so wichtig — 4 unwichtig

Von dieser Lerneinheit läßt sich sagen...

(10) daß mir vorgegeben wird, in welcher Reihenfolge ich vorgehen soll

(11) daß mir eine gezielte und zügige Bearbeitung des Lernstoffs ermöglicht wird

(12) daß mir die Möglichkeit geboten wird, mich unkompliziert mit anderen über Inhalte oder Probleme der bearbeiteten Lerneinheit auszutauschen oder zu beratschlagen

(13) daß das System auf meine Fehler (z.B. Schreibfehler) möglichst tolerant reagiert oder mir Hinweise zur Fehlerbehebung gibt

(14) daß die eingesetzten Gestaltungselemente die Lesbarkeit erleichtern

(15) daß ich immer dorthin gehen / springen kann, wohin ich will

(16) daß sich neue Seiten schnell aufbauen (schnell übertragen werden)

(17) daß mir interessante und abwechslungsreiche Möglichkeiten zur Bearbeitung des Lernstoffs zur Verfügung stehen

(18) daß bei der Aufteilung nach Seiten sinnvolle Zusammenhänge berücksichtigt werden und der Inhalt nicht in zu kleine Einheiten "zerhackt" wird

(19) daß Farben und Hervorhebungen eine einheitliche Bedeutung haben

Scale for each item:
1 sehr zufrieden — 2 zufrieden — 3 teils teils — 4 unzufrieden — 5 sehr unzufrieden

Importance rating: 1 sehr wichtig | 2 wichtig | 3 nicht so wichtig | 4 unwichtig

Von dieser Lerneinheit läßt sich sagen...

	1 sehr zufrieden	2 zufrieden	3 teils teils	4 un- zufrieden	5 sehr un- zufrieden
(20) daß ich die Kontrolle darüber habe, wieviele Fenster ich geöffnet halten und wann ich sie schließen will					
(21) daß es unkompliziert ist, Teile zu überspringen, mit denen ich mich nicht beschäftigen will					
(22) daß ich die Bedeutung verwendeter Farben ohne langes Nachdenken verstehe					
(23) daß Texte und Bilder stets in der Breite vollständig dargestellt werden, damit ich nicht waagrecht hin- und herstellen (scrollen) muß					
(24) daß ich Animationen / Bild- und Tonsequenzen jederzeit anhalten und wiederholen kann					
(25) daß ich mir Lesezeichen anlegen kann, die mich auch wirklich wieder sofort zur gewünschten Stelle führen					
(26) daß bei längeren Seiten die benötigten Bedien- und Steuerelemente sowohl am Anfang als auch am Ende der Seite zur Verfügung stehen					
(27) daß ich meine persönliche Lernstrategie einsetzen kann					
(28) daß Erklärungen des "Hilfe"-Systems nur Informationen anbieten, die mir in der aktuellen Bearbeitungssituation weiterhelfen könnten					
(29) daß ich keine Fehler machen kann, die das System zum Absturz bringen und mich zu einem kompletten Neustart der Lerneinheit / des Lernsystems zwingen					

Antwortskala (Wichtigkeit):
1 sehr wichtig | 2 wichtig | 3 nicht so wichtig | 4 unwichtig

Von dieser Lerneinheit läßt sich sagen...

(30) daß Fenster, die ich noch benötige, nicht einfach durch andere Inhalte überschrieben werden

(31) daß durch zusätzlich angebotene Steuerungs- und Bedienungsprinzipien keine Widersprüche zu denen des Betriebssystems und des Browsers entstehen

(32) daß mir eine Suchfunktion zur Verfügung steht, die mich auch bei nicht ganz klar umrissenen Fragestellungen unterstützt

(33) daß ich jederzeit auf solche Bestandteile zugreifen kann, die ich noch einmal wiederholen will

(34) daß ich möglichst selten "Hilfe" aufrufen muß

(35) daß ich jederzeit den letzten Befehl / Arbeitsschritt rückgängig machen kann

(36) daß ich bei der Arbeit mit mehreren Fenstern deren Größe und Lage bestimmen kann

(37) daß mir Übersichten und Hilfen zur Planung meines persönlichen Vorgehens zur Verfügung stehen

(38) daß der Inhalt jedes Fensters aus seiner Überschrift klar hervorgeht

(39) daß ich die Bedeutung von Bildsymbolen (z.B. für Steuerelemente) ohne weiteres verstehe und mir einprägen kann

Antwortskala (Wichtigkeit): 1 sehr wichtig, 2 wichtig, 3 nicht so wichtig, 4 unwichtig

Zufriedenheitsskala: 1 sehr zufrieden, 2 zufrieden, 3 teils teils, 4 unzufrieden, 5 sehr unzufrieden

Von dieser Lerneinheit läßt sich sagen...

(40) daß ich zwischen verschiedenen Stufen der Schwierigkeit bzw. der Vertiefung des Stoffes wählen kann

(41) daß ich nach einer Unterbrechung ohne großen Aufwand dort wieder anfangen / weitermachen kann, wo ich zuletzt war

(42) daß ich mich rasch mit der Bedienung des Systems vertraut machen kann

(43) daß mir bei längeren Seiten zusätzliche Hilfsmittel zur Bewegung innerhalb der Seite angeboten werden

(44) daß ich das Gelernte an verschiedenen Anwendungsbeispielen überprüfen kann

(45) daß ich Notizen und eigene Ergänzungen einfügen kann, die gespeichert werden können und mir weiterhin zur Verfügung stehen

(46) daß Helligkeit und Kontrast der Darstellung optimal sind

(47) daß ich einen Überblick über die Menge des bereits bearbeiteten bzw. noch bevorstehenden Stoffes erhalten kann

(48) daß ich mir den Inhalt einer Seite jederzeit ausdrucken kann

(49) daß ich mich voll auf den Lernstoff konzentrieren kann, weil die Bedienung keine Schwierigkeiten bereitet

Bewertungsskala Zufriedenheit:
1 sehr zufrieden · 2 zufrieden · 3 teils teils · 4 unzufrieden · 5 sehr unzufrieden

Bewertungsskala Wichtigkeit:
1–2 sehr wichtig · 3 nicht so wichtig · 4 unwichtig

© J.K. Triebe, R. Hartwig 2002

Von dieser Lerneinheit läßt sich sagen...

(50) daß mir genügend Möglichkeiten gegeben werden, meine Leistungen und Lernfortschritte mit denen anderer Personen zu vergleichen

| 1 sehr wichtig | 2 wichtig | 3 nicht so wichtig | 4 unwichtig |

(51) daß ich bei angebotenen Verzweigungen (Hyperlinks) abschätzen kann, was mich dort erwartet

| 1 sehr wichtig | 2 wichtig | 3 nicht so wichtig | 4 unwichtig |

(52) daß diese Art des virtuellen Studiums nicht komplizierter als das sonst übliche Studium erscheint

| 1 sehr wichtig | 2 wichtig | 3 nicht so wichtig | 4 unwichtig |

Abschließend bitten wir Sie noch um einige demographische Angaben:

(53) **Geschlecht**   (1) weiblich   (2) männlich

(54) **Altersgruppe**   (1) bis 19 J.   (2) 20-24 J.   (3) 25-29 J.   (3) 30-39 J.   (4) 40 Jahre und älter

(55) **Höchster Schulabschluß**   (1) Realschule   (2) Primar-/FH-Reife   (3) Fachabitur   (4) Abitur

(56) **Berufstätigkeit vor Beginn des Studiums**   (1) nein   (2) ja   (3) ja, inklusive abgeschlossener Lehre

(57) **Art des Studiums**   (1) Erststudium   (2) Aufbaustudium   (3) berufsbegleitendes Studium   (4) anderes, ...

Haben Sie vielen Dank für Ihre Mitarbeit!

D   Beispiel eines Prozessleiftfadens

Hier gelten die Aussagen zum Styleguide ebenfalls: Es ist nur ein Beispiel, wie kurz und doch ausreichend genau der Prozess projektintern beschrieben werden könnte. Die kurze Form bewährte sich in allen Diskussionen und verzichtet bewusst auf Formalismus, der häufig zum Selbstzweck wird. Zum Vergleich: Parallel dazu entstand im Projekt an einem Standort eine Standortspezifische Weiterentwicklung des Prozessleitfadens, der am Ende deutlich über hundert Seiten DIN A 4 umfasste.

**Leitfaden zu Qualitätssicherungsmaßnahmen
zur Umsetzung des Styleguides**

Version 1.0.3

„Prozessleitfaden.1.0.3.doc"

AG Styleguide

Inhalt

1 Allgemeines

1.1 Ziel

Ziel der Aktivitäten der AG Styleguide ist die **Unterstützung** der Entwicklung von Lehrmodulen. Es soll vermieden werden, dass ähnliche Fragen und Probleme immer wieder gesondert beantwortet und gelöst werden müssen, wenn sie bereits in allgemeinerer Form betrachtet wurden. Der Styleguide enthält deshalb das Kondensat aus der bisherigen Projekterfahrung und stellt, z.T. verbindliche, Mindestanforderungen an die Module.

Die Interpretation und Umsetzung der Anforderungen bedarf zuweilen der Unterstützung durch die Querschnittsfunktionen. Darüber hinaus gibt es noch viele offene Fragen, die sich zum Teil erst während der Entwicklung der Module heraus kristallisieren. Ziel dieses Prozessleitfadens ist nun, den Ablauf der Entwicklung, den Umgang mit dem Styleguide und die Kommunikation mit den Querschnittsfunktionen zu strukturieren und für alle Beteiligten transparenter und planbarer zu machen. Dies geschieht vor allem durch Aussagen über Ansprechpartner, notwendige Vorarbeiten und günstige Zeitpunkte der Konsultation der Querschnittsfunktionen. Damit soll sichergestellt werden, dass notwendige Konsultationen und Rücksprachen rechtzeitig stattfinden, um so eine zu späte Problemerkennung, die zu erhöhten Aufwänden führen würde, zu vermeiden.

Natürlich stehen den Modulentwicklern die Querschnittsfunktionen auch außerhalb der in diesem Leitfaden definierten Reviews zur Verfügung und wir empfehlen ausdrücklich, davon bei Bedarf auch Gebrauch zu machen.

Leider stehen im Projekt nicht in allen Querschnittsfunktionen immer ausreichende Kapazitäten zur Verfügung, so dass mit Rücksicht auf eventuelle Engpässe eine rechtzeitige Absprache mit den Beteiligten Querschnitts-APs unerläßlich ist und im Einzelfall Reviews dann auch verkürzt oder zusammengefasst werden können, zum Beispiel wenn bereits untersuchte Module große Ähnlichkeit aufweisen.

Der Styleguide ist keinesfalls eine allumfassende, vollständige und endgültige Checkliste zur schematischen Anwendung im Herstellungsprozess; ebenso wenig ist auch der hier vorliegende Leitfaden ein Prozesshandbuch, vielmehr zunächst nur eine Hilfestellung, die weniger als formaliserte summative Bewertung, sondern eher als konstruktives Hilfsmittel gedacht ist. Es ist unter Umständen besser, von den hier vorgestellten Abläufen und Vorarbeiten im begründeten Einzelfall abzuweichen, als die eigentlichen Projektziele aus den Augen zu verlieren. Andererseits sollte dies nicht leichtfertig geschehen, denn schließlich bedeutet jede Abweichung im Zweifelsfall einen erheblichen Mehraufwand, der nicht immer zu leisten sein wird.

Abschließend sei noch darauf hingewiesen, dass viele qualitätsrelevante Bereiche, wie insbesondere die inhaltliche und fachdidaktische Qualität, außerhalb dessen liegen, was von diesem Leitfaden und vom Styleguide im Sinne einer "Qualitätssicherung" zu leisten ist, so daß es den einzelen APs weiterhin überlassen bleibt, diese Bereiche mit geeigneten Maßnahmen selbst zu überprüfen.

1.2   Grundlage

Der in Abbildung 3 dargestellte Ablauf stellt eine Anpassung bekannter iterativer Ansätze aus dem Bereich des Software-Engineering an die besonderen Gegebenheiten des Projektes VFH dar. Durch die Zusammenfassung einzelner Phasen (zum Beispiel Analyse und Konzept) wurde dem Umstand Rechnung getragen, dass sowohl die APs als auch die Querschnittsfunktionen in diesem Bereich nur begrenzte Ressourcen haben und ein pragmatischer Weg benötigt wird, damit umzugehen.

Nach der Einschätzung der AG Styleguide wird sich der Aufwand sowohl bei den Modulentwicklern als auch bei den Querschnittsfunktionen in der Summe nicht erhöhen, sondern nach den Erfahrungen aus dem Software-Engineering eher senken, denn durch die definierte Reviews werden Prozesse planbarer und auch die notwendigen Vorarbeiten sind den Beteiligten dadurch klarer.

1.3   Das Prinzip der iterativen Entwicklung

Aus dem Bereich des Software-Engineering kennt man den Begriff der „iterativen Entwicklung". Im Gegensatz zur rein sequentiellen Entwicklung wird dabei davon ausgegangen, dass eine Lösung zunächst einmal noch Fehler hat und weiter optimiert werden muss. In unserem Beispiel bedeutet dies, dass nach dem Abschluss einer Phase in einem Review zunächst das Ergebnis geprüft wird und dann der dabei entdeckte Änderungsbedarf in einem neuen Durchlauf bearbeitet wird (siehe Abbildung 1). Bei jedem Durchlauf sollte das Ergebnis besser werden, so dass der Änderungsbedarf irgendwann gedeckt ist und man zur nächsten Phase übergehen kann.

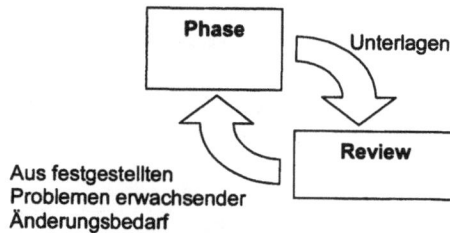

Abbildung 1: Prinzip der iterativen Entwicklung innerhalb einzelner Phasen

In der Praxis hat sich gezeigt, dass man Probleme bekommt, wenn man zunächst jede Phase so lange iteriert, bis man sie perfekt abgeschlossen zu haben glaubt. Denn einerseits ist der Begriff der Perfektion also der Fehlerfreiheit in vielen Bereichen (zum Beispiel bei der Bewertung eines didaktischen Konzeptes) unklar und zum anderen ist der Gesamtprozess so immer noch sequentiell, da einmal abgeschlossene Phasen nicht mehr angetastet werden sollen. Deshalb ist es notwendig auch über alle Phasen zu iterieren, d.h. explizit vorzusehen, dass man während der Implementierung festgestellte Mängel des Konzeptes durch eine weitere Iteration zurück zur Konzeptphase beheben darf (siehe Abbildung 2).

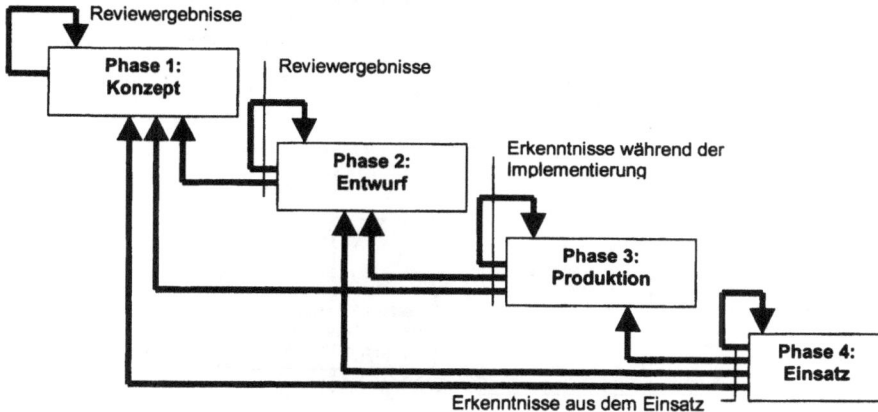

Abbildung 2: Idealer iterativer Prozess über alle Phasen mit Rücksprüngen in alle vorherigen Phasen

Der hier vorgestellte Prozess stellt einen Kompromiss zwischen möglichst iterativer Ebtwicklung auf der einen und dem Wunsch nach abgeschlossen Phasen auf der anderen Seite dar. Wir gehen davon aus, dass die meisten Fehler einer Phase inzwischen durch rechtzeitige Reviews vermieden werden können, da die Querschnittsfunktionen für ihren jeweiligen Bereich erhebliche Erfahrungen gesammelt haben, die allen Projektbeteiligten zugute kommen. Mehr als eine Wiederholung innerhalb der einzelnen Phasen und über die gesamten Phasen sollten in der Praxis nur selten vorkommen.

Eine ausführlichere Darstellung und weitere allgemeine Erläuterungen finden sich im VFH-Ergonomiehandbuch[1] im Kapitel 3.

---

[1] (Version 1.0.2, http://www.fh-luebeck.de/vfh/arbeitsgruppen/tv2/ergonomie/handbuch.html)

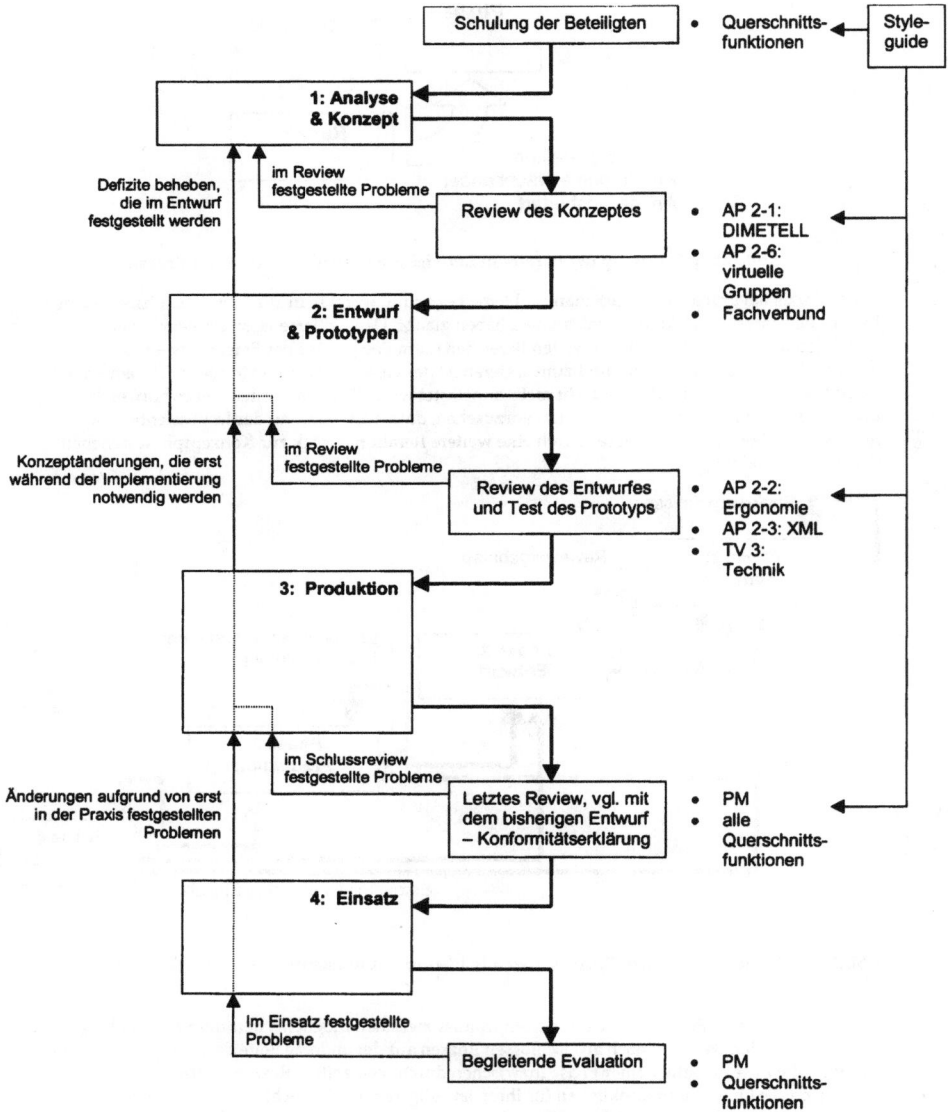

Abbildung 3: Maßnahmen zur Umsetzung des VFH Styleguides im Rahmen eines QS-Prozesses[2]

---

[2] Die gestrichelten Linien deuten die angesprochenen Iterationsmöglichkeiten an.

2 Anwendung des Styleguides innerhalb des Herstellungsprozesses

Um die vorhandenen Ressourcen möglichst effizient und effektiv zu nutzen und um für eine rechtzeitige Beteiligung der vorgesehenen Querschnittsfunktionen zu sorgen, ist der im folgenden beschriebene Prozess entlang der bisherigen Praxis im Projekt VFH entwickelt worden.

Die vier Hauptphasen Konzept, Entwurf, Implementierung und Einsatz werden jeweils durch Reviews und Beratungen abgeschlossen. Zwischen den Reviews sind die an der Modulentwicklung Beteiligten gehalten, sich im Styleguide und in den dort angegebenen weiterführenden Quellen selbstständig zu informieren und deren Vorgaben soweit wie möglich und nötig zu folgen. Die Aufgabe der Reviews ist ein SOLL-IST-Abgleich zwischen den im Styleguide definierten Anforderungen an die Module und den Vorschlägen und Vorstellungen der Entwickelnden. Die Reviews bieten auch die Möglichkeit, sich über abweichende (neue) Ideen zu unterhalten und neue, bessere Wege als die im Styleguide beschriebenen zu finden und zu dokumentieren. Alle Projektbeteiligten sind gehalten, bei auftretenden Unklarheiten nicht erst ein Review abzuwarten, sondern *sofort* nachzufragen.

Ziel der hier definierten Reviews ist, dass die einzelnen Beratungs- und Unterstützungsangebote der verschiedenen Querschnittsfunktion von Seiten der Beteiligten gut vorbereitet und strukturiert werden. Die hier definierten Vorarbeiten sind **notwendige** Arbeiten, um trotz der knappen Ressourcen eine möglichst gezielte und differenzierte Beratung der einzelnen APs gewährleisten zu können.

In den folgenden Abschnitten sind die verschiedenen Phasen und die dafür notwendigen Vorarbeiten noch einmal kurz erläutert. Detailliertere Prozessvorgaben sind in einzelnen APs vor Ort zu definieren.

2.1 Phase 1: Analyse und (didaktisches) Konzept

2.1.1 Was ist das?

Die Grundidee des Moduls, aus der sich alle weiteren Schritte ableiten, beinhaltet didaktische Vorüberlegungen zu den folgenden Punkten:

- Leitbild
- Szenario
- Didaktisches Konzept
- Struktur des Moduls (Drehbuch, Storyboard)
- geplante Inhalte

2.1.2 Welche Styleguide-Anforderungen beziehen sich darauf?

Kapitel 3 ([Didaktisch-methodische] Leitlinien zur Konzeption)

2.1.3 Was ist vorzubereiten?

Aus den mitzuliefernden Dokumenten muss ersichtlich sein, warum das Modul wie geplant umgesetzt werden soll, d.h. welche inhaltlichen und daraus abgeleitet didaktischen Entscheidungen getroffen worden sind.

- Didaktisches Leitbild für das Gesamtmodul
- Überblick über die im Gesamtmodul zu erwerbenden Kompetenzen und beispielhaft für die im Rahmen einer Lerneinheit zu erwerbenden Kompetenzen
- Erläuterungen zur Struktur des Moduls: Navigation, geplanten Übersichten etc.

- *Kurze* Erläuterungen zum geplanten Studienmodulszenario (möglicher „Ablaufplan", Präsenzzeiten, Aufgabentypen, Gruppenarbeiten, Prüfungsformen, Betreuungsformen etc.)

- Auszug aus dem Drehbuch (z.B. zu einer Lerneinheit)

- Selbsteinschätzung der Konformität zum Styleguide

- Übersicht über die zu vermittelnden Inhalte

2.1.4 Wer ist Ansprechpartner für dieses Review?

Zunächst sollten die AP-Beteiligten ihre Einheit selbst anhand des Styleguides überprüfen und einschätzen. Dabei offene Punkte können dann in Rücksprache mit AP2-1 (DIMETELL) geklärt werden. Außerdem sind die Inhalte und die zu erwerbenden Kompetenzen mit dem jeweiligen Fachausschuss (Fachverbund) abzustimmen, um die Einhaltung des Curriculums und der Qualitätsziele zu überprüfen.

- AP 2-1 DIMETELL

- Im Rahmen ihrer Kapazität weitere, auf verschiedene Lern- und Unterstützungsformen bezogene TV2-Arbeitspakete, sofern im Szenario bzw. didaktischen Konzept eines Moduls deren Verwendung (z.B. virtuelle Gruppenarbeit) vorgesehen ist.

- Fachverbund

2.2 Phase 2: Entwurf und Prototypen

2.2.1 Was ist das?

Nachdem die Grundidee eines Moduls und seine (didaktische) Strukturierung in der vorherigen Phase geklärt wurden, kann nun die Umsetzung geplant werden. Dazu wird ein Entwurf für die Realisierung des Konzeptes angefertigt. Aufbauend auf diesem Entwurf kann dann eine beispielhafte Implementierung eines typischen (kleinen) Teilbereiches erfolgen, der dann als Prototyp und Anschauungsobjekt verwendet wird.

2.2.2 Welche Styleguide-Anforderungen beziehen sich darauf?

Kapitel 4 (Gestaltung) und Kapitel 5 (Technik)

2.2.3 Was ist vorzubereiten?

1. **Entwurf**
   Der Entwurf baut auf dem Konzept der vorherigen Phase auf. Er enthält Vorschläge zur Umsetzung des Konzepts (z.B. Farben, Symbole, Aufbau der Seite, Umsetzung der Navigation, etc.). Offene Fragen zur Umsetzung sollten spätestens jetzt gelöst werden. Außerdem muss der Entwurf die zu verwendenden Techniken definieren. Zum Beispiel muss hier festgelegt werden, welche Aufgabentypen und interaktiven Elemente vorgesehen sind (z.B. JScript-Drag&Drop, Java-Applets oder Flash-Animationen).

2. **Prototyp**
   Der Prototyp ist eine Beispiellösung unter Verwendung der im Entwurf angebenen Techniken und entlang der im Entwurf spezifizierten Hierachie. Typischerweise soll so ein Prototyp zumindest ein Beispiel jeder geplanten Technik und Aufgabenform enthalten.

3. **Selbsteinschätzung der Konformität** zum Styleguide

2.2.4 Wer ist Ansprechpartner für dieses Review?

Zunächst sollten die AP-Beteiligten ihre Einheit selbst anhand des Styleguides überprüfen und einschätzen. Dabei offene Punkte können dann im Review geklärt werden. Das Review wird dann vom AP2-2 (Ergonomie) in Zusammenarbeit mit TV3 durchgeführt.

- AP 2-2 Ergonomie
- AP 2-3 XML
- TV 3

2.3 Phase 3: Produktion

2.3.1 Was ist das?

Nach der Erstellung und der Abnahme des Prototypen beginnt die eigentliche Produktion der Lernmodule. Dieser Abschnitt umfasst sowohl die Erstellung der Drehbücher, als auch die Multimedia-Produktion.

2.3.2 Welche Styleguide-Anforderungen beziehen sich darauf?

Kapitel 5 (Technik)

2.3.3 Was ist vorzubereiten?

Der Erstellungsprozess soll durch einen Meilensteinplan sowie durch ein Konzeptpapier dokumentiert werden. Im Meilensteinplan werden alle wichtigen Termine zur Fertigstellung der einzelnen Modul-Bausteine und Lerneinheiten notiert. Das Konzeptpapier beschreibt die technische Ablagestruktur, Namenskonventionen und alle weiteren Vereinbarungen zur Erstellung. Darüber hinaus werden die verwendeten Dateiformate und Programmiersprachen ausgewiesen. Dies soll die spätere Wartbarkeit der vorgelegten Module sicher stellen.

- Drehbuch,
- Skizze der Hierarchie der Dateien im Dateisystem,
- Auflistung der verwendeten Namenskonventionen und Techniken,
- Auflistung der verwendeten Dateiformate und Programmiersprachen.

2.3.4 Wer ist Ansprechpartner für dieses Review?

Zunächst sollten die AP-Beteiligten ihre Einheit selbst anhand des Styleguides überprüfen und einschätzen. Die Überprüfung auf XHTML, bzw. HTML 4.01 Konformität übernimmt AP 2-3 oder ein Testdurchlauf mittels HTML-Tidy.

Das Review wird dann stichprobenartig von allen Querschnittsfunktionen durchgeführt, denn es soll überprüft werden, inwieweit die Aussagen der früheren Reviews auf die tatsächliche Implementierung noch zutreffen.

Das Projektmanagement entscheidet nach Rücksprache mit der AP-Leitung, wie mit verbliebenen Unstimmigkeiten und Abweichungen verfahren wird.

- PM
- alle Querschnittsfunktionen

2.4 Phase 4: Einsatz

2.4.1 Was ist das?

Nachdem der letzte Review erfolgreich durchgeführt ist und die Konformität mit dem Styleguide geklärt ist, kann das Modul im Lehrbetrieb eingesetzt werden. Das kann zum einen bereits der reguläre Einsatz im Rahmen der Virtuellen Fachhochschule sein, kann aber auch – das ist der günstigere Fall, der bei ausreichendem Zeitpuffer angestrebt werden sollte – ein Testeinsatz mit einer kleinen Gruppe von Lernenden sein.

Ausschlaggebend für diese Phase ist, dass das Modul nicht nur technisch und ergonomisch getest wird (wie beim Prototyp), sondern dass mit wirklich dem Modul gelernt wird, damit überprüft werden kann, ob die Lehrziele erreicht werden können.

2.4.2 Welche Styleguide-Anforderungen beziehen sich darauf?

Die beiden Anforderungen unter 3.1.2 (Studienszenario).

2.4.3 Was ist vorzubereiten?

Neben dem Modul selbst erfordert der Einsatz mehrere andere Überlegungen, die **zuvor** angestellt bzw. entworfen und in einem **Einsatzkonzept** dokumentiert werden müssen. Ohne diese ist ein erfolgreicher Einsatz nicht möglich:

Zeitliche Ablaufplanung

- Werden alle Inhalte auf einmal zur Verfügung gestellt oder abschnittsweise?
- Müssen von den Lernenden zu bestimmten Zeitpunkten bestimmte Leistungen erbracht werden?

Kommunikation

- Welche Kommunikationsmöglichkeiten sollen die Studierenden nutzen und in welcher Form?
- Sollen die Studierenden in Gruppen arbeiten und in welcher Form?

Betreuung

- Wer betreut? In welcher Form?
- Soll es bestimmte Betreuungszeiten geben, in denen jemand ansprechbar ist, oder wird eine permanente inhaltliche Betreuung gewährleistet?
- Nach welchen Kriterien werden Anfragen bearbeitet?

Prüfungen

- Wann sollen Prüfungen stattfinden?
- In welcher Form sollen Prüfungen stattfinden?

2.4.4 Wer ist zuständig für die Evaluation?

- APs

Statt eines Reviews in Form einer Expertenbegutachtung ist hier die Evaluation (Bewertung) z.B. durch die Studierenden oder anhand von Studienergebnissen gemeint. Diese wird vom betreffenden AP selbst organisiert, mit Unterstützung der Querschnittsfunktionen Didaktik und Ergonomie.

Die Art der Evaluation ist von Fall zu Fall verschieden, je nach Anspuch, Schwerpunkten und Möglichkeiten. Auf Erfahrungen anderer APs im Projekt sollte zurückgegriffen werden. Wichtig ist vor allem auch die rechtzeitige Planung. Diese muss bereits mehrere Wochen vor dem Moduleinsatz beginnen.

3 Reviewformblatt

Analog zu dem Formblättern zur Konformitätserklärung, die von den AP-Leitern bei der Vorlage ihrer Module für das PM vorzubereiten sind, soll dieses Formblatt die Durchführung eines Reviews für beide beteiligten Seiten dokumentieren, so dass die Einhaltung des o.a. Prozesses in definierter Weise dokumentiert werden kann.

Formblatt zum Reviewergebnis

AP-Nummer		
AP-Bezeichnung		Anmerkungen
Art des Reviews	☐ Phase 1: Konzept ☐ Phase 2: Entwurf ☐ Phase 3: Implementierung ☐ andere:	
Review-durchführung	☐ Selbsteinschätzung ☐ AP 2-1 ☐ AP 3-a ☐ AP 2-2 ☐ PM ☐ AP 2-3 andere: ☐ AP 2-6	

Review-gegenstand	Dokumente:
	Modul/Prototyp: Stand
	☐ liegt bei (CD-ROM o.ä.)
	☐ ist online verfügbar unter
	  ☐ Blackboard;
	    Server:
	    Kursbezeichnung:
	  ☐ eRoom; Link:
	  ☐ URL:	

Bisherige Konformitäts-erklärungen und Reviews	☐ bisher noch keine Begutachtung oder Selbsteinschätzung ☐ Review(s): ☐ Konformitätserklärung vom , Änderungen sind seitdem in dokumentiert.	
Beurteilungs-grundlage	☐ Styleguide (Version) ☐ andere:	
Review-ansprechpartner	Name: EMail: Telefon:	
Review-Ergebnisse	☐ Es sind keine Änderungen notwendig ☐ Es sind kleinere Änderungen notwendig bzw. die gefundenen Probleme sind akzeptabel ☐ Es liegende schwerwiegende Probleme vor, die ein weiteres Review notwendig machen. Erläuterungen:	
Datum, Unterschrift		
Bemerkungen		

Abbildungsverzeichnis

Tabellenverzeichnis

Literaturverzeichnis

Ackermann, D.; Ulich, E. (Hrsg.) (1991): „Software-Ergonomie '91 – Benutzerorientierte Software-Entwicklung – Gemeinsame Fachtagung des German Chapter of the ACM,... „ Teubner, Stuttgart

Agosti, M.; Smeaton, A. (Hrsg.) (1996): „Information Retrieval and Hypertext" Kluwer, Boston (USA)

Ahlberg, C.; Shneiderman, B. (1995): „Visual Information Seeking: Tight Coupling of Dynamic Query Filters with Starfield Displays" aus Baecker et al., 1995 S. 450-456

Anido-Rifon, L.; Fernandez-Iglesias, M. J.; Llamas-Nistal, M.; Caeiro-Rodriguez, M.; Santos-Gago, J.; Rodriguez-Estevez, J. S. (2001): „A component model for standardized web-based education" aus *Journal on Educational Resources in Computing (JERIC) Volume 1, Issue 2es Summer 2001*, ACM Press, New York (USA)

Ansorge, P.; Haupt, U. (1997): „Ergonomie-Reviews und Usability-Testing als Beratungs- und Qualifizierungsinstrumente" aus Litkowsky et al., 1997 S. 55ff.

Astleitner, H. (2002): „Qualität des Lernens im Internet", Verlag Peter Lang, Frankfurt, 2002

Baecker, R. M. et al. (1995): „Readings in human-computer interaction: toward the year 2000" Morgan-Kaufmann Publishers, San Francisco (USA), 1995

Baecker, R.; Small, I.; Mander, R. (1995): „Bringing icons to life" aus Baecker et al., 1995 S. 444-449

Ballstaedt, S. P. (1997): „Wissensvermittlung – Die Gestaltung von Lernmaterial" Psychologie Verlags Union, Weinheim

Balzert, H. (2000): „Lehrbuch der Software-Technik", Band 1+2, Spektrum Akademischer Verlag, Heidelberg

Beck, K. (2000): „Extreme Programming – Die revolutionäre Methode für Softwareentwicklung in kleinen Teams" Addison-Wesley, München

Beimel, J.; Schindler, R.; Wandke, H. (1993): „Wie Experten der Software-Ergonomie den Teil 10 (Dialogue Principles) der ISO 9241 bewerten" aus Rödiger, 93 S. 133ff

Bundesrepublik Deutschland (1996): „BildscharbV, Verordnung zur Umsetzung von EG-Einzelrichtlinien zur EG-Rahmenrichtlinie Arbeitsschutz; Artikel 3 Verordnung über Sicherheit und Gesundheitsschutz bei der Arbeit an Bildschirmgeräten (Bildschirmarbeitsverordnung - BildscharbV), Ausgabe:1996-12-04" Veröffentlicht in: BGBl I, 1996

Bitner, J. R.; Reingold, E. M. (1975): „Backtrack programming techniques" in *Communications of the ACM* Volume 18 , Issue 11 (November 1975), ACM, New York (USA), 1975, S. 651 - 656

Boehm, B.; Egyed, A.; Kwan, J.; Port, D.; Shah, A.; Madachy, R. (1998): „Using the WinWin Spiral Model: A Case Study" aus *Computer; Vol.31; No. 7; July 1998*, IEEE, S. 33-44

Bonsiepe, G. (2002): „Audiovisualistik und die Darstellung von Wissen" aus Huber et al., 2002, S. 223-241

Bösel, R. M. (2001): „Denken – Ein Lehrbuch" Göttingen, Hogrefe

Van den Boom, H. (Hrsg.) (2000): „Entwerfen" Jahrbuch 4 der HBK Braunschweig, Salon Verlag, Köln

Bromme, R.; Stahl, E. (2002): „Writing Hypertext and Learning" Elsevier, Oxford (UK)

Bruder, R. (Hrsg.) (2004): „Ergonomie und Design" Gesellschaft für Arbeitswissenschaften und Institut für Ergonomie und Designforschung, Tagungsband zur GfA Herbstkonferenz 2004 in Essen, Zeche Zollverein, 07. bis 08. Oktober 2004, ergonomia Verlag, Stuttgart

Bruggemann, A., Grosskurth, P. & Ulich, E. (1975): „Arbeitszufriedenheit" aus „Schriften zur Arbeitspsychologie" (Hrsg. E. Ulich) Band 17, Huber, Bern, 1975; zitiert nach Ulich, 1994

Bruns, B.; Gajewski, P. (2000): „Mulitmediales Lernen im Netz – Leitfaden für Entscheider und Planer" 2. Auflage, Springer Verlag, Berlin, 2000

Brewer, J., Design, J. (2001): „Extreme Programming FAQ" http://www.jera.com/techinfo/xpfaq.html Stand 13.2.2003

Bürdeck, B. E. (1991): „Design: Geschichte, Theorie und Praxis der Produktgestaltung" DuMont, Köln

DLR (Hrsg.) (2004): „Kursbuch eLearning 2004 – Produkte aus dem Förderprogramm" DLR-Projektträger – Neue Medien in der Bildung + Fachinformation, St. Augustin, 2004, http://www.bmbf.de/pub/nmb_kursbuch.pdf, Stand 13.8.2004

Carroll, J. M. (2000): „Making use: scenario-based design of human-computer interactions" MIT Press, Cambridge (Massachusetts, USA), 2000

Chi, I. (2004): „"Die Parameter des Gestaltungsprozesses" aus Bruder, 2004, S. 49-54

Coenen, O. (2002): „E-Learning Architektur für universitäre Lehr- und Lernprozesse" 2. Auflage, Eul, Köln

Cooper, A. (1999): „The inmates are running the asylum – Why High-Tech-Products Drive Us Crazy and How to Restore the Sanity" SAMS, Indianapolis (Indiana, USA)

Damasio, A. R. (1997): „Descartes' Irrtum – Fühlen, Denken und das menschliche Gehirn", 3. Auflage, List Verlag, München, Leipzig

DATech (Hrsg.) (2001): „DATech-Prüfbaustein: Qualität des Usability-Engineering Prozesses (Version 1.2)" http://www.datech.de Stand 10.5.2003

DATech (Hrsg.) (2000): „DATech-Prüfhandbuch Gebrauchstauglichkeit (Version 3.2)" http://www.datech.de Stand 10.5.2003

DGQ (Hrsg.) (1995a): „Methoden und Verfahren des Qualitätsmanagements für Software - 2. Auflage - DGQ-ITG Band 12-52" Beuth Verlag, Berlin, Wien, Zürich

DGQ (Hrsg.) (1995b): „Software-Qualitätsmanagement - Aufgaben, Möglichkeiten, Lösungen - 2. Auflage - DGQ-ITG Band 12-51" Beuth Verlag, Berlin, Wien, Zürich

DIN (1980): „Ausgabe:1980-08 Gebrauchstauglichkeit; Begriff", Beuth Verlag, Berlin

Dittler, U. (Hrsg.) (2002): „E-Learning: Erfolgsfaktoren und Einsatzkonzepte mit interaktiven Medien" Oldenbourg Verlag, München, Wien

Dittmar, A. (2002): „Ein formales Metamodell für den aufgabenbasierten Entwurf interaktiver Systeme" Dissertation, Universität Rostock

Doherty, P. B. (1998): „Learner Control in Asynchronous Learning Environments" aus ALN Magazine (ISSN 1092-7131), Volume 2, Issue 2 - October 1998, Vanderbilt University, Nashville (USA), http://www.aln.org/publications/magazine/v2n2/doherty.asp

Dublin Core Metadata Initiative (2004): „DCMI Metadata Terms" http://dublincore.org/documents/dcmi-terms/ Stand 29.9.2004

Dumke, R.; Lother, M.; Wille, C.; Zbrog, F. (2003): „Web Engineering" Pearson Studium, München

Dutke, S. (1994): „Mentale Modelle: Konstrukte des Wissens und Verstehens – Kognitionspsychologische Grundlagen für die Software-Ergonomie" Verlag für angewandte Psychologie, Göttingen

Dzida, W. (1983): „Das IFIP-Modell für Benutzerschnittstellen" aus Office Management, Band 31 (Sonderheft), S. 6-8, 1983, zitiert nach Herczeg, 1994 S. 104

Dzida, W.; Konradt, U. (1995): „Psychologie des Software-Entwurfs" (Arbeit und Technik 5), Verlag für Angewandte Psychologie, Göttingen, Stuttgart

Dzida, W.; Freitag, R. (1998): „Making Use of Scenarios for Validating Analysis and Design" aus IEEE: Transactions on Software Engineering Vol. 24, Number 12, December 1998; IEEE, Washington

Dzida, W.; Hofmann, B.; Freitag, R.; Redtenbacher, W.; Baggen, R.; Geis, T.; Beimel, J.; Zurheiden, C.; Hampe-Neteler, W.; Hartwig, R.; Peters, H. (2001): „Gebrauchstauglichkeit von Software – Ergo Norm: Ein Verfahren zur Konformitätsprüfung von Software auf der Grundlage von DIN EN ISO 9241 Teile 10 und 11", Verlag für neue Wissenschaft, Bremerhaven (ISBN 3-89701-678-8)

Eberleh, E. (1991): „Integration software-ergonomischer Forschungsergebnisse in die betriebliche Software-Entwicklung" aus Ackermann & Ulich, 1991 S. 141ff.

Edelmann, W. (2000): „Lernpsychologie" 6. Auflage, Verlagsgruppe Beltz, Weinheim, 2000

Edmonds, A. (2003): „Uzilla, LLC provided CIF Template" http://uzilla.net/ uzilla/blog/cif/template.html, Stand 10.8.2004

Eilers, K.; Nachreiner, F.;Böning, E. (1990): „Zur subjektiven Skalierung psychischer Beanspruchung - Teil 2: Überprüfung der Validität verankerter Relativurteile in einer Felduntersuchung" Zeitschrift für Arbeitswissenschaft Nr. 44 (16NF), 1990/1, S. 24ff.

Engels, G.; Seehusen, S. (Hrsg.) (2004): „DeLFI 2004: Die 2. e-Learning Fachtagung Informatik" Proceedings, Tagung der Fachgruppe e-Learning der Gesellschaft für Informatik e.V. (GI) – 6.-8. September 2004 in Paderborn, Gesellschaft für Informatik, Bonn, 2004

Europäische Gemeinschaft (1990): „Richtlinie 90/270/EWG des Rates vom 29. Mai 1990 über die Mindestvorschriften bezüglich der Sicherheit und des Gesundheitsschutzes bei der Arbeit an Bildschirmgeräten – (Fünfte Einzelrichtlinie im Sinne von Artikel 16 Absatz 1 der Richtlinie 89/391/EWG)" ABl. Nr. L 156 vom 21.6. 1990, S. 14ff

Fähnrich, K. P. et. al. (Hrsg.) (1996): „Bildschirmarbeit EU-konform: Das SANUS Handbuch – Information, Analyse, Gestaltung" Selbstverlag der Arbeit, Technik und Bildung GmbH, Chemnitz, 1996

Fähnrich, K.-P. (2001): „Software-Qualitätsmanagement – Fachvorlesung praktische Informatik Sommersemester 2002 – Produktqualität - Komponenten (1) – Testende Verfahren" Universität Leipzig, http://ais.informatik.uni-leipzig.de/download/2002s_ v_sqm/2002s_sqm_v_06.pdf Stand 6.4.2003

Fink, M.; Janneck, M.; Oberquelle, H. (2004): „Gebrauchstaugliche Gestaltung von E-Learning-Systemen" aus i-com, 2004, S. 40-46

Forbrig, P.; Lämmel, R. (2000): „*Programming* with Patterns" Proceedings of the: Technology of Object-Oriented Languages and Systems (TOOLS-34"00), IEEE Digital Library, S. 159-171 http://csdl.computer.org/comp/proceedings/tools/2000/ 0774/00/07740159abs.htm

Forbrig, P. (2002): „Objektorientierte Softwareentwicklung mit UML" 2. Auflage, Fachbuchverlag Leipzig, Leipzig

Geldermann, R.; Baigger, J. F. (2003): „Praxisbezug ist wichtiger als Gütesiegel – Ansprüche betrieblicher Kunden an die Qualität von Bildungsdienstleistungen" aus *fbb – Newsletter 3/2003* Forschungsinstitut für Betriebliche Bildung, Nürnberg, http://www.f-bb.de/ f-bbv9/newsletter/Newsletter_f-bb_2003_03.pdf, S. 2-3

Gaines, B. R.; Shaw, M.; Chen, L. (1996): „Utility, Usability and Likeability: Dimensions of the Net and Web" aus *Proceedings of WebNet 1996 Conference*, San Francisco (USA); Association for the Advancement of Computing in Education (AACE), http://ksi.cpsc. ucalgary.ca/articles/WN96/WN96HF/WN96HF.html, Stand 9.4.2004

GDPA (2003): "GDPA (Graphical Development Process Assistant)" Universität Bremen, http://www.informatik.uni-bremen.de/uniform/gdpa/home.htm Stand 10.2.2003

Gediga, G.; Hamborg, K.-C. (1997): „Heuristische Evaluation und IsoMetrics: Ein Vergleich" aus Litkowsky et al., 1997

Gieth, R.; Menge, S.; Ritz, S. (1996): „Software-ergonomische Qualitätssicherung (FBI-HH-M-262/96)" – *(Mitteilung)* Hamburg: Universität Hamburg, Fachbereich Informatik, Hamburg

Götz, M. (1994): „Das grafische Zeichen – Kommunikation und Irritation" aus Stankoswski & Duschek S. 53-76

Goodwin, N. C. (1987): „Functionality and usability" aus *Communications of ACM* Volume 30, Nr. 3, ACM Press, S. 229–233

Greif, S.; Kurtz, H.J. (Hrsg.) (1998): „Handbuch selbstorganisiertes Lernen" 2. Auflage, Verlag für angewandte Psychologie, Göttingen

Grinstein, G.; Kobsa, A.; Plaisant, C.; Shneiderman, B.; Stasko, J. T. (2003): "Which comes first, usability or utility?" aus *Proceedings of the 14th IEEE Visualization Conference (VIS '03)*, IEEE, S. 605-606

Groß, R. R. (2003): „MAP – Minimales Autorentool für verschiedene Präsentationsformen" Studienarbeit, Institut für Multimediale und Interaktive Systeme der Universität zu Lübeck, Lübeck

Haak, J. (1995): „Interaktivität als Kennzeichen von Multimedia und Hypermedia" in Issing, L. J.; Klimsa, P. (Hrsg.): „Information und Lernen mit Multimedia" Psychologie Verlags Union, Weinheim, 1995, S. 151-166, zitiert nach Bruns & Gajewski, 2000

Haake, J.M.; Schwabe, G.; Wessner, M. (Hrsg.) (2004): „CSCL-Kompendium, Lehr- und Handbuch zum computerunterstützten kooperativen Lernen", Oldenbourg Verlag, München

Hacker, W. (1978): „Allgemeine Arbeits- und Ingenieurpsychologie – Psychische Struktur und Regulation von Arbeitstätigkeiten", Verlag Hans Huber, Berlin

Hackos, J. T.; Redish, J. C. (1998): „User and task analysis for interface design", Wiley & Sons, New York

Hamborg, K.-C. (2002): „Gestaltungsunterstützende Evaluation von Software: Zur Effektivität und Effizienz des Isometrics^L Verfahrens" aus Herczeg et al., 2002, S. 303-312

Hartwig, R. (1997): „Gestaltung und Bewertung der Gebrauchstauglichkeit von Software - Überprüfung der Machbarkeit am Beispiel der Benutzungsoberfläche eines Moduls eines Schichtplangestaltungssystems", Diplomarbeit Universität Oldenburg, Fachbereich Informatik, Oldenburg

Hartwig, R.; Kritzenberger, H.; Herczeg, M. (2000): „Course Production Applying Object Oriented Software Engineering Techniques" In *Proceedings of ED-MEDIA 2000. World Conference on Educational Hypermedia, Multimedia and Telecommunications. 26th June - 1st July 2000 Montréal*, Montreal (Canada), AACE, S. 1627-1628

Hartwig, R.; Triebe, J.K.; Herczeg, M. (2001): „Ergonomie-Handbuch zur Gestaltung virtueller Lerneinheiten - Version 1.0.4." Universität zu Lübeck – Institut für Multimediale und Interaktive Systeme, http://www.imis.uni-luebeck.de/de/forschung/publikationen/ergohandbuch104.zip, Lübeck

Hartwig, R.; Herczeg, M.; Kritzenberger, H. (2002a): „Aufgaben- und benutzerzentrierte Entwicklungsprozesse für web-basierte Lernumgebungen" aus i-com, 2002, S. 18-24

Hartwig, R.; Triebe, J.K.; Herczeg, M. (2002b): „Software-ergonomische Evaluation im Kontext der Entwicklung multimedialer Lernmodule für die virtuelle Lehre" aus Herczeg et al., 2002, S. 313-322

Hartwig, R; Herczeg, M. (2003a): „Using a Semantic Web for Process Information and Quality Management" in *Proceedings of the ACIS Fourth International Conference on Software Engineering, Artificial Intelligence, Networking and Parallel/Distributed Computing (SNPD '03), October 16-18,* ACIS, S. 106-113

Hartwig, R.; Herczeg, M.; Hadley, L. (2003): „XMendeL - A web-based semantic Web Tool for e-Learning Production Processes" aus *Proceedings to ICCE 2003,* Hong Kong, ICCE, 2003, S. 556-563

Hartwig, R.; Herczeg, M. (2003b): „A Process Repository for the Development of E-Learning Applications" aus *Proceedings The 3rd IEEE International Conference on Advanced Learning Technologies (ICALT'03),* S. 346-347

Hartwig, R.; Herczeg, M. (2003c): „XMendeL – Web-gestützte objektorientierte Datenhaltung in Usability-Engineering-Prozessen" Mensch und Computer 2003, Stuttgart, S. 267-276

Hartwig, R.; Herczeg, M. (2004): „Informatikgrundlagen und Mensch-Computer-Kommunikation" in Haake et al., 2004 S. 54-64

Hartwig, R. (2005): „Ergonomie multimedialer Lehr- und Lernsysteme" Dissertation, Universität zu Lübeck, Online-Publikation, `http://www.students.informatik.` `uni-luebeck.de/zhb/ediss173.pdf`

Hassenzahl, M.; Burmester, M.; Koller, F. (2003): „AttrakDiff: Ein Fragebogen zur Messung wahrgenommener hedonischer und pragmatischer Qualität" aus Ziegler & Swillus, 2003, S. 187-196

Henseler, W. (2003): „Digital Design – Gestaltungskategorien bei Neuen Medien" aus i-com, 2003, S. 34-35

Heinecke, A. M. (2004): „Mensch-Computer-Interaktion", Fachbuchverlag Leipzig, Leipzig

Helander, M. (1988): „Handbook of human-computer interaction" Elsevier, Amsterdam

Henry, P. (1998): „User-centered information design for improved software usability", Artech House, Norwood (USA)

Herczeg, M. (1994): „Software-Ergonomie – Grundlagen der Mensch-Computer-Kommunikation" Addison-Wesley, Bonn, 1994

Herczeg, M. (1999): „A Task Analysis Framework for Management Systems and Decision Support Systems" In *Proceeding of AoM/IaoM. 17. International Conference on Computer Science,* San Diego (USA), S. 29-34

Herczeg, M.; Prinz, W.; Oberquelle, H. (Hrsg.) (2002): „Mensch und Computer 2002 – Vom interaktiven Werkzeug zu kooperativen Arbeits- und Lernwelten", Teubner Verlag, Stuttgart

Herczeg, M. (2004): „Experience Design for Computer-Based Learning Systems: Learning with Engagement and Emotions", In: Cantoni, L. & McLoughlin, C. (Eds.) Proceedings of ED-MEDIA 2004. AACE: S. 275-280

Herczeg, M. (2005): „Software-Ergonomie" 2. Auflage, Oldenbourg Verlag, München

Herczeg, M. (2006a): „Interaktionsdesign – Gestaltung interaktiver und multimedialer Systeme", Oldenbourg Verlag München, 2006

Herczeg, M. (2006b): „Usability Criteria for Interactive Educational Media: Bending and Breaking the Rules" In: Pearson, E. & Bohman, P. (Eds.) Proceedings of ED-MEDIA 2006. Norfolk, VA: AACE. S. 522-528.

Holz auf der Heide, B. M.; Hacker, S. (1991): „Prototyping in einem Designteam: Vorgehen und Erfahrungen bei einer benutzerorientierten Software-Entwicklung" aus Ackermann & Ulich, 1991, S.109ff.

Holz auf der Heide, B. (1993): „*Welche* software-ergonomischen Evaluationsverfahren können *was* leisten?" aus Rödiger, 93 S. 157ff.

Hörmann, K. (1998): „Einzel- oder Gruppenarbeit beim Lernen" aus Greif & Kurtz, 1998, S. 93-98

Huber, D. H.; Lockemann, B.; Scheibel, M. (2002): „Bild – Medien – Wissen – Visuelle Kompetenz im Medienzeitalter", kopaed Verlag, München

ICOM (2002): „i-com – Zeitschrift für interaktive und kooperative Medien – Heft 1/2002", Oldenbourg Verlag, München

ICOM (2003): „i-com – Zeitschrift für interaktive und kooperative Medien – Heft 1/2003", Oldenbourg Verlag, München

ICOM (2004): „i-com – Zeitschrift für interaktive und kooperative Medien – Heft 2/2004", Oldenbourg Verlag, München

IIID (2004): Website des „Institut für Informationsdesign" http://www.iiid.net/Definition-d.html#3.d, Stand 1.8.2004

ISO (Hrsg.) (1999): „ISO 13407 – Benutzer- und aufgabenorientierte Herstellungsprozesse - 1999E" Internationaler Standard, Beuth Verlag, Berlin

ISO (Hrsg.) (2000): „Qualitätsmanagementsysteme: Grundlagen und Begriffe" Internationaler Standard, Beuth Verlag, Berlin

ISO (Hrsg.) (1997): „Normen zum Qualitätsmanagement und zur Qualitätssicherung / QM-Darlegung – Teil 3: Leitfaden für die Anwendung von ISO 9001:1994 auf Entwicklung, Lieferung, Installierung und Wartung von Computer Software" Internationaler Standard, Beuth Verlag, Berlin

ISO (Hrsg.) (2000a): „Qualitätsmanagementsysteme: Anforderungen" Internationaler Standard, Beuth Verlag, Berlin

ISO (Hrsg.) (2001): „ISO/IEC 9126-1 – Software-Engineering - Qualität von Software-Produkten - Ausgabe:2001-06" Internationaler Standard, Beuth Verlag, Berlin

ISO (Hrsg.) (1996): „ISO 9241 - Ergonomic requirements for office work with visual display terminals" Internationaler Standard, Beuth Verlag, Berlin

ISO (Hrsg.) (1994): „ISO/IEC 12119 - Informationstechnik - Software-Erzeugnisse - Qualitätsanforderungen und Prüfung – Ausgabe:1994-11" Internationaler Standard, Beuth Verlag, Berlin

ISO (Hrsg.) (2005): „Web Usability: A New International Standard" User Focus, 2005, http://www.userfocus.co.uk/articles/ISO23973.html, Stand 2.4.2005

Issing, L. J.; Klimsa, P. (Hrsg.) (2002): „Information und Lernen mit Multimedia und Internet – Lehrbuch für Studium und Praxis", 3. Auflage, Verlagsgruppe Beltz, Weinheim

Janneck, M. (2004): „Usability Engineering didaktischer Software" aus Engels & Seehusen, 2004, S. 331-342

Jonassen, D. H.; Tessmer, M.; Hannum, W. H. (1999): "Task Analysis Methods For Instructional Design", Lawrence Erlbaum Publishers, Mawah NJ (USA)

Jürß, F. (2000): „Entwicklung eines interaktiven Aufgabenanalysesystems auf der Basis von HTML und Java"; Diplomarbeit, Institut für Multimediale und Interaktive Systeme der Universität zu Lübeck, Lübeck

Kallio, T. (2003): „Why we choose the more attractive looking objects: somatic markers and somaesthetics in user experience" aus „Designing Pleasurable Products And Interfaces" in *Proceedings of the 2003 international conference on Designing pleasurable products and interfaces*, Pittsburgh, ACM, S. 142-143

Karvonen, K. (2000): „The beauty of simplicity" aus „ACM Conference on Universal Usability – Proceedings on the conference on universal usability, 2000" ACM Press, New York (USA), S. 85-90

Koordinierungs- und Beratungsstelle der Bundesregierung für Informationstechnik in der Bundesverwaltung (2004): „V-Modell(R) XT – Teil 1: Grundlagen des V-Modells" Version 0.9, Online http://www.kbst.bund.de/Anlage305444/Grundlagen.pdf Stand 12.11.2004

Khaslavsky, J.; Shedroff, N. (1999): „Understanding the seductive experience" aus „Communications of the ACM" Volume 42, Issue 5 (May 1999), ACM Press, New York (USA), S. 45-49

Kerres, M. (1998): „Multimediale und telemediale Lernumgebungen: Konzeption und Entwicklung" Oldenbourg Verlag, München

König & Neurath (Firmenprospekt) (2000): „Im Mittelpunkt der Mensch" zitiert nach `http://www.oncampus.de/studienberatung/ergonomie.html` Stand 10.5.2003

Konradt, U. (1995): „Software-Entwicklung als Prozeß – Kognitive, motivationale und soziale Faktoren" aus Dzida & Konradt, 1995 S. 183-202

Korbmacher, K. (2002): „Evaluation von Lernsoftware auf der Basis von SODIS" aus Schenkel et al., 2000, S. 190-216

Kritzenberger, H.; Hartwig, R.; Herczeg, M. (2001): „Scenario-Based Design for Flexible Hypermedia Learning Environments" In: Proceedings of ED-MEDIA 2001. International Conference on Educational Multimedia, Hypermedia and Telecommunications. AACE: Association for the Advancement of Computing in Education, Tampere, Finland, 25.-30. Jun. 2001

Kritzenberger, H. (2005); „Multimediale und Interaktive Lernräume", Oldenbourg Verlag, München

Krug, S. (2000): „Don't Make Me Think! – A Common Sense Approach to Web Usability" New Riders Publishing, Indianapolis (USA)

Kunz, T. (2002): „IT-Security – Ausbildung mit einem multimedialen CBT" aus Dittler, 2002, S. 45-61

Kutsche, O. (2002):"Proof-of-concept der datenbank- und web-basierten Unterstützung von Entwicklungsprozessen für einen Prototypen" Studienarbeit, Institut für Multimediale und Interaktive Systeme der Universität zu Lübeck, Lübeck

Kutsche, O. (2004):"XMendeL – Ein Semantic-Web als IDE im Bereich der multimedialen Lehrmodulerstellung" Diplomarbeit, Institut für Multimediale und Interaktive Systeme der Universität zu Lübeck, Lübeck

Lankau, R. (2000): „Webdesign und -publishing – Projektmanagement für Websites". Hanser Verlag, München

Laurig, W. (2002): „Geschichte des Begriffs Ergonomie" Online `http://www.ergonassist.de/EA.2002_08/ea.2002_ergonomie/ergonomie_frames_neu/Ergonomie_Geschichte.htm`, Stand 1.5.2003

Lindner, U. (2004a): „Qualitätssicherung" aus Haake et al., 2004, S. 326-355

Lindner, R. (2004b): „Spezifikationen, Normen und Standards für Lernmaterialien" aus Haake et al., 2004, S. 341-356

Litkowsky, R.; Velichkowsky, B. M.; Wünschmann, W. (1997): „Software-Ergonomie '97: Usability Engineering: Integration von Mensch-Computer-Interaktion und Softwareentwicklung – gemeinsame Fachtagung des German Chapter of ACM...", Teubner, Stuttgart

IEEE (2001): „LTSA - Draft Standard for Learning Technology - Learning Technology Systems Architecture - IEEE P1484.1/D8, 2001-04-06" IEEE, New York

IEEE (2002): „IEEE 1484.12.1-2002 – 15 July 2002 – Draft Standard for Learning Object Metadata" http://ltsc.ieee.org/wg12/20020612-Final-LOM-Draft.html, IEEE, New York, Stand 1.9.2004

Machate, J.; Burmester, M. (Hrsg.) (2003): „User Interface Tuning", Software & Support Verlag, Frankfurt

Mackie, R. R.; Wylie, D. C. (1988): „Factors Influencing Acceptance of Computer-Based Innovations" aus Helander, 1988 S. 1081-1106

Marchak, F. M. (2002): „Design Quality" ACM SIGCHI Bulletin - a supplement to intractions, September-October 2002, Column: Visual Interaction design, ACM Press, New York (USA), S. 9

Marcus, A. (1995): „Principles of Effective Visual Communication for GRaphical User Interface Design" aus Baecker et al., 1995, S. 425-443

Chang, C. K. (1994): „Solve the Crisis?" aus *IEEE Software*, November/December 1994, Vol. 11, No. 6, S. 15

Maslow, A. H. (1977): „Motivation und Persönlichkeit" Olten, Walter, 1977 zitiert nach Edelmann, 2000 S. 257

Mayhew, D. (1999): „The Usability Engineering Lifecycle", Morgan Kaufmann Publishers, San Francisco (USA)

Meier, A. (2000): „MEDA und AKAB – Zwei Kriterienkataloge auf dem Prüfstand" aus Schenkel et al., 2000, S. 164-189

Merx, O (Hrsg.) (1999): „Qualitätssicherung bei Multimedia-Projekten", Springer, Berlin

Microsoft (Hrsg.) (2000): „Usability in Software Design" aus *MSDN Library* (Online), http://msdn.microsoft.com/library/default.asp?url=/library/en-us/dnwui/html/uidesign.asp Stand 9.4.2004

Moles, A. (1989): „Einleitung von Abraham Moles – Das Grafik-Design konstruiert die Lesbarkeit der Welt" aus Stankoswski & Duschek, S. 11-18

Moggridge, B. (1999): „Expressing Experiences in Design" aus „interactions", Volume 6, Issue 4, July-Aug. 1999, ACM Press, New York (USA), S. 17-25

Müller-Ettrich, G. (1999): „Objektorientierte Prozessmodelle: UML einsetzen mit OOTC, V-Modell, objectory", Addison-Wesley-Longman, Bonn

Nachreiner, F.; Mesenholl, E. (1992): „Defizite der Software-Ergonomie – Ergebnisse der Bilanzierung vorliegender Forschungsergebnisse zur Arbeit an Bildschirmgeräten" C.v.O.-Universität Oldenburg, Oldenburg

Nachreiner, F.; Nickel, P.; Meyer, I.; Hartwig, R.; Wiegmann, R.; Harloff, J. (2004): „Software evaluation according to ISO standards: problems and pitfalls" aus *HFES EC (Ed.): „Abstracts HFES Europe Chapter Annual Scientific Meeting, October 27-29, 2004"*, Delft (NL) Human Factors and Ergonomics Society Europe Chapter, Eindhoven (NL)

Nake, F. (2000): „Begegnung im Zeichen. Informatik Medium Design." In: van den Boom, 2000 S. 174-186

Niegemann, H. M. (2001): „Neue Lernmedien – konzipieren, entwickeln, einsetzen", Hans Huber Verlag, Bern (CH)

Nielsen, J. (1993): „Usability Engineering", AP Professional, Boston

Nielsen, J. (1995): „Getting usability used" aus Nordby et al., 1995, S. 3ff.

Nielsen, J. (1996): „Multimedia, Hypertext und Internet – Grundlagen und Praxis des elektronischen Publizierens", Friedr. Vieweg & Sohn Verlagsgesellschaft, Braunschweig

Nordby, K; Helmersen, P. H.; Gilmore, D. J.; Arnesen S. V. (Hrsg.) (1995): „Human-Computer Interaction" Proceedings of Interact 95, Chapman & Hall, London

Norman, D. A. (1982): „Steps toward a cognitive engineering: Design rules based on analyses of human error" aus „Conference on Human Factors and Computing Systems – Proceedings of the SIGCHI conference on Human factors in computing systems – Gaithersburg, Maryland, United States", ACM Press, New York, S. 378 - 382

Norman, D. A. (1998): „The invisible computer: why good products can fail, the personal computer is so complex, and information appliances are the solution". MIT Press, London (UK)

Oppermann, R.; Murchner, B.; Reiterer, H.; Koch, M. (1992): „Softwareergonomische Evaluation - Der Leifaden EVADIS II" (2. Auflage), Walter de Gruyter, Berlin

Pagel, B. U., Six, H. W. (1994): „Software Engineering – Band 1: Die Phasen der Softwareentwicklung" Addison-Wesley, Bonn

Peters, H. (1999): „Qualitätssicherung im Bereich des Computer-Based Training" aus Merx, 1999, S. 243-254

Plath, H.-E. (1976): „Zur Indikation von Belastungswirkungen kognitiver Tätigkeiten bei unterschiedlicher Schwierigkeit der Aufgabenbewältigung" aus Hacker,W. (Ed.): "Psychische Regulation von Arbeitstätigkeiten" S. 222-237, DVW, Berlin

Preim, B. (1999): „Entwicklung interaktiver Systeme - Grundlagen, Fallbeispiele und innovative Anwendungsfelder", Springer, Berlin

Prümper, J. (1997): „Der Benutzungsfragebogen ISONORM 9241/10: Ergebnisse zur Reliabilität und Validität" aus Litkowsky et al., 1997

Rasmussen, J.; Pejtersen, A. M.; Goodstein, L. P. (1994): „Cognitive Systems Engineering", Wiley, New York (USA)

Rauterberg, M. (1995): „Ein Konzept zur Quantifizierung software-ergonomischer Richtlinien" Institut für Arbeitspsychologie der ETH, Zürich

Randall House Associates: „SCORM" http://www.rhassociates.com/scorm.htm, Stand 30.8.2004

Rödiger, K. H. (Hrsg.) (1993): „Von der Benutzungsoberfläche zur Arbeitsgestaltung", Teubner, Stuttgart

Rohmert, W. (1972): „Aufgaben und Inhalt der Arbeitswissenschaft" aus *Die berufsbildende Schule* 24, S. 3-14; 1972; zitiert nach Ulich, 1994

Rosson, M. B.; Carroll, J.M. (2002): „Usability Engineering - Scenario based development of human-computer interaction", Morgan Kaufmann Publishers, San Francisco

Schenkel, P., Tergan, S.-O.; Lottmann, A. (Hrsg.) (2000): „Qualitätsbeurteilung multimedialer Lern- und Informationssysteme: Evaluationsmethoden auf dem Prüfstand", Bildung und Wissen Verlag, Nürnberg

Schulmeister, R. (2001): „Virtuelle Universität – Virtuelles Lernen" Oldenbourg Verlag, München

Schmidtke, H. (1976): „Ergonomische Bewertung von Arbeitssystemen: Entwurf eines Verfahrens", Hanser Verlag, München

Shapiro, S. (1997): „Splitting the Difference: The Historical Necessity of Synthesis in Software Engineering" aus *IEEE Annals of the History of Computing*, Vol. 19, No. 1, S. 20-54

Shedroff, N. (2001): „Experience Design 1", New Riders Verlag, Indianapolis (USA)

Shneiderman, B. (2000): „Leonardo's laptop : human needs and the new computing technologies" MIT Press, Cambridge (Massachusetts, USA)

Selle, G. (1994): „Geschichte des Design in Deutschland", Campus Verlag, Frankfurt

seco - Staatssekretariat für Wirtschaft (2000): „Wegleitung zu den Kapiteln 3 und 4 des Arbeitsgesetzes" seco - Staatssekretariat für Wirtschaft, [der Schweiz]: Online unter http://www.seco-admin.ch/seco/seco2.nsf/Atts/AB_ABeding_Wegl34_D/$file/V3WEG230.PDF, 2002, Seite 323-2 bis 3 , Stand 8.8.2003

Smith, S. L. (1988): "Standards Versus Guidelines for Designing User Interface Software" aus Helander, 1988 S. 877-889

Stankowski, A.; Duschek, K. (1994): „Visuelle Kommunikation – Ein Design-Handbuch" Dietrich Reimer Verlag, Berlin

Stankowski, A. (1989): „Visualisierung" aus Stankoswski & Duschek, S. 19-52

Sudrow, O. (1989): „Industrial Design" aus Stankoswski & Duschek, S. 243-268

Tamai, T.; Itou, A. (1997): „Requirements and design change in large-scale software development: analysis from the viewpoint of process backtracking" aus *International Conference on Software Engineering, Proceedings of the 15th international conference on Software Engineering, Baltimore, Maryland, United States,* ACM, New York (USA), 1997, S. 167 - 176

Taylor, F.W. (1913): „Die Grundsätze wissenschaftlicher Betriebsführung" Oldenbourg Verlag, München, 1913; zitiert nach Ulich, 1994

Thaller, G. E. (2001): „ISO 9001:2000: Software-Entwicklung in der Praxis – 3. aktualisierte Auflage" Heise Verlag, Hannover

Timpe, K.-P., Jürgensohn, T., Kolrep, H. (Hrsg.) (2002): "Mensch-Maschine-Systemtechnik" Symposion, Düsseldorf

Tullis, T.S. (1988): „Screen Design" aus Helander, 1988 S. 377-408

Turtschi, R. (2000): „Mediendesign", 2. Auflage, Verlag Niggli AG, Zürich

Ulich, E. (1994): „Arbeitspsychologie", Schäffer-Poeschel, Stuttgart

VBG (1995): Unfallverhütungsvorschrift „Arbeit an Bildschirmgeräten" (VBG 104) *Gegenwärtiger Status: Vorschlag zur Aufstellung eines Grundentwurfes, Stand Januar 1995, Ergänzungen Februar 1995 und Oktober 1995*

Wandmacher, J. (1993): „Software-Ergonomie – Mensch-Computer-Kommunikation – Grundwissen 2", de Gruyter, Berlin, New York

Wydra, F. T. (1980): „Learner controlled instruction" Educational Technology Publications, Englewood Cliffs (USA)

Yass, Mohammed (2000): „Entwicklung multimedialer Anwendungen: eine systematische Einführung", dpunkt-Verlag, Heidelberg

Ziegler, J.; Szwillus, G. (Hrsg.) (2003): „Mensch und Computer 2003 – Interaktionen in Bewegung", Teubner Verlag, Stuttgart

Zimbardo, P. G. (1995): „Psychologie", 6. Auflage, Springer Verlag, Berlin

Abkürzungen

Die folgenden Abkürzungen werden in diesem Buch verwendet und sind hier kurz erläutert.

- **AICC**
  Aviation Industry CBT Committee

- **BildscharbV**
  Bildschirmarbeitsverordnung

- **BMBF**
  Bundesministerium für Bildung und Forschung

- **CAD**
  Computer Aided Design

- **CAL**
  Computer Aided Learning

- **CASE**
  Computer Aided System Engineering

- **CAM**
  Computer Aided Manufacturing

- **CBT**
  Computer Based Training

- **CIF**
  Common Industry Format

- **CMM**
  Capability Maturity Model

- **CSCL**
  Computer Supported Cooperative Learning

- **CSCW**
  Computer Supported Cooperative Working

- **DATech**
  Deutscher Akkreditierungsrat Technik

- **FAQ**
  Frequently Asked Questions

- **GUI**
  Graphical User Interface

- **HTML**
  HyperText Markup Language

- **HW**
  Hardware

- **ID**
  Industriedesign

- **IEEE**
  Institute of Electrical and Electronics Engineers

- **ISO**
  International Standardization Organisation

- **LOM**
  Learning Objects Model

- **LTSC**
  Learning Technology Standards Comittee

- **QM**
  Qualitätsmanagement

- **QS**
  Qualitätssicherung

- **SCORM**
  Sharable Content Object Reference Model

- **SGML**
  Standard Generalized Markup Language

- **SE**
  Software-Engineering

- **SW**
  Software

- **UE**
  Usability-Engineering

- **UID**
  User Interface Design

- **UMM**
  Usability Maturity Model

- **URL**
  Uniform Resource Locator

- **WBT**
  Web Based Training

- **VFH**
  Virtuelle Fachhochschule

- **XML**
  eXtendible Markup Language

- **VR**
  Virtual Reality

- **XP**
  eXtreme Programming

- **XT**
  eXtreme Tailoring

Glossar

Die nachfolgenden Begriffe sind hier nur mit Blick auf den Kontext Software-Ergonomie und E-Learning erläutert und können in anderen Zusammenhängen auch noch weitere Bedeutungen aufweisen.

Adaptierbarkeit

Möglichkeit ein System an die Vorlieben und Gewohnheiten des Nutzers anzupassen.

Adaptivität

Grad der Anpassbarkeit bzw. der Unterstützung einer automatischen Anpassung.

Ästhetik

Eigenschaften von realen und virtuellen Objekten, die sich auf die menschliche Wahrnehmung auswirken.

Akkreditierung

Hier: Zulassung einer Prüfstelle bezogen auf ein von der Akkreditierungsstelle zugelassenes Prüfverfahren.

Anforderung

Beschreibung einer gewünschten oder notwendigen Eigenschaft eines Systems.

Aufgabenangemessenheit

Dialogprinzip mit der Fragestellung, ob dem Nutzer zur Erfüllung seiner Aufgaben alle notwendigen und nützlichen Werkzeuge in einer Weise bereitgestellt werden, die vom Aufwand zur Aufgabe passt.

Authentizität

Grad der Übereinstimmung einer Abbildung mit dem abgebildeten Sachverhalt oder Gegenstand.

Behaviorismus

Didaktisches Lerntheorie nach der sich Lernen vollständig mittels Reiz-Reaktions-Mustern erklären und steuern lässt.

Benutzerfreundlichkeit

Umgangssprachlicher Begriff für *Gebrauchstauglichkeit*, der daneben auch das Nutzererlebnis, die *User Experience* berücksichtigt.

Claims Analysis

Methode zur Abwägung widersprechender Interessen im Entwicklungsprozess, bei der neben den gewünschten Eigenschaften auch die daraus resultierenden Vor- und Nachteile dargelegt und als Entscheidungsgrundlage herangezogen werden.

CMM	Das Capability Maturity Model ist ein Modell zur Beschreibung der Reife eines Entwicklungsprozesses im Vergleich zu einer vorgesehenen iterativen Vorgehensweise. Besonders ist an diesem Modell, dass die Übereinstimmung in „Reifegraden" beschrieben wird, die von einem initialen Grad ohne weitere Tätigkeiten bis zu einem selbstverbessernden Prozess reichen können.
Design	Lehre von der Gestaltung.
Dialogmodell	Modell zur Beschreibung des Kommunikationsverlaufes zwischen Mensch und Maschine.
Dialogparadigma	Grundlegendes Interaktionsmodell zur Kommunikation zwischen Mensch und Maschine, z.B. „Direkte Manipulation".
Didaktik	Wissenschaft von der Konzeption von Lehre und Lernen.
Effektivität	Grad der Zielerreichung.
Effizienz	Aufwand im Vergleich zur Zielerreichung.
Ergonomie	Lehre von der menschengerechten Gestaltung von Arbeit.
Erhärtungsprüfung	Spezielle Methode aus dem DATech-Verfahren, bei dem vermutete *Mängel* zunächst daraufhin untersucht werden, ob sie die *Effektivität*, *Effizienz* oder *Zufriedenheit* des Nutzers beeinträchtigen.
Evaluation	Bewertung einer Leistung, eines Vorgehens oder eines Gegenstandes.
Fehlertoleranz	Dialogprinzip, dass Systeme einerseits den Nutzer unterstützen sollen, weniger Fehler zu machen und andererseits im Fall eines Fehlers diesen möglichst konstruktiv abzufangen und ggf. automatisch zu beheben.
Gebrauchstauglichkeit	Grad in dem ein System für bestimmte Aufgaben von bestimmten Nutzern in bestimmten Kontexten *effektiv*, *effizient* und *zufriedenstellend* genutzt werden kann.
Gestaltgesetze	Grundlegende Regeln über die Wahrnehmung des Menschen in Bezug auf die Gestaltung von Darstellungen.
Handlung	Zielgerichtete Aktivität innerhalb einer *Tätigkeit* zur Erreichung eines Zieles.

Instruktionsdesign	Gestaltung mit dem Ziel einer Unterstützung von Lehr- und Lernprozessen.
Interaktionsdesign	Gestaltung abwechselnder Aktivitäten und Reaktionen von Mensch und Maschine.
Iterative Prozessmodelle	Ein Vorgehen, bei dem ein Produkt so entwickelt wird, dass in mehreren Durchläufen analysiert, konzeptionell bearbeitet und evaluiert wird, um so die Qualität kontinuierlich zu steigern und Fehler in der Analyse festzustellen, bevor sie zu große Auswirkungen auf den Gesamtaufwand haben.
Konnotation	Informationen die neben der eigentlichen Aussage eines Wortes oder einer Darstellung transportiert werden.
Konstruktivismus	Didaktisches Modell, das davon ausgeht, dass dem Lernenden Informationen bereit gestellt werden müssen, so dass er selbst daraus sein Wissensmodell aufbauen kann.
Korrektheit	Qualitätsbegriff des Software-Engineerings über die Richtigkeit von Berechnungen.
Lernförderlichkeit	Dialogprinzip, welches die Unterstützung des Nutzers beim Verstehen des bedienten Systems adressiert.
Lernraum	Technische Plattform zur Bereitstellung von Lerninhalten.
Mangel	Abweichung einer Eigenschaft eines Produktes von den relevanten *Anforderungen*.
Mentales Modell	Darstellung der Verarbeitung und Repräsentation von Informationen beim Nutzer.
Nützlichkeit	Grad der Relevanz eines Werkzeuges bezogen auf die Anforderungen eines Nutzers und seiner Aufgaben.
Pädagogik	Lehre von der Ausbildung.
Prozessmodell	Beschreibung einer Vorgehensweise mit dem Ziel der Entwicklung eines Systems.
QM, QS	Qualitätsmanagement (QM) beschreibt die Festlegung von Ansprüchen an die resultierenden Produkte wohingegen Qualitätssicherung (QS) die gleichbleibende Ausprägung von Merkmalen in Prozessen sicher stellt.

Requirement   *Anforderung*

Requirementsengineering   Prozess zur Analyse, Bewertung und Strukturierung von
                                         Anforderungen.

Selbstbeschreibungsfähigkeit   Dialogprinzip mit dem Ziel, dass Systeme so gestaltet sind, dass
                                         die Nutzer anhand der Darstellung bereits die damit abgebildete
                                         Funktionalität erfassen können.

Semiotik   Lehre von Zeichen und Zeichensystemen und deren Bedeutung.

Software-Engineering   Prinzipien und Methoden für die ingenieurmäßige Entwicklung
                                         von Softwaresystemen.

Software-Ergonomie   Lehre von der menschengerechten Gestaltung der Software von
                                         computergestützten Arbeitsplätzen.

Szenario   Darstellung eines Einsatzkotextes und einer schrittweisen
                                         Aufgabenabarbeitung als Text.

Tätigkeit   Sammlung von Handlungen zur Erfüllung eines Motives.

Test   Überprüfung eines Gegenstandes bezogen auf definierte Kriterien.

Usability   Englische Entsprechung des Begriffes *Gebrauchstauglichkeit*.

Usability-Engineering (UE)   Ähnlich dem *Software-Engineering* aber mit dem Schwerpunkt auf
                                         der systematischen Berücksichtigung der Gebrauchstauglichkeit
                                         des Produktes während seiner Entwicklung.

User Experience   Betrachtung der Nutzung eines Systems als Gesamterlebnis.

Utility   *Nützlichkeit*

Validierung   Überprüfung der Berechtigung einer Anforderung.

Verifikation   Prüfung der Richtigkeit oder Erfüllung einer Anforderung.

Wartbarkeit   Qualitätsforderung aus dem Software-Engineering, die sicher
                                         stellen soll, dass auch nicht direkt an der Entwicklung beteiligte
                                         Personen ein System später weiter pflegen und entwickeln können.

XML   Die eXtendible Markup Language steht für eine ganze Klasse von
                                         Beschreibungsstandards zum Austausch von Informationen.

Zufriedenheit   Grad der subjektiv wahrgenommenen positiven Emotionen bzgl.
                                         einer Situation, z.B. Aufgabe.

Normen

Die folgenden Normen sind mehr oder weniger direkt relevant und hier noch einmal kurz kommentiert aufgezählt[1]:

- **DIN 66050 Gebrauchstauglichkeit – Begriffe**
  Ursprüngliche Definition von Gebrauchstauglichkeit

- **ISO 9000:2000 Qualitätsmanagementsysteme: Grundlagen und Begriffe**
  Grundlage der meisten bekannten Qualitätssicherungs- und managementmodelle

- **ISO 9000-3:1997 Normen zum Qualitätsmanagement und zur Qualitätssicherung / QM-Darlegung – Teil 3: Leitfaden für die Anwendung von ISO 9001:1994 auf Entwicklung, Lieferung, Installierung und Wartung von Computer Software**
  Spezialisierung der ISO 9000 auf das Gebiet SW-Entwicklung

- **ISO 9001 Qualitätsmanagementsysteme: Anforderungen**
  Anforderungen an die Prozesse, die Qualität sicherstellen sollen

- **ISO 9126 Software-Engineering – Qualität von Software-Produkten**
  Standardanforderungen der Softwaretechnik

- **ISO 9241-110:2006 Ergonomie der Mensch-System-Interaktion – Teil 110: Grundsätze der Dialoggestaltung**
  Überarbeitung der bisherigen ISO 9241-10 und anderer Normenteile.

- **ISO 12119 Informationstechnik – Software-Erzeugnisse – Qualitätsanforderungen und Prüfung**
  Softwaretechnische Qualitätsanforderungen

- **ISO 13407 Benutzer-orientierte Gestaltung interaktiver Systeme**
  Sehr allgemein gehaltene Beschreibung eines aufgaben- und nutzerzentrierten Prozesses

- **ISO 14915 Software-Ergonomie für Multimedia-Benutzerschnittstellen**
  Zum Teil sehr detaillierte Hinweise zu vielen Standardkomonenten von multimedialen Elementen

- **ISO-DIS 23973 Web Usability: A New International Standard**
  Spezialnorm für den Bereich Web. Aktueller Status ist unklar.

---

[1]Die genauen Quellenangaben sind im Litraturverzeichnis enthalten, sofern die Normen verwendet wurden, ansonsten sind alle ISO-Normen beim Beuth Verlag Berlin erhältlich.

- **ISO 25062 Software Engineering – Software Quality and Requirements Evaluation – Common Industry Format for Usability Test Reports**
  Standardisierung der Ergebnisberichte und damit aber auch indirekt der Durchführung von Usability-Tests.

Index